中等职业教育课程改革"十四五"规划教材

会计信息系统应用
——财务链(畅捷通云平台)

主　编○何　莲　蒋巧芬　许龙英
副主编○项梁燕　周小乐　何飞维

图书在版编目(CIP)数据

会计信息系统应用：财务链：畅捷通云平台 / 何莲，蒋巧芬，许龙英主编. —上海：立信会计出版社，2023.5

ISBN 978-7-5429-7290-3

Ⅰ. ①会… Ⅱ. ①何… ②蒋… ③许… Ⅲ. ①会计信息-财务管理系统 Ⅳ. ①F232

中国国家版本馆 CIP 数据核字(2023)第 086954 号

策划编辑	王斯龙
责任编辑	王斯龙
助理编辑	张忠秀
美术编辑	吴博闻

会计信息系统应用——财务链（畅捷通云平台）

KUAIJI XINXI XITONG YINGYONG CAIWULIAN

出版发行	立信会计出版社		
地　　址	上海市中山西路 2230 号	邮政编码	200235
电　　话	(021)64411389	传　真	(021)64411325
网　　址	www.lixinaph.com	电子邮箱	lixinaph2019@126.com
网上书店	http://lixin.jd.com		http://lxkjcbs.tmall.com
经　　销	各地新华书店		
印　　刷	常熟市华顺印刷有限公司		
开　　本	787 毫米×1092 毫米　1/16		
印　　张	16.25		
字　　数	336 千字		
版　　次	2023 年 5 月第 1 版		
印　　次	2023 年 5 月第 1 次		
书　　号	ISBN 978-7-5429-7290-3/F		
定　　价	45.00 元		

如有印订差错，请与本社联系调换

前　言

本书是以党的二十大精神为指引,按照财政部发布的现行小企业会计准则体系、企业会计信息化工作规范和新税制下的国家税收法律法规等的规定,在近几年会计教学改革实践的基础上编写的,旨在提高学生会计信息化基础应用能力、数据分析能力和职业素养。

本书基于畅捷通云平台,结合 CIIT 会计信息化操作员职业技术水平证书考核要求,构成完整的会计信息化逻辑体系。本书按照"项目教学法"的要求,以小型制造企业的典型财务业务为背景,从建立账套到完成证账表业务处理流程,符合行动导向教学要求,情境创设真实、任务要求明确、指导过程详细。

本书注重信息系统与真实账务处理相结合,从会计软件角度阐述会计业务处理,使学员领会信息系统的高效和逻辑,为培养信息化会计人才夯实基础。

本书的主要内容包括系统管理、基础档案设置、总账管理、固定资产管理、工资管理、总账期末管理、财务报表管理七个项目。每个项目分为工作任务、知识储备、任务资料、工作步骤、知识地图、课后提升、巩固提高等模块。书中所涉实务操作包含若干个操作步骤和子任务,详细全面地展现了企业业务处理的流程和操作细节。

本书由宁波市奉化区职业教育中心学校何莲、蒋巧芬和绍兴市中等专业学校许龙英任主编,由奉化区职业教育中心学校项梁燕、周小乐、何飞维任副主编,其他参编人员有王愉涵、董书琳、王海娜。何莲负责教材案例讲解和课后案例的开发及项目一的编写和总体审稿,蒋巧芬负责项目六、项目七的编写和各项目的修改,许龙英负责整个教材框架的搭建和考证资料的收集,项梁燕负责项目四、项目五的编写,周小乐负责项目二的编写,何飞维负责项目三总账管理的编写,王愉涵、董书琳负责各项目知识地图、教学视频的制作。

本书是全国中等职业学校会计事务专业通用教材,可作为职业院校中职组会计技能大赛的指导用书,还可以作为会计人员继续教育的教材,同时也是广大财经管理工作者自学会计实务的工具书。

限于作者的水平和实践经验,书中如存在疏漏和不妥之处,敬请批评指正。

编　者

2023 年 4 月

目　　录

项目一　系统管理 ·· 1
　任务一　建立账套 ·· 1
　任务二　设置操作员 ··· 6
　任务三　设置权限 ·· 9
　任务四　备份和恢复账套 ·· 12

项目二　基础档案设置 ·· 20
　任务一　建立部门、职员档案 ··· 20
　任务二　设置往来单位 ·· 25
　任务三　设置存货信息 ·· 30
　任务四　设置财务信息 ·· 33
　任务五　设置收付结算档案 ·· 52

项目三　总账管理 ··· 62
　任务一　设置总账系统参数 ·· 62
　任务二　录入期初余额和进行试算平衡 ·· 65
　任务三　填制日常业务凭证 ·· 71
　任务四　查询、审核、删除凭证和记账 ·· 93
　任务五　查询账簿 ··· 110

项目四　固定资产管理 ·· 128
　任务一　建立固定资产账套 ·· 128
　任务二　设置固定资产系统基础数据 ·· 135
　任务三　录入固定资产原始卡片 ·· 142
　任务四　处理固定资产日常业务 ·· 144
　任务五　进行固定资产的月末结账 ··· 159

项目五　工资管理 ·· 170
任务一　建立工资账套 ·· 170
任务二　设置工资基础数据 ·· 174
任务三　设置工资项目及其公式 ·· 179
任务四　设置期初数据 ·· 188
任务五　设置工资分摊类别 ·· 190
任务六　分摊工资费用 ·· 192
任务七　计提职工代扣代缴工资款项 ·································· 198
任务八　月末处理和反结账 ·· 201

项目六　总账期末管理 ·· 211
任务一　期末转账业务 ·· 211
任务二　期末结账处理 ·· 227

项目七　财务报表管理 ·· 235
任务一　熟悉报表管理系统 ·· 235
任务二　利用报表模板生成报表 ·· 242

项目一 系统管理

※**知识目标**

1. 理解系统管理的主要功能。
2. 理解建立账套的基本内容。
3. 掌握不同操作员权限的归纳整理方法。
4. 掌握账套管理的方法。

※**技能目标**

1. 能够熟练建立、修改企业账套。
2. 能够熟练设置操作员及其权限。
3. 能够熟练备份、输出企业账套。

※**素质目标**

1. 培养学生求真务实、严谨细致的工作作风。
2. 培养学生刻苦钻研、理实一体的学习态度。

系统管理在整个会计信息系统中具有非常重要的地位,其主要功能是对系统进行统一的操作管理和数据维护,主要包括账套管理、设置操作员及权限等。

任务一 建立账套

1-1 建立账套

【**工作任务**】

建立企业账套。

【**知识储备**】

只有系统管理员有权进行账套的建立,建立账套的内容如下。

1. 账套信息

账套信息包括账套号、账套名称、账套启用日期等。

(1) 账套号是区分不同账套数据的唯一标识。

(2) 账套名称一般以企业名称命名。

（3）账套启用日期是该企业使用该软件处理业务的时间起点，是在账套建立时设定的，一般指定年、月。启用日期一旦设定就无法修改。

2. 单位信息

单位信息包括企业名称、地址、法定代表人等。

3. 核算类型

核算类型包括记账本位币、企业类型、行业性质、账套主管等。

（1）记账本位币是企业必须明确指定的，通常系统默认为"人民币"。

（2）企业类型是区分不同企业业务类型的必要信息，选择不同的企业类型，系统在业务处理范围上有所不同。

（3）行业性质表明企业所执行的会计准则，决定企业使用的一级会计科目。系统内置不同会计准则的一级科目，企业操作员可根据本单位的实际需要增设或修改必要的明细科目。

（4）账套主管须在增加完成操作员的情况下进行选择，如果没有增加企业的操作员在此可不进行选择。

4. 基础信息

基础信息包括客户、供应商、存货是否分类，是否有外币核算。

5. 编码方案

编码方案包括各类基础档案、通用编码。通用编码一般包括科目编码、存货分类编码、地区分类编码、客户分类编码等。例如：会计科目编码级次设置为"4-2-2-2"，表示会计科目编码由4级组成，第一级表示总分类科目，由4位数组成；第二级表示二级科目，由2位数组成；第三级表示三级明细科目，由2位数组成；第四级表示4级明细科目，由2位数组成。

6. 数据精度

数据精度用于定义数量、单价等，应保留小位数。

7. 系统启用

启用系统中的各模块，并确定启用日期。在系统启用日期前的数据将作为期初数据录入。

【任务资料】

账套参数信息如下。

1. 账套信息

账套号：111

账套名称：宁波蓝宇有限责任公司

启用会计期：2022年9月

2. 单位信息

单位名称：宁波蓝宇有限责任公司，简称宁波蓝宇

单位地址：宁波市周孟北路223号

法人代表：林希望

邮政编码：315000

联系电话：0574-87834833

传真：0574-87834833

社会信用代码证号：91360286158369208G

开户行地址：宁波晟林路493号

开户行及银行账号：中国工商银行宁波分行　6222033901001868562

3．核算类型

本币代码：RMB

本币名称：人民币

企业类型：工业

行业性质：小企业会计准则（2013）

按行业性质预置科目

账套主管：朱子涯

4．基础信息

存货、客户、供应商需要分类核算，有外币核算。

5．编码方案

会计科目编码：4-2-2-2

存货分类编码：2-2

客户分类编码：2-2

供应商分类编码：2-2

部门编码：1-2

结算方式编码：1-2

其他编码保持系统默认设置。

6．数据精度

存货数量、存货单价等均采用系统默认设置。

7．系统启用

启用总账、固定资产、工资管理，启用会计期间均为2022-09-01。

【工作步骤】

（1）以系统管理员身份（admin）登录"系统管理"界面，单击【账套】→【建立】按钮，弹出"添加账套—账套信息"对话框，输入"账套号"为111、"账套名称"为宁波蓝宇有限责任公司、账套路径（默认）、"启用会计期"为2022年9月，如图1-1所示，单击【下一步】按钮。

（2）进入"添加账套—单位信息"对话框。输入"单位名称"为宁波蓝宇有限责任公司、"单位简称"为宁波蓝宇、"单位地址"为宁波市周孟北路223号等，如图1-2所示，单击【下一步】按钮。

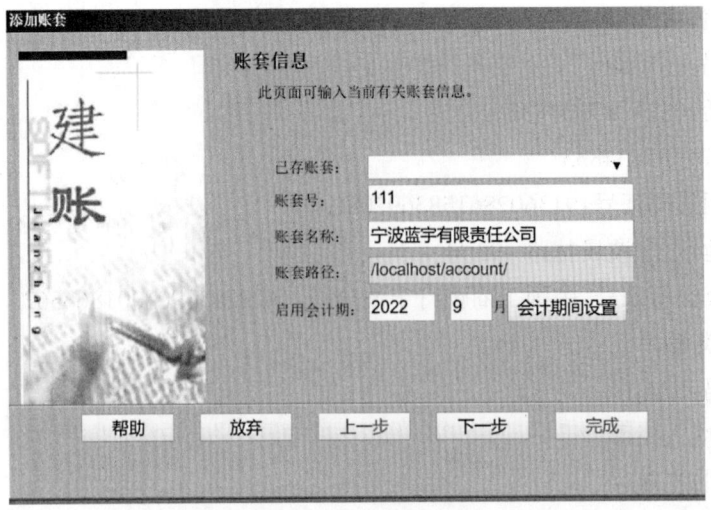

图 1-1　添加账套信息

图 1-2　添加单位信息

（3）进入"添加账套—核算类型"对话框。输入"本币代码"为 RMB、"本币名称"为人民币、"企业类型"选工业、"行业性质"选小企业会计准则（2013 年），在"按行业性质预置科目"的复选框里打"√"，如图 1-3 所示，单击【下一步】按钮。

（4）进入"添加账套—基础信息"对话框。在"存货是否分类""客户是否分类""供应商是否分类""有无外币核算"前的复选框里全部打"√"，如图 1-4 所示，单击【完成】按钮。

（5）进入"编码级次"界面。输入"科目编码级次"为"4222"，客户、存货、供应商分类编码级次为"22"，其他默认设置，如图 1-5 所示，单击【确认】按钮。

（6）进入"数据精确度定义"对话框，采用默认数据，如图 1-6 所示，单击【确认】按钮，创建账套成功。

（7）系统提示"是否立即启用账套？"，如图 1-7 所示，单击【确定】按钮。

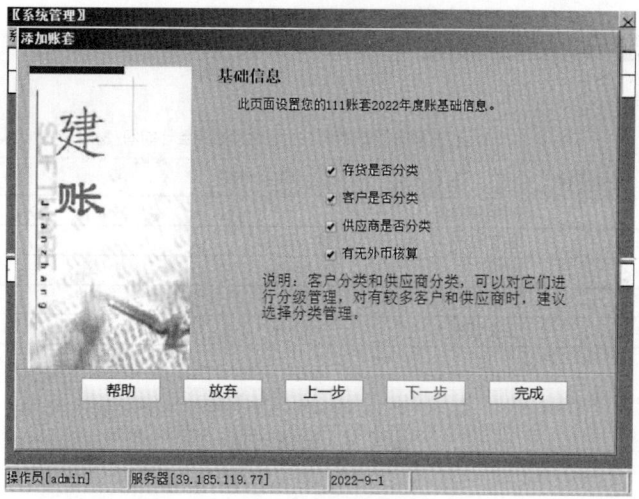

图 1-3 添加核算类型

图 1-4 设置基础信息

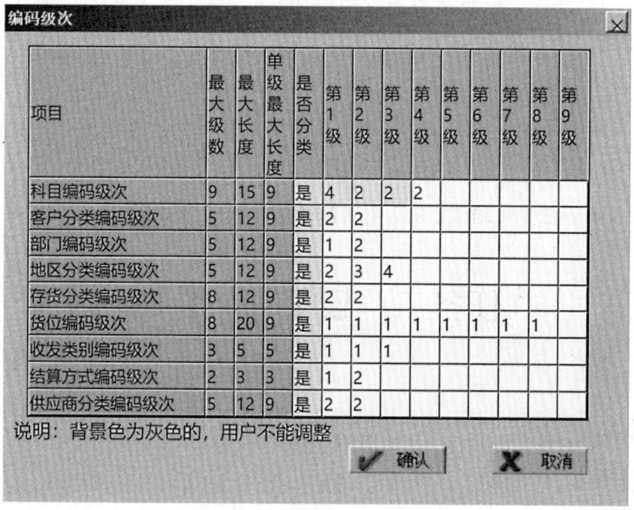

项目	最大级数	最大长度	单级最大长度	是否分类	第1级	第2级	第3级	第4级	第5级	第6级	第7级	第8级	第9级
科目编码级次	9	15	9	是	4	2	2	2					
客户分类编码级次	5	12	9	是	2								
部门编码级次	5	12	9	是	1	2							
地区分类编码级次	5	12	9	是	2	3	4						
存货分类编码级次	8	12	9	是	2								
货位编码级次	8	20	9	是	1	1	1	1	1	1	1	1	
收发类别编码级次	3	5	5	是	1	1							
结算方式编码级次	2	3	3	是	1	2							
供应商分类编码级次	5	12	9	是	2								

说明：背景色为灰色的，用户不能调整

图 1-5 设置编码级次

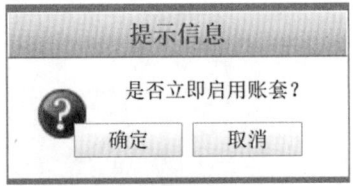

图 1-6 定义数据精度　　　　　图 1-7 提示信息

(8) 进入"系统启用"对话框,分别选中"FA-固定资产""GL-总账""WA-工资管理",启用会计的日期设置为 2022 年 9 月 1 日,单击【退出】按钮,如图 1-8 所示。

图 1-8 系统启用

💡 注意:

◎ 在建立账套后,可以立即启用要使用的模块,也可以选择暂不启用。当需要启用某个模块时,可以账套主管的身份注册系统管理,启用该模块。

◎ 只有账套主管才能修改账套。

◎ 系统启用的方法如下:

(1) 建账时直接启用。

(2) 账套建立后,账套主管可通过【系统管理】→【账套】→【启用】等操作启用账套。

任务二　设置操作员

1-2 增加、删除操作员

【工作任务】

(1) 增加操作员。

(2) 删除操作员。

(3) 修改操作员。

【知识储备】

为了保障系统及数据的安全,系统管理提供了操作员及操作权限的集中管理功能。管理系统操作的分工和权限,不仅可以避免与企业业务无关人员进入系统,同时也能保证系统操作协调、顺畅。

操作权限的集中管理包含设置操作员及权限的分配。

系统只允许两类身份注册进入系统管理:一是以系统管理员(admin)的身份,二是以账套主管的身份。

1. 系统管理员

系统管理员负责控制整个系统以及数据维护工作,可以管理系统中所有的账套。具体内容如下:

(1) 账套的建立、引入、输出和删除。

(2) 设置操作员及其权限。

(3) 指定账套主管。

2. 账套主管

账套主管负责所选账套的维护工作,具体内容如下:

(1) 修改、启用账套。

(2) 设置账套操作员的权限。

(3) 账套的建立、引入、输出。

【任务资料】

设置[111]账套的操作员及权限,密码均为空,如表1-1所示。

表1-1 设置操作员

编号	姓名	所属部门
201	朱子涯	财务部
202	陈丽英	财务部
203	王灵	财务部

【工作步骤】

1. 系统管理员 admin 登录

(1) 在"系统管理"窗口,依次单击【系统】→【注册】,进入"注册【控制台】"对话框。

(2) 在"用户名"空白栏输入"admin","密码"为空,单击【确定】按钮或直接按<Enter>键,如图1-9所示。

2. 增加操作员

(1) 依次单击【权限】→【操作员】按钮,进入"操作员"窗口,如图1-10所示。

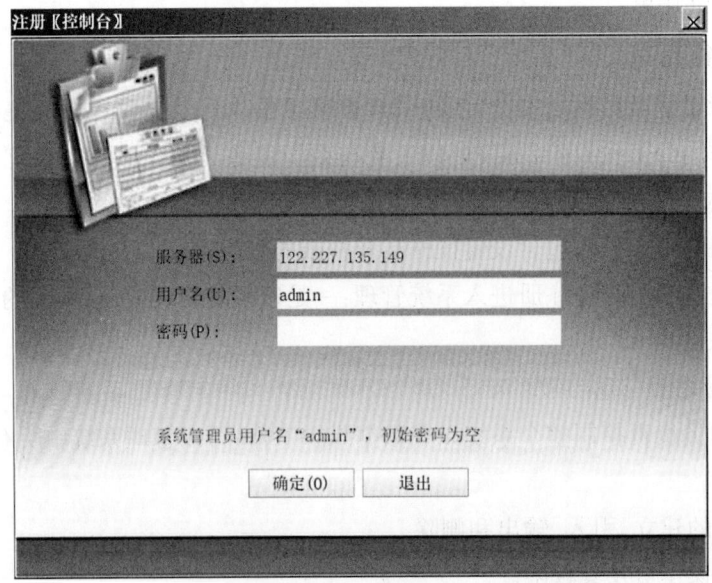

图 1-9 注册控制台

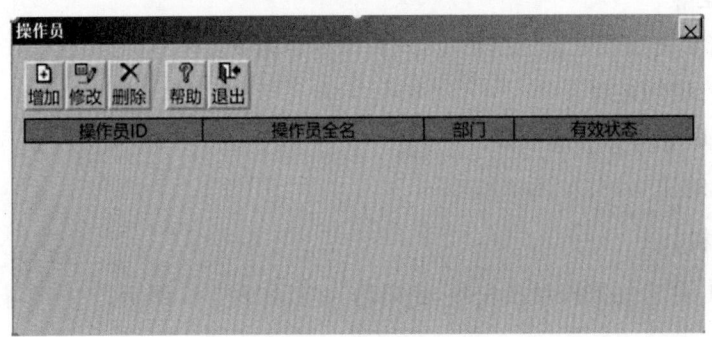

图 1-10 设置操作员

(2) 单击【增加】按钮,打开"增加操作员"对话框,输入"编号"为 201;"姓名"为朱子涯,"所属部门"为财务部等信息,如图 1-11 所示,单击【增加】按钮后,提示"添加成功",单击【确定】按钮(输入时可使用＜Tab＞键快速移动光标,以加快输入速度)。

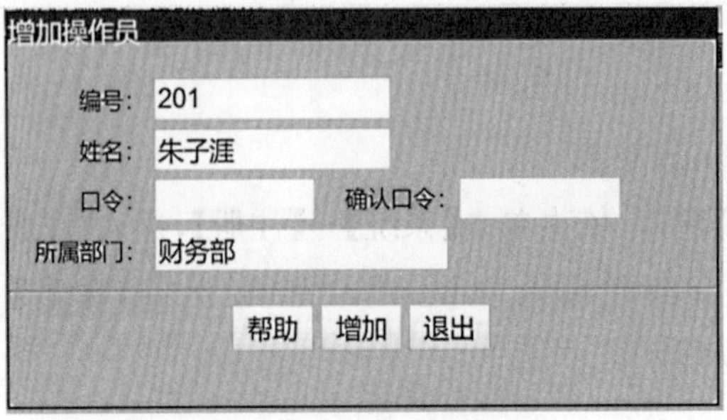

图 1-11 增加操作员

（3）依次增加所有的操作员，直至全部完成后，单击【退出】按钮返回，如图1-12所示。

图1-12　完成设置操作员

3．修改、删除操作员

（1）若在增加操作员的时候发现有误，可以选中要修改的人员，单击【修改】按钮，将错误内容修改完毕后，单击【修改】按钮，提示"修改成功"，单击【确定】按钮。

（2）若想删除某个操作员，选中要删除的人员，单击【删除】按钮，弹出"确认删除操作员吗？"对话框，单击【确定】按钮即可。

💡 注意：

◎ 系统管理中，即使不同的账套，操作员编号也不能重复。

◎ 对操作员的修改仅限除编号以外的修改，编号一旦建立，无法修改，只能删除操作员。

◎ 所设置的操作员一旦被账套引用，便不能删除、修改，除非删除该账套。

◎ 被账套引用的操作员不再参与账务处理，可进入"修改操作员"界面，单击"注销当前操作员"。

任务三　设置权限

1-3　分配操作员权限

【工作任务】

设置会计主管、会计、出纳的权限。

【知识储备】

系统管理员和账套主管都可以设置操作员的权限，两者的区别是系统管理员可以设置所有操作员的权限并指定账套主管，而账套主管仅能设置他所管辖的账套中相关操作员的权限。

一个账套可以有多个账套主管。操作员一旦被设置为账套主管就自动拥有全部模块的权限。

【任务资料】

操作员权限的设置，如表1-2所示。

表 1-2 设置操作员权限

姓名	岗位	权限	职责
朱子涯	会计主管	账套主管	① 负责系统参数定义 ② 负责自动转账分录设置 ③ 负责各类单据的审核、各系统结账 ④ 负责报表公式设置及数据生成
陈丽英	会计	① 公用目录设置 ② 总账所有权限(除审核凭证、出纳签字) ③ 固定资产、工资管理模块的所有权限	① 负责基础档案设置,总账、固定资产期初数据录入 ② 总账制单、对账、记账 ③ 固定资产、工资业务处理及制单处理
王灵	出纳	① 公用目录设置 ② 出纳签字 ③ 现金管理	出纳签字

【工作步骤】

1. 登录系统

以系统管理员(admin)身份登录"系统管理",单击【权限】→【权限】,进入"权限"设置窗口。

2. 账套主管权限设置

选中操作员"朱子涯";分别单击右上角两个下拉键,账套选"[111]宁波蓝宇有限责任公司"、年度选"2022 年";在"账套主管"复选框中打"√",弹出"设置操作员【201】账套主管权限吗?"提示框,单击【确定】按钮,如图 1-13 所示。

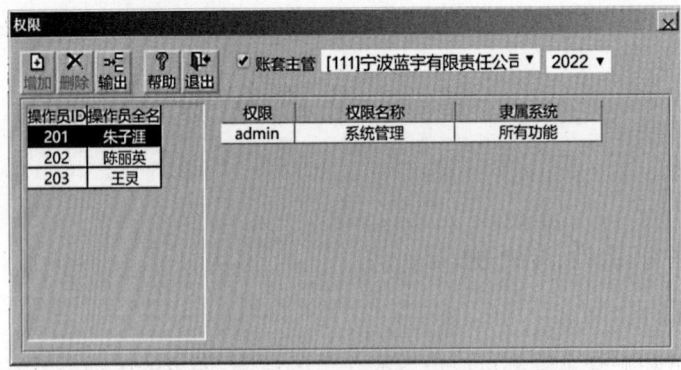

图 1-13 人员权限设置

3. 会计权限设置

(1)选中操作员"陈丽英",选择账套为[111],年度为"2022 年",单击【增加】按钮,进入"增加权限"对话框。

(2)在"产品分类选择"中,分别双击"公用目录设置""总账";在"明细权限选择"中找到"总账"下的"出纳签字""审核凭证",并双击,变白,即为不选中,如图 1-14 所示。

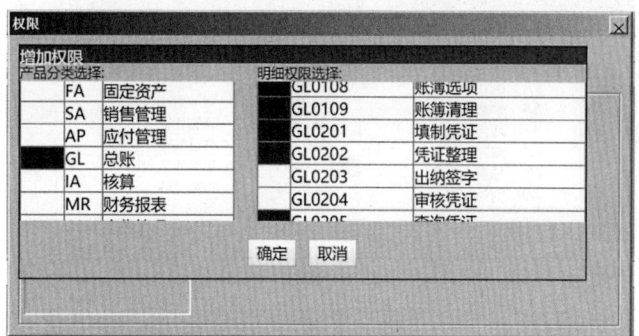

图 1-14 增加权限

（3）同样，在"产品分类选择"中找到"固定资产""工资管理"，并双击，使其变蓝，单击【确定】按钮，权限添加成功。

4．出纳权限设置

（1）选中"王灵"，选择账套为[111]，年度为"2022年"，此时王灵右侧权限为空，如图 1-15 所示。

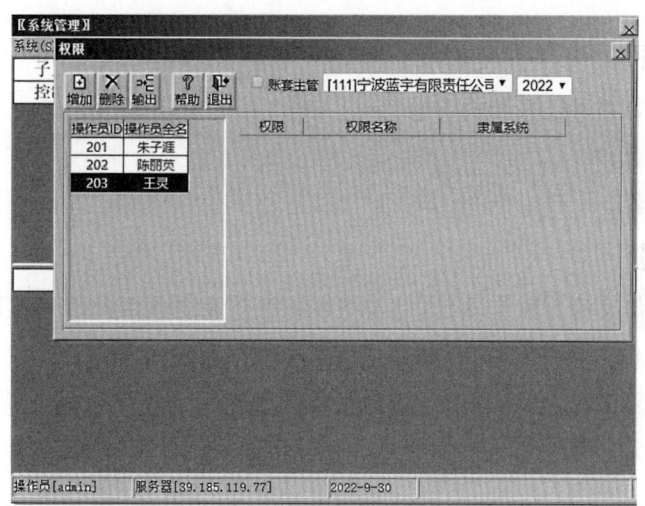

图 1-15 人员权限设置

（2）单击【增加】按钮，在"产品分类选择"中，双击"现金管理""公用目录设置"；单击"总账"，在右侧总账"明细权限选择"中找到"出纳签字"并双击，使其变蓝，即为选中，如图 1-16 所示。

（3）单击【确定】按钮，表示权限添加成功。

💡 注意：

◎ 账套主管权限可以在建立账套时赋予，也可以在建账完成后再由 admin 赋予。

◎ 增加权限时，注意选择相关的账套和年度。

◎ 某个操作员权限较多时，可以逐一选择完毕后，再单击【确定】按钮。

图 1-16 增加权限

任务四 备份和恢复账套

1-4 账套的备份和恢复

【工作任务】

(1) 输出账套并进行账套的备份。

(2) 恢复账套。

(3) 删除账套。

【知识储备】

(1) 账套备份又称为账套输出,是指将系统里企业的数据备份到本地硬盘或其他存储介质的一种操作。系统管理员、账套主管都有权限备份账套。

(2) 账套恢复又称为引入账套,是指将系统外账套数据引入到系统中的一种操作。备份的数据只有通过恢复账套才能引入到系统中使用。系统管理员、账套主管都有权限恢复账套。

(3) 账套删除是指将系统里企业的数据进行删除的一种操作。只有系统管理员有权限删除账套。

(4) 账套修改是指账套建立完成后,在未使用前,根据企业情况对已设定的内容进行修改的一种操作。只有账套主管才能修改账套。

【任务资料】

(1) 将[111]账套数据备份到以"宁波蓝宇"命名的新建文件夹中。

(2) 将备份的[111]账套数据引入系统,恢复账套。

(3) 删除系统中的[111]账套。

(4) 修改[111]账套,将单位简称改为"宁波蓝宇公司"。

【工作步骤】

1. 账套备份

(1) 在电脑中新建一个名为"宁波蓝宇"的文件夹。

(2) 以系统管理员(admin)身份登录"系统管理",单击【账套】→【备份】,打开"账套备份"对话框。

(3) 单击"选择要备份的账套"栏的下拉键,选择[111]账套,如图1-17所示。

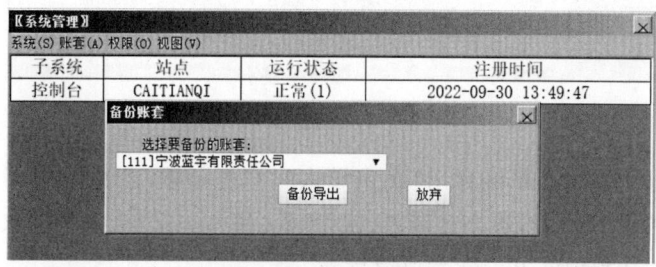

图1-17　备份账套

(4) 单击【备份导出】按钮,弹出"您确定要进行账套的备份吗?"提示框,单击【确定】按钮,如图1-18所示。

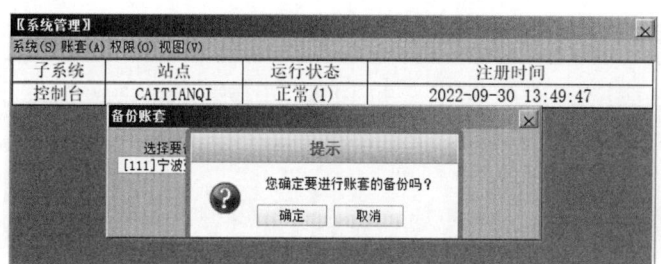

图1-18　备份账套提示

(5) 进入"保存文件"界面,找到新建立的"宁波蓝宇"文件夹。

(6) 单击【保存】按钮,再单击【完成】按钮。

2. 账套恢复

(1) 以系统管理员(admin)身份登录"系统管理",单击【账套】→【恢复】,进入"账套恢复"对话框,如图1-19所示。

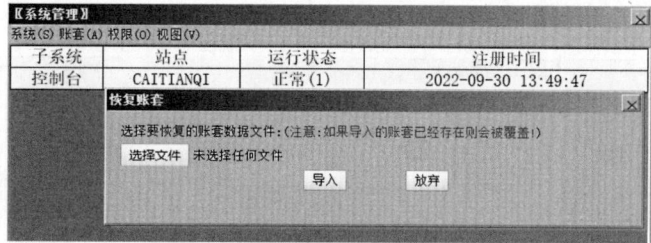

图1-19　恢复账套

（2）单击【选择文件】按钮，找到备份的[111]账套数据所在的"宁波蓝宇"文件夹，选中需要恢复的[111]账套，单击【打开】按钮或直接双击备份的[111]账套，此时选择文件为"111_宁波蓝宇有限责任公司_主管空_密码空_22042943152031.dat"，如图1-20所示。

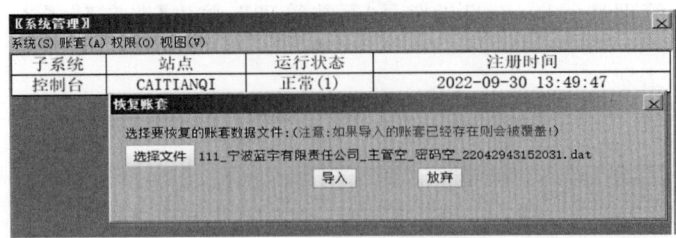

图1-20 恢复账套提示框

（3）单击【导入】按钮，系统弹出"确定导入吗?"提示框；若系统中存在相同账套，会弹出"信息已经存在，导入后将会被覆盖，确定导入吗?"提示框，单击【OK】按钮。

（4）单击【完成】按钮，此时账套已经恢复。

3．账套删除

（1）以系统管理员(admin)身份登录"系统管理"，单击【账套】→【删除账套】，弹出"清空账套"对话框，如图1-21所示。

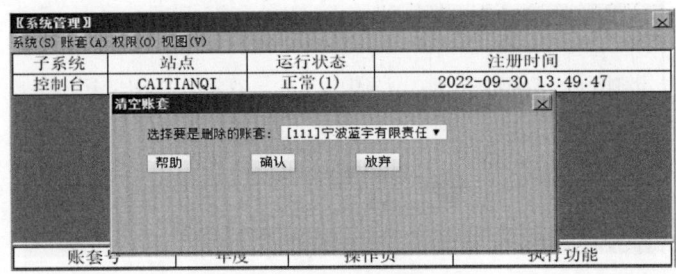

图1-21 清空账套

（2）单击"选择要删除的账套"栏的下拉键，选择[111]账套，单击【确认】按钮，系统弹出"删除后将无法操作且数据无法恢复，你确定删除吗?"提示框，在确认无误后，单击【确定】按钮。

（3）系统弹出提示窗口"账套删除成功"，单击【确定】按钮，如图1-22所示。

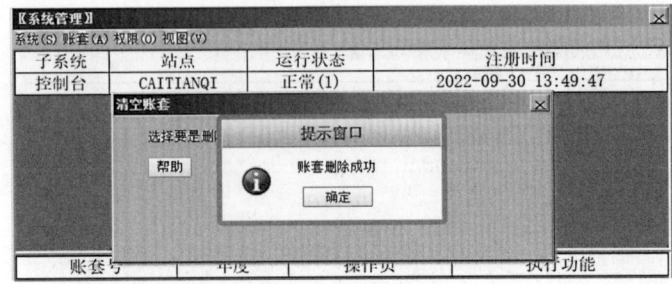

图1-22 删除账套

4. 账套修改

(1) 以账套主管朱子涯(201)身份登录"系统管理"进行修改。单击【系统】→【注册】,输入用户名"201",密码为"空",选择账套[111],会计年度选择"2022",单击【确定】按钮。

(2) 单击【账套】→【修改】,进入"修改账套"对话框,白色显示的信息框为可以修改的内容,灰色显示的信息框为不能修改的内容,如图 1-23 所示。

图 1-23　修改账套

(3) 按建立账套的顺序操作,找到需要修改的"单位简称"栏,将"宁波蓝宇"改为"宁波蓝宇公司"。修改完成后,系统弹出"修改账套成功!"提示框,单击【确定】按钮。

💡 注意:

◎ 在畅捷通云平台系统中,系统管理员和账套主管都可以备份、恢复账套;而账套的删除只有系统管理员可以操作,账套的修改、启用只有账套主管可以操作。

◎ 修改账套时,很多参数不能修改,对于不能修改的参数,只能将账套删除并重新建账。

◎ 账套数据必须先备份输出到本地硬盘上,然后根据需要复制到 U 盘或移动硬盘上,以便妥善保管。

知识地图

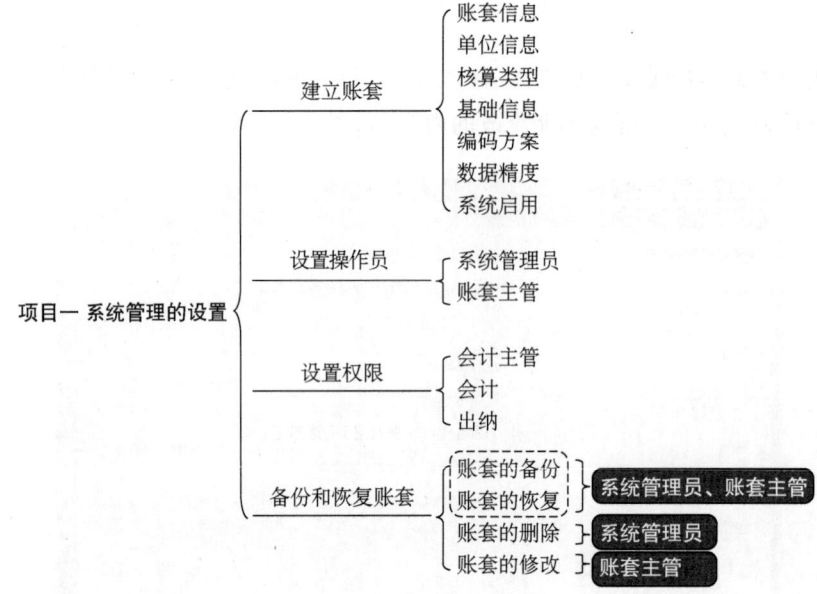

课后提升

1. 企业资料

宁波江东机床有限公司为一般纳税人,增值税税率13%,执行《小企业会计准则》,有关资料如下:

(1) 存货采用实际成本法下月末加权平均法核算,发出材料采用加权平均法计价。

(2) 生产和销售机床是其主营业务,机床的生产采用自主研发方式。研发部负责研发工作,其中研发一部负责KT-30型号的研发,研发二部负责KT-40型号的研发工作。

(3) 固定资产折旧方法采用平均年限法,按月分类计提折旧。

(4) 损益结转采用账结法。

2. 建立账套

(1) 增加操作员及权限,口令都为"5",如表1-2所示。

表1-2 增加操作员及权限

编号	岗位	姓名	权限
01	出纳	胡天一	公用目录设置、现金管理、出纳签字
02	会计	赖送天	公用目录设置、固定资产、工资管理 总账:除出纳签字、审核凭证以外所有权限
03	会计主管	冯峥嵘	账套主管

(2) 账套信息，如表 1-3 所示。

表 1-3　账套信息

账套号	099
账套名称	宁波江东机床有限公司
启用期间	2022 年 09 月
单位名称	宁波江东机床有限公司
单位简称	江东机床
单位地址	宁波市甬港北路 223 号
开户银行及账号	中国工商银行宁波分行，账号：39013219000191989
法人代表	周甬洪
邮政编码	315000
联系电话	0574-87734833
纳税人识别号	92330201MA2J7HHR16
企业类型	工业
行业性质	小企业会计准则（2013 年）
账套主管	冯峥嵘
基础信息	存货、供应商、客户均分类，无外币核算 本币代码：RMB；本币名称：人民币
编码级次	科目：4222　客户分类：233　供应商分类：233 存货分类：2222　部门分类：22　结算方式：12
数据精度定义	小数位：2
启用模块	总账、固定资产、工资管理 （启用日期：2022 年 09 月 01 日）

巩 固 提 高

一、单选题

1. 建立账套应该由(　　)进行。

　　A. 账套主管　　　　B. 系统管理员　　　　C. 出纳　　　　D. 会计

2. (　　)可以作为区分不同账套数据的唯一标识。

　　A. 账套号　　　　　　　　　　　　B. 账套名称

　　C. 单位名称　　　　　　　　　　　D. 账套主管

3. 一个账套可以指定（　　）名账套主管。
   A. 1　　　　　　　B. 2　　　　　　　C. 3　　　　　　　D. 多
4. 科目编码共有（　　）级。
   A. 1　　　　　　　B. 2　　　　　　　C. 3　　　　　　　D. 4
5. 账套的修改由（　　）进行。
   A. 系统管理员　　　　　　　　　　　B. 账套主管
   C. 系统管理员和账套主管　　　　　　D. 企业负责人
6. 分配操作员权限中，选中的权限以（　　）颜色显示。
   A. 白色　　　　　B. 灰色　　　　　C. 红色　　　　　D. 蓝色
7. 畅捷通云平台系统最多能处理（　　）家企业的账务。
   A. 50　　　　　　B. 100　　　　　　C. 999　　　　　　D. 无数
8. （　　）有权限增加、删除操作员。
   A. 账套主管　　　　　　　　　　　B. 系统管理员
   C. 出纳　　　　　　　　　　　　　D. 会计
9. 下列选项中，属于出纳权限的是（　　）。
   A. 审核凭证　　　B. 固定资产　　　C. 工资管理　　　D. 出纳签字
10. 下列选项中，建账时设置的基础信息不包括（　　）。
    A. 是否有外币核算　　　　　　　　B. 是否进行客户分类
    C. 科目编码　　　　　　　　　　　D. 是否进行供应商分类

二、多选题

1. （　　）可以打开系统管理。
   A. 账套主管　　　　　　　　　　　B. 系统管理员
   C. admin　　　　　　　　　　　　 D. demo
2. 所设置的操作员用户一旦被账套引用，便不能（　　）。
   A. 增加　　　　　B. 修改　　　　　C. 删除　　　　　D. 减少
3. 系统启用可以采用（　　）方法。
   A. 建账时直接启用　　　　　　　　B. 账套建立后由账套主管启用
   C. 建账后由系统管理员启用　　　　D. 可以不启用
4. 下列各种日期表述中，正确的有（　　）。
   A. 账套的启用日期要在计算机系统启用日期后
   B. 账套的启用日期要在计算机系统启用日期前
   C. 账套各系统模块的启用日期要大于或等于账套的启用日期
   D. 账套各系统模块的启用日期要小于账套的启用日期
5. 系统管理员负责账套的功能有（　　）。

A. 建立　　　　　　B. 恢复　　　　　　C. 备份　　　　　　D. 删除
6. 账套的恢复由（　　）负责。
　　A. 账套主管　　　　B. 系统管理员　　　C. 会计　　　　　　D. 企业负责人
7. 账套主管负责账套的功能有（　　）。
　　A. 建立　　　　　　B. 恢复　　　　　　C. 删除　　　　　　D. 修改
8. 增加系统操作员，需要确定的基本信息有（　　）。
　　A. 操作员编号　　　B. 操作员姓名　　　C. 所属账套　　　　D. 操作员密码
9. 建立账套完成后，（　　）不能修改。
　　A. 账套号　　　　　B. 账套名称　　　　C. 启用会计期间　　D. 账套主管
10. 设置操作员密码，下列说法正确的有（　　）。
　　A. 一定要设置密码　　　　　　　　　　B. 密码可以为空
　　C. 不能为空　　　　　　　　　　　　　D. 可以输入数字

三、判断题

1. 建账时，行业性质表明企业所执行的会计准则，决定企业使用的一级会计科目。（　　）
2. 建账时，账套路径一般设置了默认路径，就不允许操作员修改。（　　）
3. 只有系统管理员才有权限设置操作员。（　　）
4. 操作员在系统中可以不唯一。（　　）
5. 畅捷通云平台系统中，备份的账套数据后缀名为".dat"。（　　）
6. 修改账套时，很多参数无法修改。因此，在建立账套时要先确定好各参数并谨慎输入。（　　）
7. 删除账套只能由账套主管操作。（　　）
8. 账套路径是用来确定新建账套将要放置的位置，系统默认，不可更改。（　　）
9. 一个账套可以有多个账套主管。（　　）
10. 系统管理员的密码不可以修改。（　　）

项目二　基础档案设置

※知识目标

1. 了解基础档案在企业会计电算化中的作用。
2. 理解各基础档案之间的内部关系。
3. 掌握各基础档案的设置方法。

※技能目标

1. 能够正确建立部门档案和职员档案。
2. 能够正确设置业务往来单位档案。
3. 能够正确、熟练设置存货档案和收付结算。
4. 能够熟练、准确设置企业的财务信息。

※素质目标

1. 培养学生敢于钻研、寻求真理的学习品质。
2. 培养学生严谨细致的工作态度。

企业在建账完成后,只形成了一套空的数据库文件。系统处理企业日常业务需要用到大量的基础信息,如机构、往来单位、存货、结算方式等,因此应根据企业的实际情况,结合计算机系统设置的要求,做好基础档案的录入。

基础档案是指计算机系统运行的基础数据,包括部门档案及职员档案的设置、往来单位的设置、企业的存货分类及存货档案;企业相关的财务信息如外币核算、会计科目的设置、凭证类别、项目目录;收付结算档案的设置等。

任务一　建立部门、职员档案

2-1　部门、职员档案的建立

【工作任务】

(1) 注册信息门户。
(2) 设置基础档案中的部门档案。
(3) 设置基础档案中的职员档案。

【知识储备】

(1) 畅捷通云平台软件信息门户是进行会计信息化处理的统一入口。进入信息门户可以进行基础设置、总账、工资、固定资产等模块的操作。

(2) 部门是指与企业财务核算和管理相关的职能单位。设置部门档案的目的在于便利企业部门的管理。部门档案需按照定义好的编码级次原则进行录入。部门档案中包含部门编码、部门名称、部门属性等信息。

(3) 职员档案用来记录本单位职员的相关信息。设置职员档案的目的是方便进行企业员工的核算和管理。职员档案包括职员编号、职员名称、所属部门以及职员属性等信息。

【任务资料】

(1) 设置部门档案,如表2-1所示。

表2-1 部门档案

部门编码	部门名称	部门属性
1	行政部	行政管理
2	财务部	财务管理
3	采购部	采购供应
4	生产部	生产组装
401	一车间	生产组装
402	二车间	生产组装
403	质检车间	生产组装
5	销售部	市场销售
501	本地销售部	市场销售
502	外地销售部	市场销售
6	仓管部	仓库管理

(2) 设置职员档案,如表2-2所示。

表2-2 职员档案

职员编号	职员名称	所属部门	职员属性
1001	林希望	行政部	总经理
1002	王谦	行政部	管理人员
2001	朱子涯	财务部	会计主管
2002	陈丽英	财务部	会计
2003	王灵	财务部	出纳

(续表)

职员编号	职员名称	所属部门	职员属性
3001	何武云	采购部	管理人员
3002	江前能	采购部	管理人员
4001	李亦如	一车间	管理人员
4002	王颖	一车间	生产人员
4003	方璐	二车间	生产人员
4004	杨俊	质检车间	生产人员
5001	郭涵尚	本地销售部	销售人员
5002	黄丰强	本地销售部	销售人员
5003	徐宇皓	外地销售部	销售人员
6001	王浩宇	仓管部	管理人员
6002	朱笑玮	仓管部	管理人员

【工作步骤】

1. 登录信息门户

以账套主管身份(201),进入"信息门户",在登录界面选择账套"[111]宁波蓝宇有限公司",会计年度为"2022",日期为"2022-09-01",如图2-1所示。单击【确定】按钮,进入畅捷通云平台用户主界面。

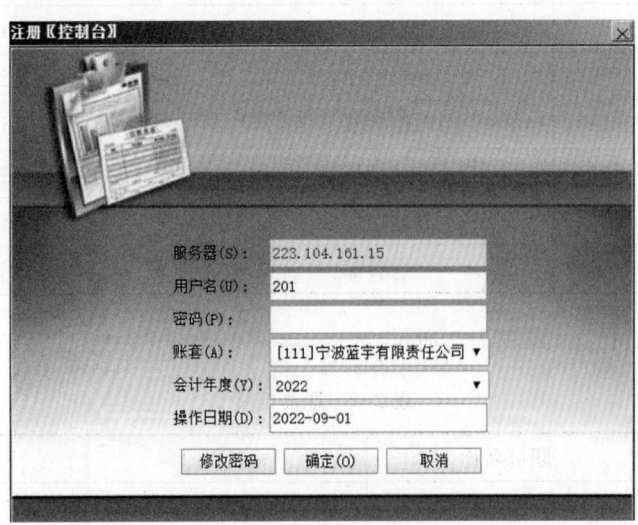

图2-1 注册界面

2. 设置部门档案

(1) 依次单击【基础设置】→【机构设置】→【部门档案】按钮,如图2-2所示,打开"部门档案"窗口。

项目二 基础档案设置

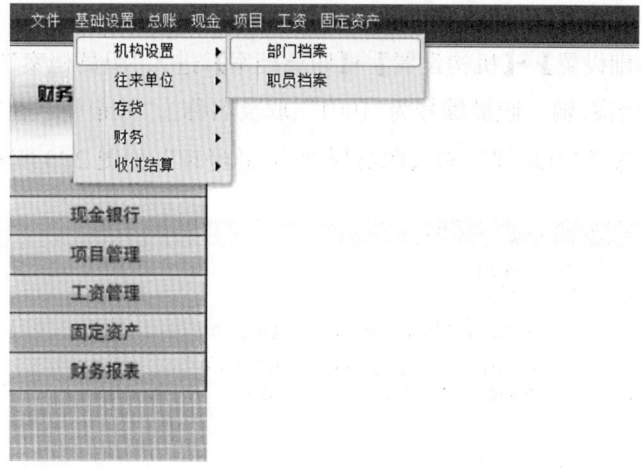

图 2-2 操作路径

(2) 单击【增加】按钮,先建立行政部档案,输入部门编码为"1",部门名称为"行政部",部门属性为"行政管理"(可按<Tab>键移动光标),会直接出现助记码,如图 2-3 所示,单击【保存】按钮。

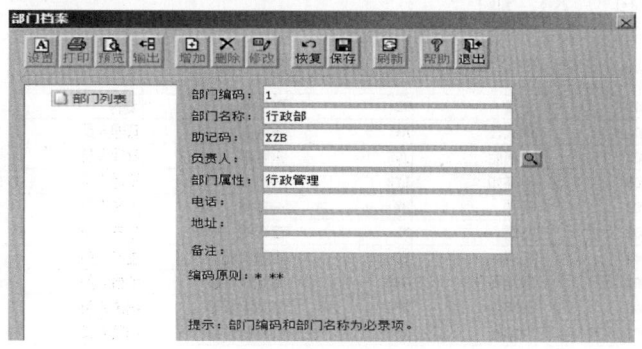

图 2-3 增加部门档案

(3) 继续按同样的方式增加其他部门内容,直至把所有部门内容添加完毕,如图 2-4 所示。

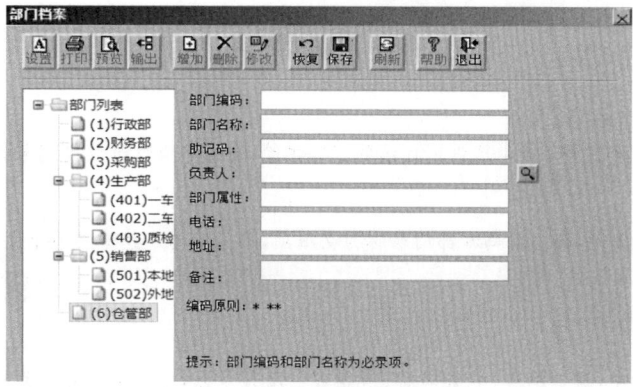

图 2-4 部门档案

3. 设置职员档案

(1) 单击【基础设置】→【机构设置】→【职员档案】,进入"职员档案"对话框。按资料录入第一位职员档案,输入职员编号为"1001"、职员名称为"林希望",在"所属部门"栏点击右侧"🔍"按钮选择"行政部",输入职员属性为"总经理",如图 2-5 所示。

职员编号	职员名称	职员助记码	所属部门	职员属性
1001	林希望	LXW	行政部	总经理

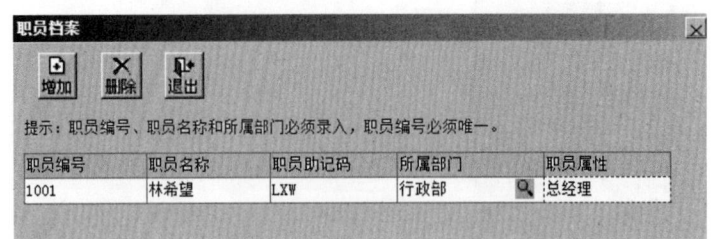

图 2-5 增加职员档案

(2) 单击【增加】按钮或回车键,把表 2-2 中 16 位职员档案全部输入,如图 2-6 所示,单击【退出】按钮。

2003	王灵	WL	财务部	出纳
3001	何武云	HWY	采购部	管理人员
3002	江前能	JQN	采购部	管理人员
4001	李亦如	LYR	一车间	管理人员
4002	王颖	WY	一车间	生产人员
4003	方璐	FL	二车间	生产人员
4004	杨俊	YJ	质检车间	生产人员
5001	郭涵尚	GHS	本地销售部	销售人员
5002	黄丰强	HFQ	本地销售部	销售人员
5003	徐宇皓	XYH	外地销售部	销售人员
6001	王浩宇	WHY	仓管部	管理人员
6002	朱笑玮	ZXW	仓管部	管理人员

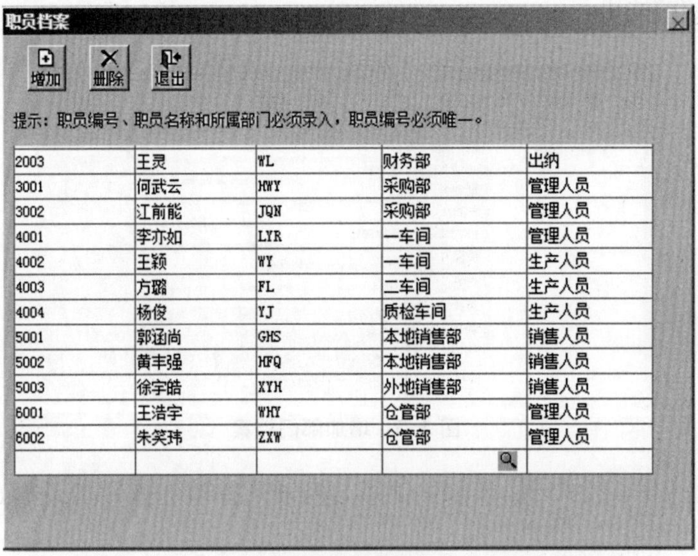

图 2-6 职员档案

注意:

◎ "信息门户"的登录只能由已设定权限的账套主管、会计等操作员以其编号进行登录,系统管理员不能登录。

◎ 录入部门档案时,部门编码和部门名称为必填项,部门编码一经建立不允许修改。

◎ "职员档案"窗口"所属部门"栏,可选择直接输入部门名称,也可以点击"🔍"按钮,参照按钮选择对应的所属部门。

◎ 在职员档案中,职员编号、职员名称、所属部门必须录入,且职员编号必须唯一,职员编号一经建立,不允许修改。

◎ 部门档案中的"负责人"只有在职员档案设置完毕后,才能添加。录完职员档案后,打开"部门档案"窗口,单击【修改】按钮,在"负责人"栏点击" 🔍 "按钮,再选择相应的负责人名字。

任务二 设置往来单位

2-2 设置往来单位

【工作任务】

(1) 设置客户分类。

(2) 设置供应商分类。

(3) 设置客户档案。

(4) 设置供应商档案。

【知识储备】

1. 分类说明

在企业日常客户、供应商较多的情况下,为了便于对其进行分类统计和汇总,可以对客户、供应商进行分类。客户、供应商的分类设置包括类别编码和类别名称。类别编码必须按照建账中的设置编码原则进行,已经使用的分类不能删除,非末级客户分类也不能删除。

2. 建立档案

客户、供应商档案的建立便于企业对客户、供应商进行数据统计、汇总和查询等分类处理。客户、供应商档案中包括客户、供应商的基本信息、联系方式、信用及其他信息。如果设置了分类,则档案须在末级分类中设置;如果没有进行分类,在未分类中设置客户、供应商档案。

3. "基本"页签主要栏目说明

(1) 编号:必须输入且内容必须唯一,可以用数字或字符(含汉字或空格)表示。

(2) 名称:可以是汉字或英文字母,最多可写 30 个汉字或 60 个字符,不能为空。

(3) 简称:可以是汉字或英文字母,最多可写 15 个汉字或 30 个字符,不能为空。

(4) 所属分类码:系统根据建立档案前的分类填写。

(5) 所属地区码:输入所属地区的代码。

(6) 税号:输入客户的税号,用于销售发票税号栏内的屏幕显示和打印输出,可以为空。

(7) 法人:输入单位法人代表的姓名,可以为空。

(8) 开户银行:可以输入开户银行名称,也可以为空。

(9) 银行账号:输入企业在开户银行的账号。

4. "信用"页签主要栏目说明

(1) 扣率:一般情况下可以享受的折扣率。

(2) 信用等级：按照自行设定的信用等级分级方法。

(3) 信用额度：授予客户一定金额的信用限度，这个额度就是使用限额，在一段时间内，可以循环使用这个金额数。

(4) 付款条件：付款条件的缺省取值，输入系统中已存在代码时，自动转换成付款条件表示，也可以参照输入。

(5) 其他：包括相关截止日期、最后的金额等。

【任务资料】

(1) 设置客户分类，如表2-3所示。

表2-3 设置客户分类

客户分类编码	客户名称	客户分类编码	客户名称
01	省内	02	省外

(2) 设置客户档案，如表2-4所示。

表2-4 客户档案

客户编码	客户名称	简称	所属分类码	纳税人识别号	开户银行	银行账号	地址
01	杭州尚能工贸有限公司	杭州尚能	01	91330122MA7M2Q1P2A	工行杭州上城支行	9558825500536644958	杭州上城区登阳路647号
02	温州鸿羽有限公司	温州鸿羽	01	91330381MA7L9BAJ76	工行温州瓯海支行	6222038924420622245	温州瓯海区纳文路138号
03	湖州鑫坛工贸有限公司	湖州鑫坛	01	91330502946399059	工行湖州吴兴支行	6222081205001101631	湖州吴兴区睿波路268号
04	上海锋岚贸易有限公司	上海锋岚	02	91310230MA7M2X2Y1P	工行上海汇威支行	6222003526396705861	上海市海建路932号

(3) 设置供应商分类，如表2-5所示。

表2-5 供应商分类

类别编码	类别名称	类别编码	类别名称
01	省内	02	省外

(4) 设置供应商档案，如表2-6所示。

表 2-6 供应商档案

供应商编码	供应商名称	简称	所属分类码	纳税人识别号	开户银行	银行账号	地址
01	宁波星语工贸有限公司	宁波星语	01	92330201MA7J3QDFXE	宁波银行鄞州支行	64010122000119493	宁波市鄞州区学士路542号
02	宁波虹发商贸有限公司	宁波虹发	01	91330201MA2J7LGW7Y	建行宁波市分行	6407429170514151316	宁波市鄞州区海晏北路183号
03	宁波市自来水有限公司	宁波自来水	01	91330602M974704859	工行宁波奉化区成业支行	3901320219000302316	宁波奉化区水园路452号
04	北京格文重工股份有限公司	格文重工	02	340938732489059021	工行北京海淀支行	9558808534098789754	北京海淀区略泓路999号

【工作步骤】

1. 设置客户分类

（1）以账套主管（201）身份登录"信息门户"，登录时间为"2022-09-01"，依次单击【基础设置】→【往来单位】→【客户分类】按钮，如图 2-7 所示。

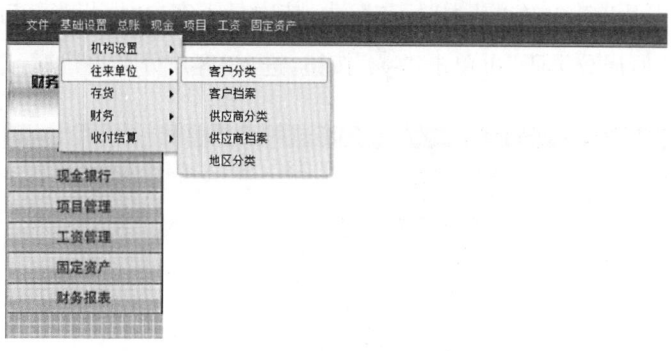

图 2-7 客户分类操作路径

（2）单击【增加】按钮，在"客户分类"窗口输入类别编码为"01"，类别名称为"省内"，如图 2-8 所示，单击【保存】按钮。

（3）单击【增加】按钮，输入类别编码为"02"，类别名称为"省外"，如图 2-9 所示，输入完毕后依次单击【保存】→【退出】按钮。

2. 设置客户档案

（1）依次单击【基础设置】→【往来单位】→【客户档案】按钮。

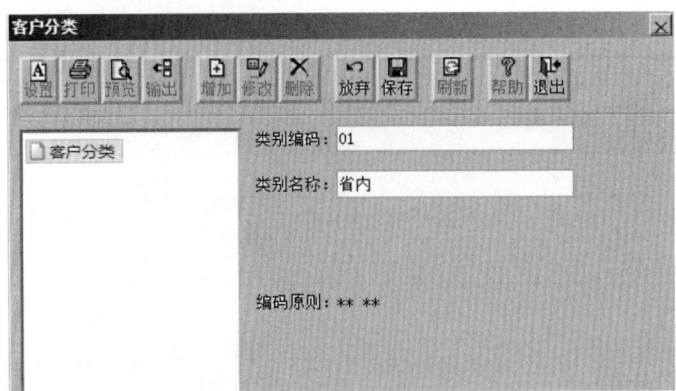

图 2-8 增加客户档案

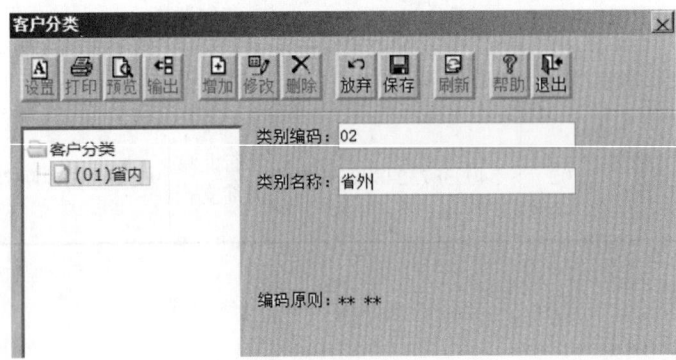

图 2-9 增加客户分类

(2) 进入"客户档案"窗口,选中左侧列表的客户分类"(01)省内",单击【增加】按钮,弹出"客户档案卡片"窗口,在"基本"标签页中,依次录入客户"杭州尚能"的基本信息,如图 2-10 所示。"所属分类码"可单击"🔍"按钮,进入"客户分类表"进行选择。

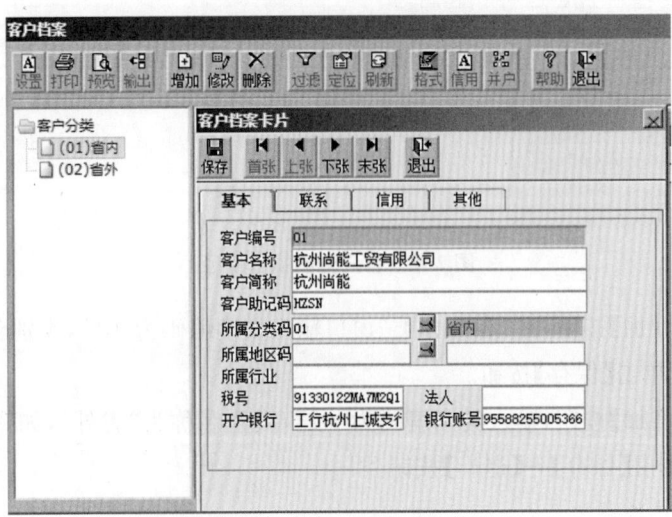

图 2-10 增加客户档案

(3)单击"客户档案卡片"窗口里的"联系"标签页,输入企业的地址,依次单击【保存】→【退出】按钮,"杭州尚能"的客户档案就建好了。按照同样的方法依次建立其他客户档案。填完后可以在客户分类下看到客户档案资料,如图2-11所示。

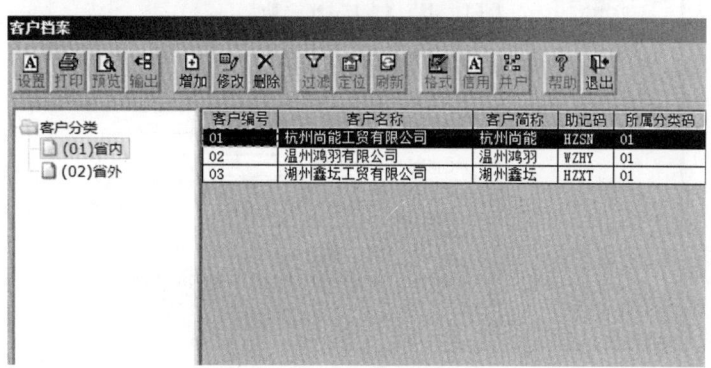

图2-11 添加客户档案

3. 设置供应商分类

(1)依次单击【基础设置】→【往来单位】→【供应商分类】按钮,进入"供应商分类"窗口,单击【增加】按钮,输入类别编号为"01",类别名称为"省内",最后单击【保存】按钮。

(2)单击【增加】按钮,输入类别编号为"02",类别名称为"省外",如图2-12所示,输入完毕后,依次单击【保存】→【退出】按钮。

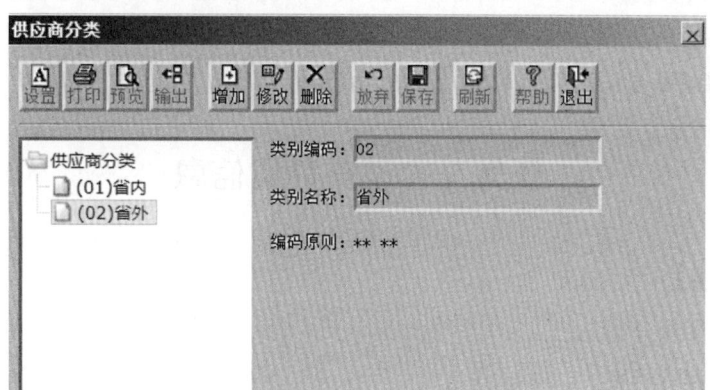

图2-12 增加供应商分类

4. 设置供应商档案

(1)供应商档案的建立与客户档案的建立相似。单击【基础设置】→【往来单位】→【供应商档案】。

(2)进入"供应商档案"窗口,选中左侧列表的供应商分类"(01)省内",单击【增加】按钮,弹出"供应商档案卡片"窗口,在"基本"标签页中,依次录入供应商"宁波星语"的基本信息。"所属地区码"可单击" "按钮,进入地区分类表格进行选择,如图2-13所示。

(3)单击"供应商档案卡片"窗口里的"联系"标签页,输入企业的地址,单击【保存】

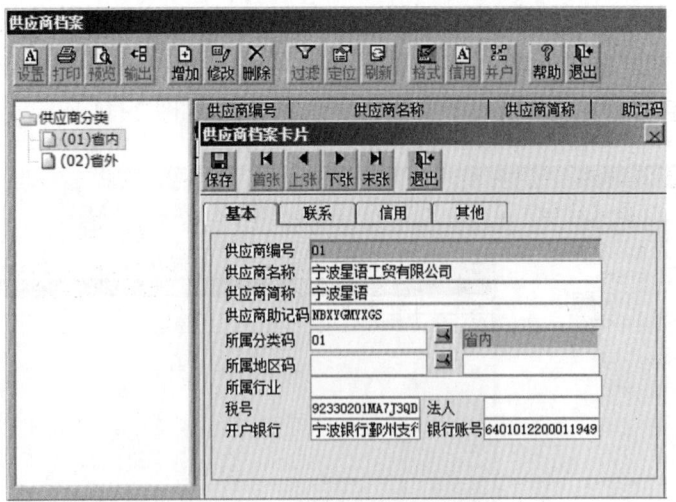

图 2-13 增加供应商档案

按钮。按同样的方法依次建立其他供应商档案,全部填完后,依次单击【保存】→【退出】按钮。

💡 注意:

◎ 在建账时如果选择了"客户分类",则应先进行客户分类设置,否则不能输入客户档案。

◎ 想删除某项分类,若其存在下一级分类,要先删除下级分类才能删除本级分类。

◎ 客户分类、供应商分类中的类别编码一经保存,不得修改。其他内容在未被使用前可修改,一经使用也不得修改。

◎ 发展日期是指与客户、供应商建立供货关系的起始日期。

任务三 设置存货信息

2-3 设置存货信息

【工作任务】

(1) 设置存货分类。

(2) 设置存货档案。

【知识储备】

1. 分类说明

企业存货较多的情况下,为了便于对存货的分类管理,可以对存货进行分类。存货分类的设置包括类别编码和类别名称。类别编码必须按照建账中设置的编码原则进行。

2. 建立档案

在"存货档案卡片"中,共有四个选项,存货的主要信息均在"基本"选项中。其中,同一存货可以设置多个属性,其作用在于填制相应业务单据时可以参照输入。"成本""信用""其他"这三个选项卡的内容为选填项。

(1)"基本"选项卡包括存货编号、存货名称、计量单位、所属分类码、税率及存货属性等基本信息。

(2)"成本"选项卡包括计划价、参考成本、参考售价等相关价格。

(3)"信用"选项卡包括最高库存、安全库存等信息。

(4)"其他"选项卡包括存货单位重量、单位体积以及存货的启用、停用日期等。

【任务资料】

(1)设置存货分类,如表2-7所示。

表2-7 存货分类

存货分类编码	存货分类名称	存货分类编码	存货分类名称
01	原材料	02	库存商品
03	其他		

(2)设置存货档案,如表2-8所示。

表2-8 存货档案

存货编号	存货代码	存货名称	计量单位	所属分类	税率	存货属性
0101	0101	毛纱	千克	01	13%	外购、生产耗用
0102	0102	麻纤维原料	千克	01	13%	外购、生产耗用
0103	0103	已梳皮棉	包	01	13%	外购、生产耗用
0201	0201	西服	套	02	13%	自制、销售
0301	0301	运费	元	03	9%	劳务费用

【工作步骤】

1. 设置存货分类

(1)单击【基础设置】→【存货】→【存货分类】,进入"存货分类"窗口。单击【增加】按钮,按照资料分别输入"类别编码""类别名称"相关信息,单击【保存】按钮,存货分类信息就会出现在存货分类栏中,如图2-14所示,全部输入完毕后单击【退出】按钮。

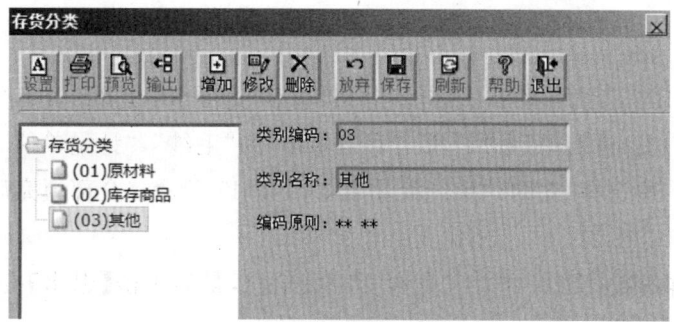

图2-14 增加存货分类

2. 设置存货档案

(1) 单击【基础设置】→【存货】→【存货档案】,进入"存货档案"窗口,如图 2-15 所示。根据存货名称"毛纱"所属的分类,选中存货分类栏"01 原材料",单击【增加】按钮。

图 2-15　增加存货档案

(2) 弹出"存货档案卡片"窗口,如图 2-16 所示。

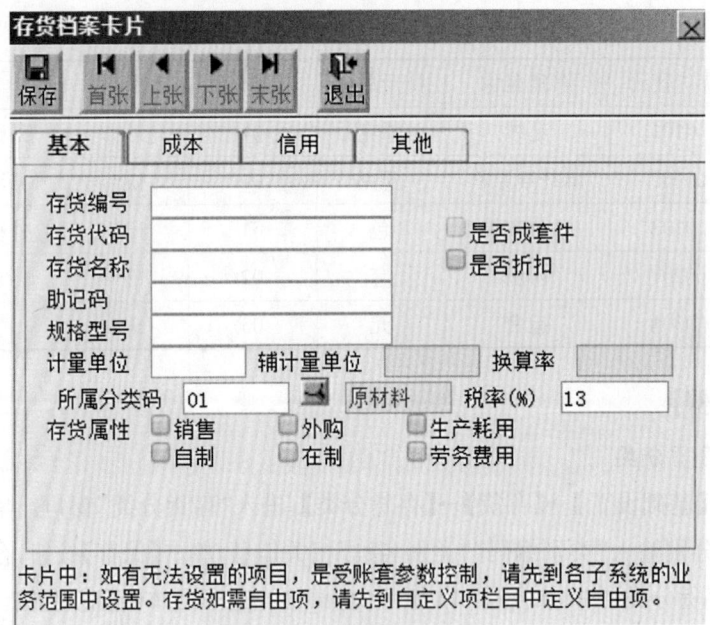

图 2-16　增加存货档案

(3) 在弹出的"存货档案卡片"窗口里的"基本"选项卡中,按照资料分别输入"存货编号"为"0101","存货代码"为"0101","存货名称"为"毛纱","计量单位"为"千克"等信息。"存货属性"中选择"外购""生产耗用",如图 2-17 所示。全部填完后,单击【保存】按钮。

(4) 以同样的方式继续添加其他存货相关信息,最后单击【退出】按钮,如图 2-18 所示。

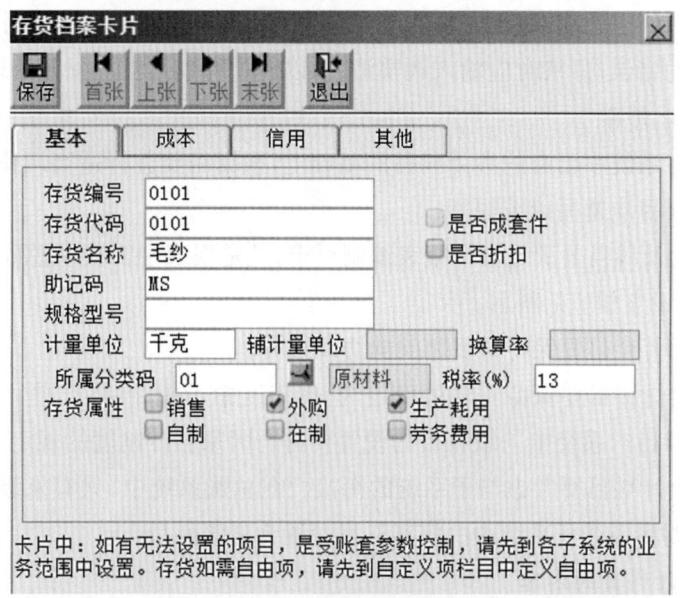

图 2-17 增加存货档案

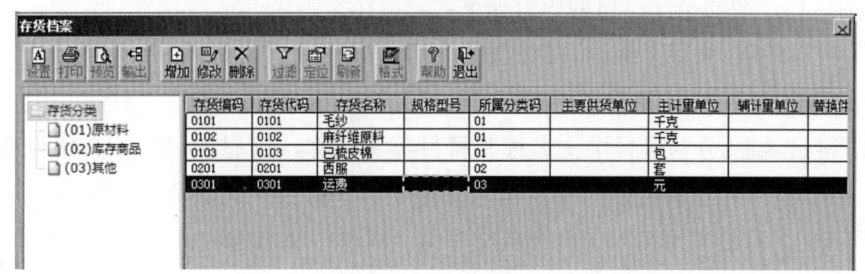

图 2-18 存货档案

任务四 设置财务信息

2-4 设置财务信息

【工作任务】

(1) 对外币种类进行设置。

(2) 对会计科目进行设置,包括修改、新增等。

(3) 指定会计科目。

(4) 设置凭证类别。

(5) 设置项目目录。

【知识储备】

1. 外币设置

如果企业涉及外币业务,在"填制凭证"中要用到外币及汇率,因此要先进行外币设置。在填制每月的凭证前,应预先录入当月的记账汇率,否则在填制该月外币凭证时会出现汇率为零的错误;月末时应输入调整汇率,以便进行本月汇兑损益处理。

2. 设置会计科目

企业可以在系统中已有的会计科目的基础上,根据需要进行适当调整。

设置会计科目应遵循以下原则:

(1) 设置会计科目要满足会计报表编制要求,凡是报表中需要从总账系统中取得的数据项目,必须设立相应的科目。

(2) 设置会计科目要保持科目之间的协调统一。

(3) 设置会计科目要保持一定的稳定,会计年度中不能删除;已使用的科目不能增加下一级明细科目。系统中一级科目的设置要符合国家会计制度的规定。

(4) 设置会计科目要考虑与子系统的衔接。在总账系统中,只有末级会计科目才允许有发生额。要将各个子系统中的核算科目设置为末级科目。

3. 增加会计科目的内容

在建账时一般会选择预置科目,系统已经自动加载了一级科目,企业需要增加的主要是明细科目。增加会计科目的内容如下:

(1) 科目编码:采用全编码,按级次的先后次序建立且必须唯一。科目编码只能由数字(0-9)组成。

(2) 科目名称:分为科目中文名称和科目英文名称,可以是汉字、英文字母或数字,也可以是减号(-)、正斜杠(/),不能输入其他字符。科目中文名称最多可输入 10 个汉字,科目英文名称最多可输入 100 个英文字母。科目中文名称和科目英文名称不能同时为空。输入名称时,只能输入本级科目名称。

(3) 科目类型:选择"2013 小企业会计准则"时,科目类型为资产、负债、所有者权益、成本、损益五类。科目类型与科目编码的第一位数字对应。

(4) 账页格式:是定义该科目在账簿打印时的默认打印格式。系统提供了金额式、外币金额式、数量金额式、数量外币式四种账页格式供选择。一般情况下,有外币核算的科目设置为外币金额式,有数量核算的科目可设为数量金额式,既有外币又有数量核算的科目设置为数量外币式,既无外币又无数量核算的科目设为金额式。

(5) 助记码:用于帮助记忆科目,在需要录入的科目处输入助记码,系统会自动将助记码转换成会计科目名称。

(6) 外币核算:设定有外币核算的会计科目的外币名称。一个科目只能核算一种外币,有外币核算要求的科目必须选定外币名称。如果此科目核算的外币币种没有定义,可以单击外币币种"🔍"参照按钮,进行"外币种类"定义。

(7) 数量核算:用于设定有数量核算的会计科目的数量计量单位。计量单位可以是任何汉字或字符。

(8) 科目性质(余额方向):一般情况下,资产类科目的科目性质为借方,负债类科目的科目性质为贷方。科目性质只能在一级科目设置,下级科目的科目性质与上一级科目性质相同。已有数据的科目不能再修改科目性质。

(9) 辅助核算:定义本科目是否有其他核算要求,如部门核算、个人往来、客户往来、供应商往来、项目核算。辅助核算必须设在末级科目上,为了查询或出账方便,有些科目也可以在末级和上级同时设辅助核算。一个科目可以同时设置两种专项核算,如"管理费用"科目可以同时设置为部门核算和项目核算;但个人往来不能与其他专项核算一同设置;客户往来与供应商往来也不能一同设置。

(10) 日记账、银行账:用于说明本科目是否有银行账、日记账的核算要求。有日记账核算要求的会计科目应设置日记账,以便做到日清月结;银行对账的银行科目应设置为银行账,以便进行银行对账。

(11) 受控系统:包括不受控、应收、应付、核算四种选项。某科目选择受控于某一模块,表示该科目只能在该模块中使用。比如"应收账款"科目选择受控于应收系统,表示该科目只能在应收系统使用,其他系统不能使用,则"应收账款"为应收系统的受控科目,应收系统为"应收账款"的受控系统。

4. 科目修改

增加的明细科目有错误时,可进行科目修改。系统中存在的一级科目也可以修改相应的属性。如果某会计科目已被制过单或已经录入期初余额等,则不能修改该科目的编码、类型、余额方向。

5. 指定科目

指定科目是指定出纳的专管科目,一般指现金科目和银行存款科目。指定科目后才能执行出纳签字。指定科目还可以用来指定与现金流量有关的科目。现金流量表的编制方法有两种:一种是利用总账中的现金流量辅助核算;另一种是利用专门的现金流量表编制。

6. 设置凭证类别

系统提供五种常用分类方式:记账凭证;收款、付款、转账凭证;现金、银行、转账凭证;现金收款、现金付款、银行收款、银行付款、转账凭证;自定义凭证类别。

某些类别的凭证在制单时对科目有一定限制,通常系统有七种类型限制供选择。

(1) 借方必有:制单时,借方至少有一个限制科目有发生额。

(2) 贷方必有:制单时,贷方至少有一个限制科目有发生额。

(3) 凭证必有:制单时,无论借方还是贷方至少有一个限制科目有发生额。

(4) 凭证必无:制单时,无论借方还是贷方不可有一个限制科目有发生额。

(5) 无限制:制单时,此类凭证可使用所有合法的科目。

(6) 借方必无:制单时,借方不能有的科目。

(7) 贷方必无:制单时,贷方不能有的科目。

在录入凭证之前,应进行凭证类别的设置;已使用的凭证类别不能删除,也不能修改；若限制科目为非末级科目，则在制单时，其所有下级科目将受到同样的限制。

7. 设置项目目录

企业可以将具有相同特性的一类项目定义成一个项目大类，一个项目大类可以核算多个项目。企业可以对这些项目进行分级管理。要实现项目核算及管理就必须在设置会计科目时，根据需要进行项目核算的科目（在建工程、主营业务收入、生产成本等）设置为项目辅助核算类会计科目，而后在项目档案设置中具体设置项目大类、指定核算科目、定义项目分类、定义项目目录等。

（1）设置项目大类：项目大类即项目核算的分类类别。项目大类是该类项目的总称，而不是会计科目名称。系统允许在同一企业中同时进行几个大类的项目核算。通过项目大类的设置可以确定企业需要进行哪几类项目核算。

（2）指定核算科目：具体指定哪些会计科目需要进行项目核算。系统约定一个项目大类可以指定多个会计科目，一个会计科目只能指定到一个项目大类。

（3）定义项目分类：可以对同一项目大类下的项目进行进一步划分。

（4）定义项目目录：将各项目大类中的具体项目输入系统。输入的内容取决于定义的栏目中设定的栏目名称或数据。"维护"功能主要用于录入各个项目的名称及定义的其他数据。

【任务资料】

（1）设置外币种类。

币符为 USD，币名为"美元"，固定汇率为 1∶6.6。

（2）修改会计科目，如表 2-9 所示。

表 2-9　会计科目

科目编码	科目名称	辅助核算	方向
1001	库存现金	日记账	借
1002	银行存款	银行账、日记账	借
1121	应收票据	客户往来/受控应收系统	借
1122	应收账款	客户往来/受控应收系统	借
1123	预付账款	供应商往来/受控应付系统	借
2201	应付票据	供应商往来/受控应付系统	贷
2202	应付账款	供应商往来/受控应付系统	贷
2203	预收账款	客户往来/受控应收系统	贷

（3）新增会计科目，如表 2-10 所示。

表 2-10　会计科目

科目编码	科目名称	辅助核算	方向
100201	工行存款	银行账、日记账	借
100202	中行存款	银行账、日记账 外币核算(美元)	借
122101	应收个人款	个人往来	借
140201	已梳皮棉	数量金额式(包)	借
140202	毛纱	数量金额式(千克)	借
140203	麻纤维原料	数量金额式(千克)	借
140301	已梳皮棉	数量金额式(包)	借
140302	毛纱	数量金额式(千克)	借
140303	麻纤维原料	数量金额式(千克)	借
140501	西服	数量金额式(套)	借
170101	专利权		借
170102	非专利技术		借
224101	社会保险费		贷
224102	住房公积金		贷
224103	其他扣款		贷
400101	直接材料	项目核算	借
400102	直接人工	项目核算	借
400103	制造费用	项目核算	借
560108	差旅费	个人往来	借
560109	折旧费		借
560212	差旅费	个人往来	借

(4) 指定会计科目。将"1001 现金"科目指定为现金总账科目；将"1002 银行存款"科目指定为银行总账科目。

(5) 设置凭证类别，如表 2-11 所示。

表 2-11　凭证类别

类别	限制类型	限制科目
收款凭证	借方必有	1001,1002
付款凭证	贷方必有	1001,1002
转账凭证	凭证必无	1001,1002

(6) 设置产品项目目录,如表 2-12 所示。

表 2-12 产品项目目录

设置步骤	设置内容
项目大类	产品
核算科目	直接材料(400101) 直接人工(400102) 制造费用(400103)
项目分类	1 服装 2 配饰
项目目录	01 西服(所属分类:1) 02 领带(所属分类:2)

【工作步骤】

1. 设置外币种类

(1) 依次单击【基础设置】→【财务】→【外币种类】按钮,弹出"外币设置"窗口,如图 2-19 所示。

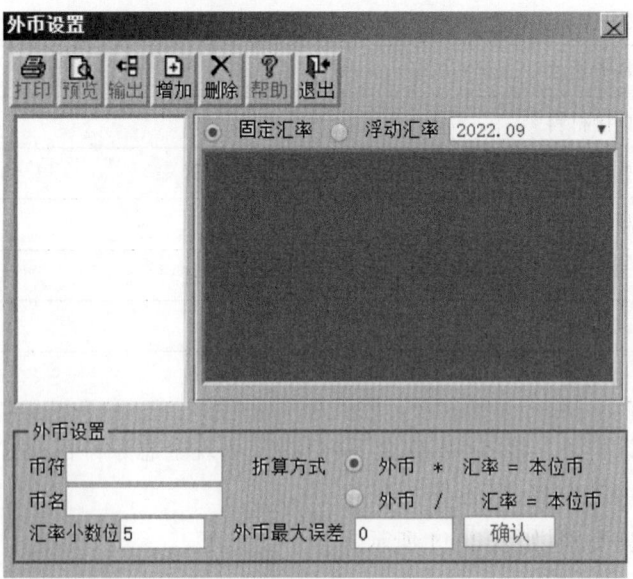

图 2-19 外币设置

(2) 在"币符"处输入"$"(此币符在英文状态下,按<Shift>+<4>组合键),币名为"美元",如图 2-20 所示。

(3) 单击【增加】按钮,选中"美元",双击"2022.09"的记账汇率栏,输入汇率为"6.6",按<Tab>键或任意单击其他空格键确定,如图 2-21 所示。单击【退出】按钮后,完成外币设置。

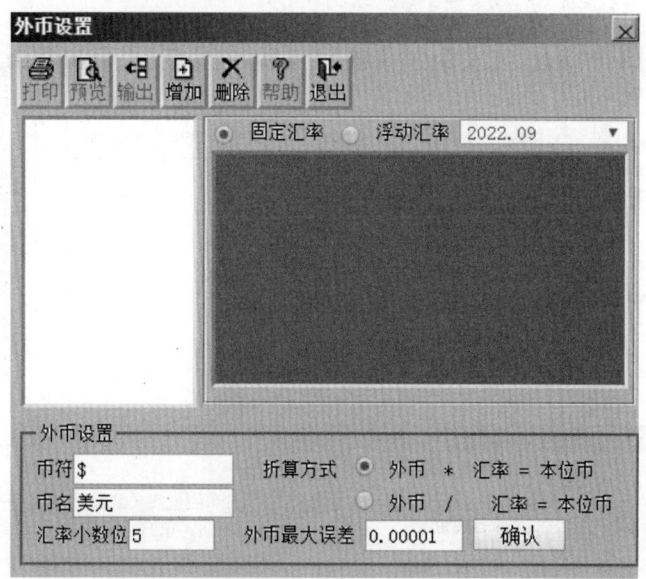

图 2-20 外币设置

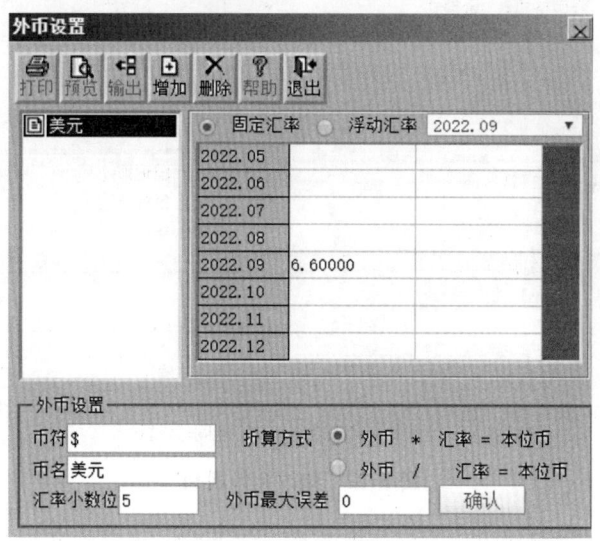

图 2-21 外币设置

2. 修改会计科目

1）辅助核算科目的修改

（1）依次单击【基础设置】→【财务】→【会计科目】按钮，系统弹出"会计科目"窗口，里面有彩色的会计科目分类标签，分别为"全部""资产""负债""权益""成本""损益"共计六大类，如图 2-22 所示。

（2）在"资产"标签页下找到"库存现金"科目，选中"库存现金"，然后单击【修改】按钮（或者直接双击"库存现金"所在行），打开"修改科目"窗口，如图 2-23 所示。

图 2-22　会计科目窗口

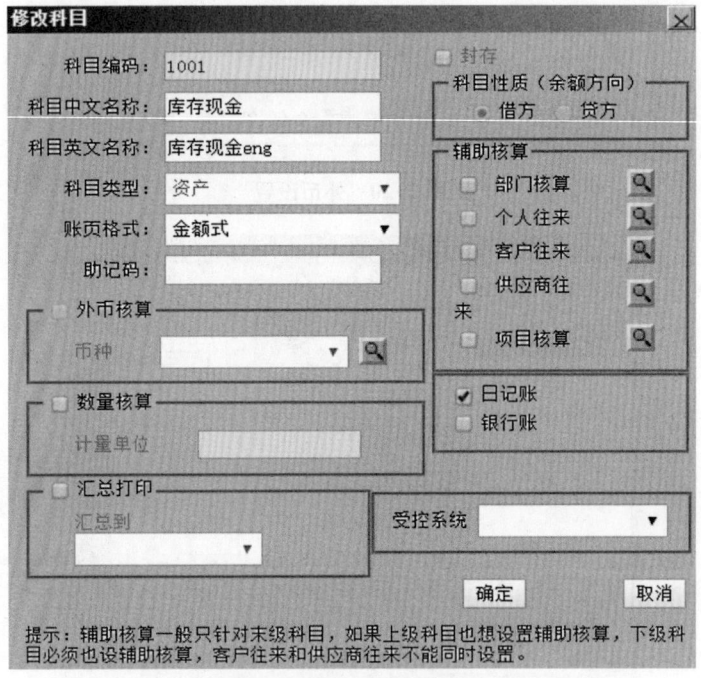

图 2-23　修改会计科目

(3) 在"日记账"前面打"√",确认账页格式为"金额式"(默认)。单击【确定】按钮,此科目修改成功。

(4) 同样找到"银行存款"科目,在"日记账""银行账"前的复选框打"√",单击【确定】按钮,如图 2-24 所示。

2) 个人、客户、供应商往来科目的修改

以应收票据为例。

(1) 可在"资产"标签页下直接找到"应收票据",也可以单击【查找】按钮,系统弹出"查找会计科目"窗口,输入科目编码为"1121",如图 2-25 所示。单击【确定】按钮,系统就会自动找到此科目,双击打开。

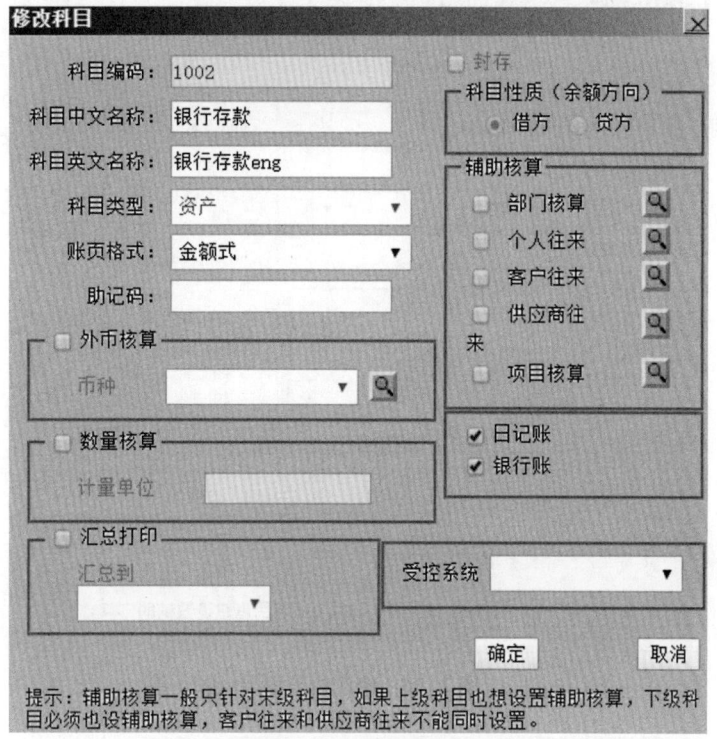

图 2-24 修改会计科目

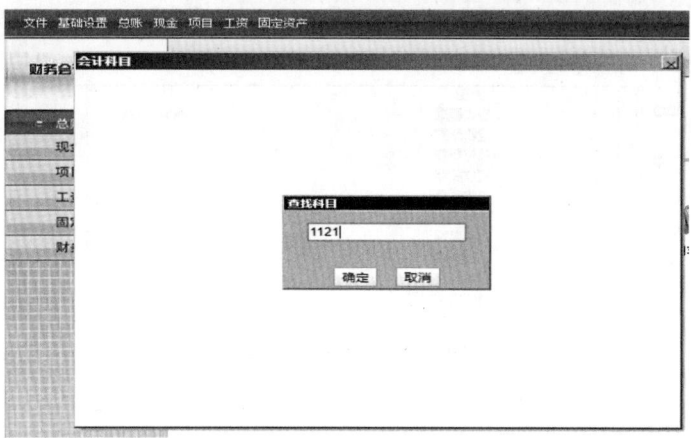

图 2-25 查找会计科目

（2）根据资料，在"辅助核算"下的"客户往来"前的复选框打"√"，受控系统下拉选中"应收"，如图 2-26 所示。单击【确定】按钮，在"应收票据"科目处会出现"客户核算"字样，如图 2-27 所示。

（3）其他的往来科目也按此方法修改。

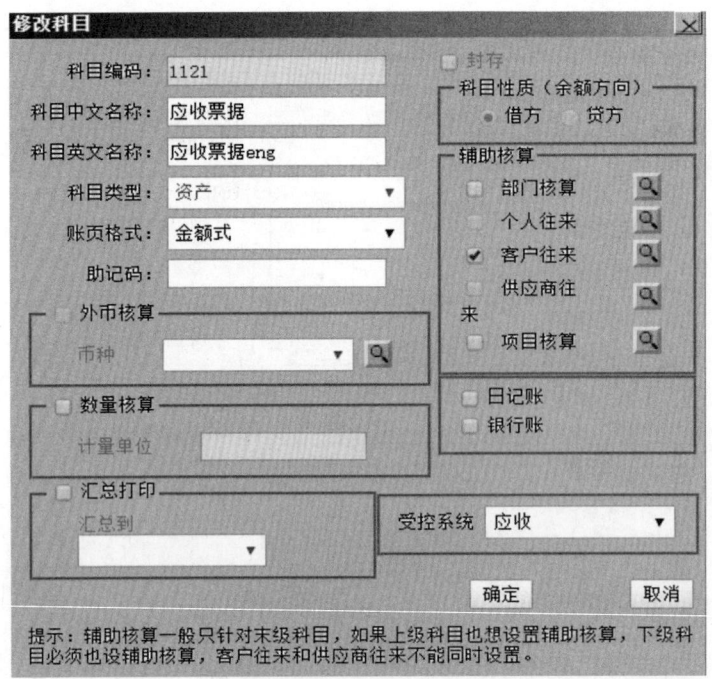

图 2-26 修改会计科目

图 2-27 设置会计科目

3. 增加会计科目

1) 一般会计科目的新增

以新增"100201 工行存款"为例。

(1) 依次单击【基础设置】→【财务】→【会计科目】按钮,进入"会计科目"窗口,单击【增加】按钮,弹出"新增科目"窗口,如图 2-28 所示。

(2) 输入科目编码为"100201",科目中文名称为"工行存款",此时会发现"日记账"和"银行账"复选框自动选中,这是因为之前对银行存款总账科目进行了辅助核算设置。

(3) 根据资料核对其他内容无误后,单击【确定】按钮,"工行存款"明细科目新增完毕。

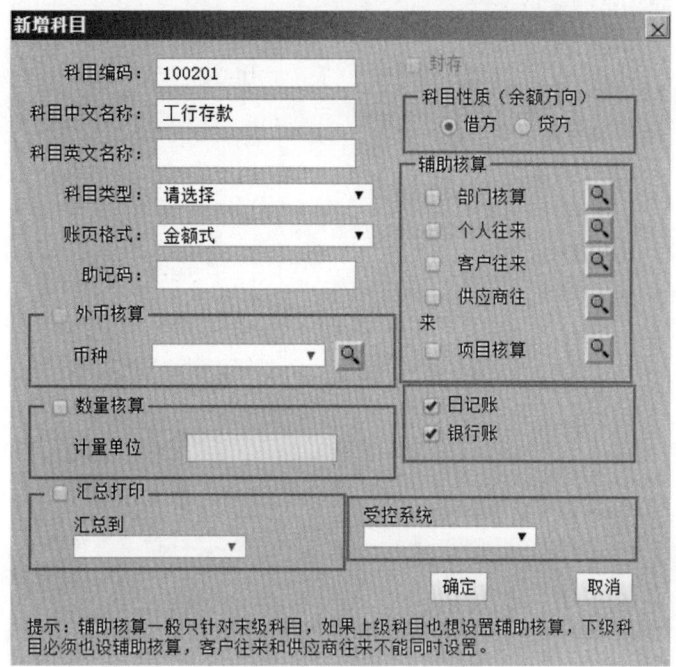

图 2-28　增加会计科目

（4）此时在"会计科目"窗口，可以看到"1002 银行存款"科目下出现了新增科目"100201 工行存款"，如图 2-29 所示。

图 2-29　完成新增会计科目

2）含有外币核算的会计科目新增

以"100202 中行存款"为例。

（1）打开"会计科目"窗口，单击【增加】按钮，在"新增科目"窗口中输入科目编码为"100202"，按<Tab>键跳转下一行，输入科目中文名称为"中行存款"，在"外币核算"前的复选框打"√"，点击"币种"的下拉键或" "按钮，选中"美元"，如图 2-30 所示。

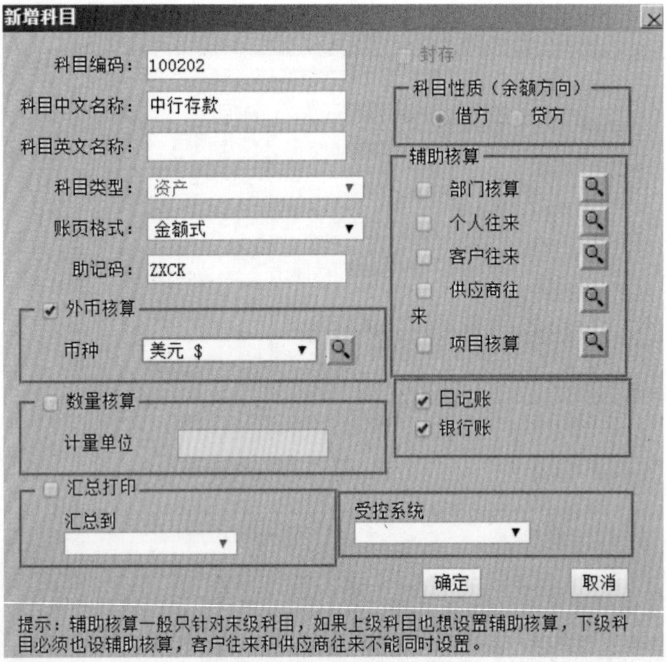

图 2-30 新增外币核算科目

(2) 单击【确定】按钮,此科目新增完毕,在"银行存款"科目下可以看到"中行存款"科目名称及外币币种处的"美元"字样。

3) 个人往来的会计科目新增

以"其他应收款"科目下的二级科目"应收个人款"为例。

(1) 在"会计科目"窗口中,单击【增加】按钮。输入科目编码为"122101",科目中文名称为"应收个人款",在"辅助核算"中的"个人往来"前的复选框打"√",如图 2-31 所示。

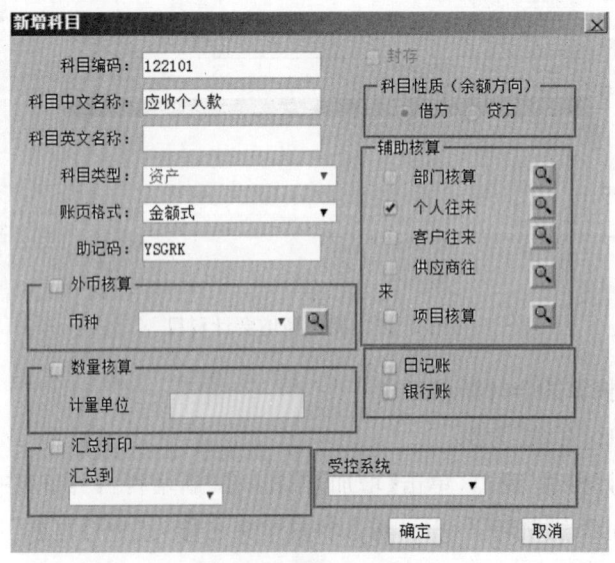

图 2-31 新增个人往来科目

(2) 单击【确定】按钮，此科目新增完毕。

4）数量金额式的会计科目新增

以"在途物资"科目下的二级科目"已梳皮棉"为例。

(1) 打开"会计科目"窗口，单击【增加】按钮。输入科目编码为"140201"，科目中文名称为"已梳皮棉"，在"账页格式"下拉框中选择"数量金额式"，同时在"数量核算"前的复选框打"√"，输入计量单位为"包"，如图 2-32 所示。

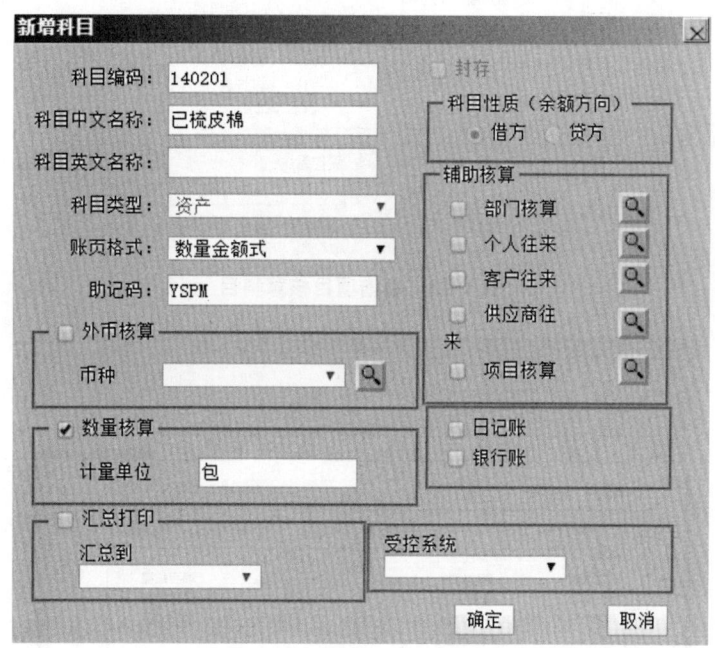

图 2-32　新增数量金额式科目

(2) 点击【确定】按钮，此科目新增完毕。

5）项目核算式的会计科目新增

以"生产成本"科目下的二级科目"直接材料"为例。

(1) 打开"会计科目"窗口，单击【增加】按钮。输入科目编码为"400101"，科目中文名称为"直接材料"，在"辅助核算"下的"项目核算"前的复选框打"√"，如图 2-33 所示。单击【确定】按钮，此科目新增完毕。

(2) 在"会计科目"窗口中能看到新增完毕的"400101 直接材料"，按同样的方法新增其他项目核算科目，如图 2-34 所示。

4．指定会计科目

(1) 依次单击【基础设置】→【财务】→【会计科目】按钮，进入"会计科目"窗口，依次单击【编辑】→【指定科目】按钮，进入"指定科目"窗口，如图 2-35 所示。

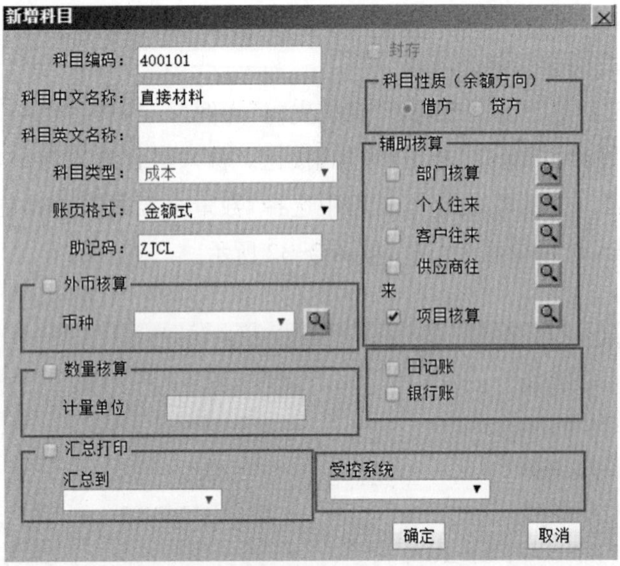

图 2-33 新增项目核算科目

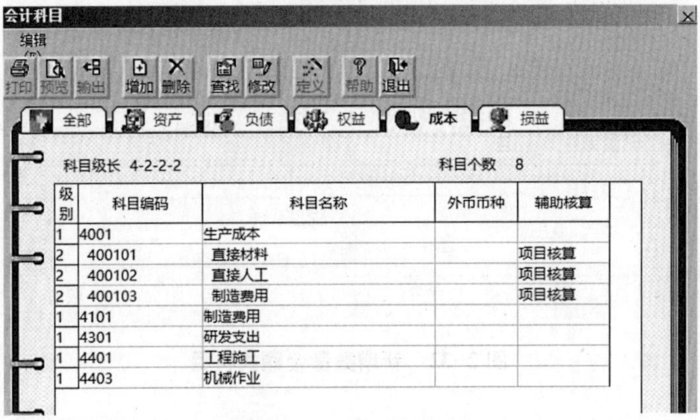

图 2-34 项目核算科目

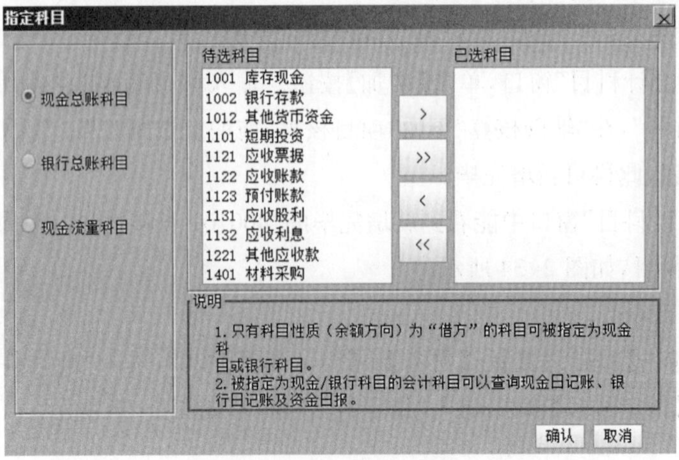

图 2-35 指定会计科目

(2) 选中"现金总账科目"(默认),在"待选科目"中,选中"1001 库存现金",单击【>】按钮,使"1001 库存现金"进入右边"已选科目"对话框。

(3) 选中"银行总账科目",在"待选科目"中,选中"1002 银行存款",单击【>】键,使"1002 银行存款"进入右边"已选科目"对话框,如图 2-36 所示。

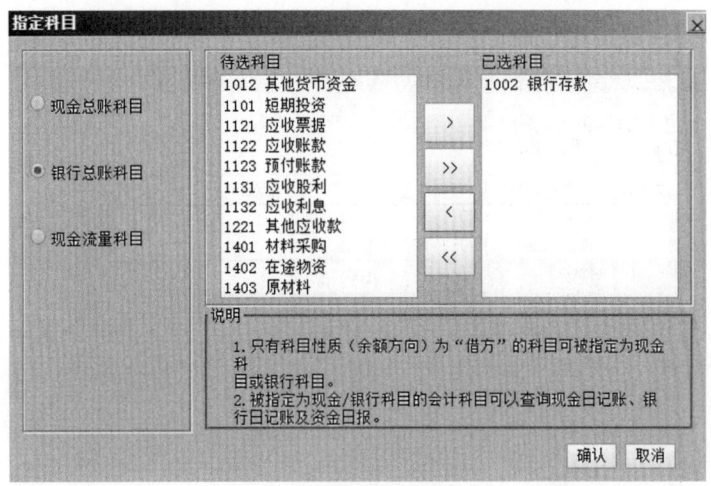

图 2-36 设置指定科目

(4) 单击【确认】按钮。

5. 设置凭证类别

(1) 依次单击【基础设置】→【财务】→【凭证类别】按钮,进入"凭证类别预置"窗口,选中第二项"收款凭证 付款凭证 转账凭证",如图 2-37 所示。

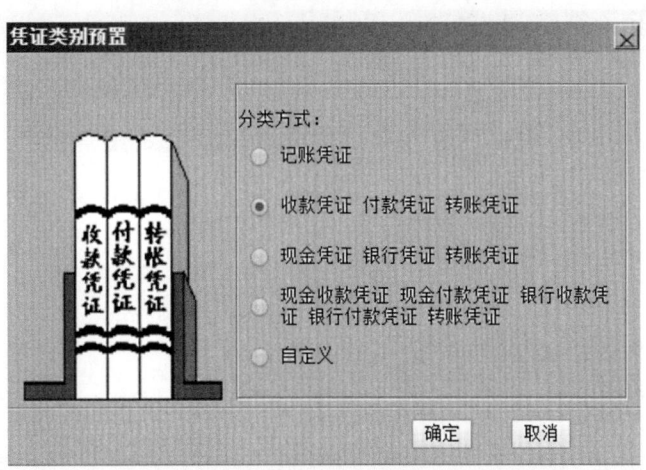

图 2-37 预置凭证类别

"凭证类别预置"窗口只在第一次设置时出现,后面不会再出现。

(2) 单击【确定】按钮,弹出"凭证类别"设置框。双击"收款凭证"行的"限制类型"栏,选择"借方必有"。

（3）在"限制科目"处，单击" 🔍 "按钮，进入"科目参照表"，选择"1001，1002"，可以双击会计科目直接选中，也可以单击后再点击【确定】按钮。

（4）用同样的方法将付款凭证和转账凭证的限制类型，分别设置为"贷方必有""凭证必无"，选择相应的限制科目，全部设置完成后，如图 2-38 所示。最后单击【退出】按钮。

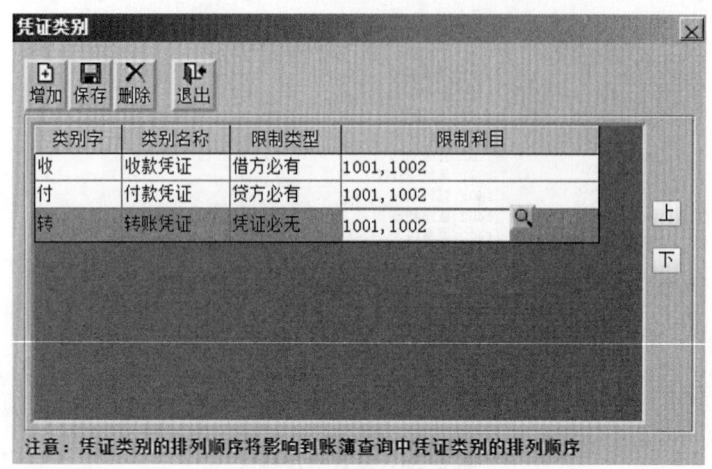

图 2-38　设置凭证类别

6．设置项目目录

（1）依次单击【基础设置】→【财务】→【项目目录】按钮，弹出"项目档案"窗口，如图 2-39 所示，单击【增加】按钮。

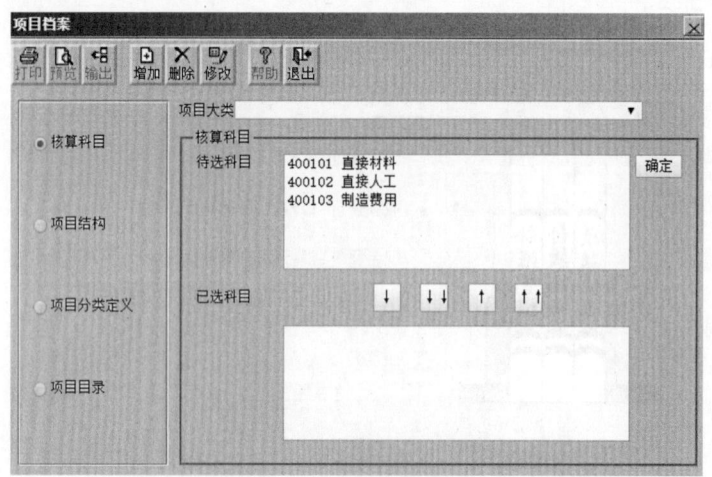

图 2-39　设置项目档案

（2）弹出"项目大类定义_增加"窗口，此窗口的设置包含 3 项内容，第一项是"项目大类名称"：在新增大类名称中输入"产品"，选中"普通项目"，单击【下一步】按钮，如图 2-40 所示。

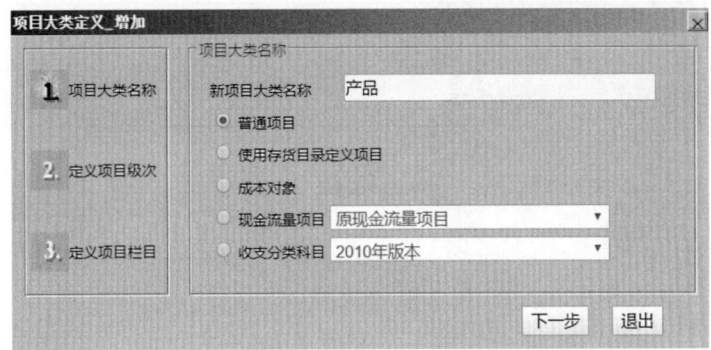

图 2-40　项目大类定义_增加

（3）进入第二项"定义项目级次"，一级为"1"（默认），其余均为"0"（默认），如图 2-41 所示，单击【下一步】按钮。

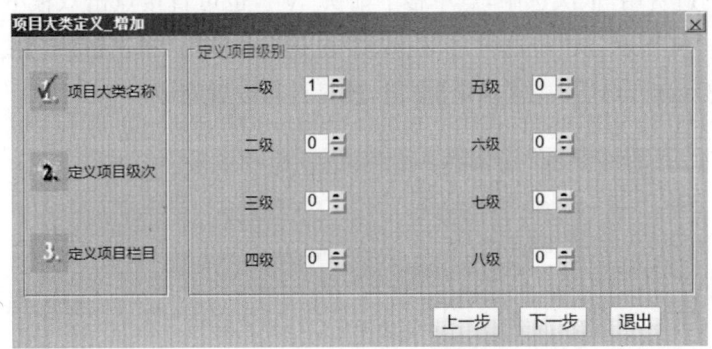

图 2-41　定义项目级别

（4）进入第三项"定义项目栏目"，此内容不做变动，全部为默认，如图 2-42 所示，单击【完成】按钮。

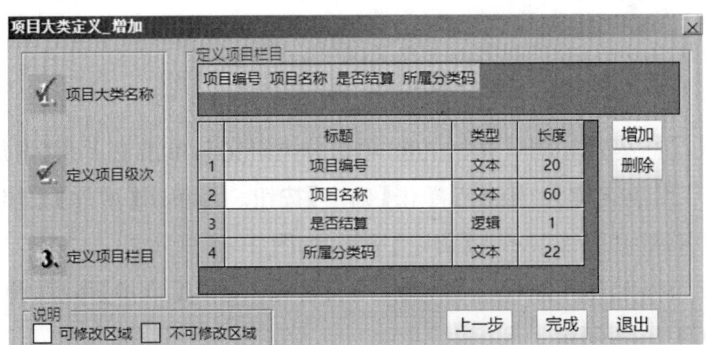

图 2-42　定义项目栏目

（5）回到"项目档案"窗口，此时在"项目大类"中多了"产品"一项，如图 2-43 所示。
（6）在"项目大类"为"产品"状态下，将待选科目"400101 直接材料""400102 直接人

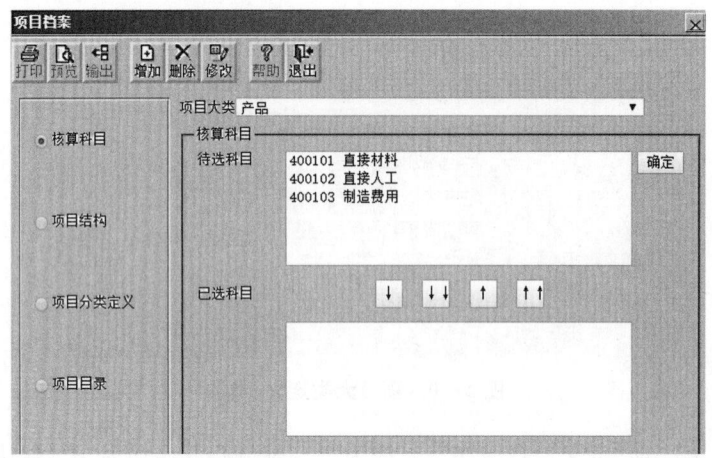

图 2-43 项目档案

工""400103 制造费用"依次选中,点单根下箭头"↓",也可直接点击双根下箭头"↓↓",完成后如图 2-44 所示,从"待选科目"栏转到"已选科目"栏。单击【确定】按钮,系统弹出"保存成功!"提示框,最后单击【确定】按钮,核算科目设置完成。

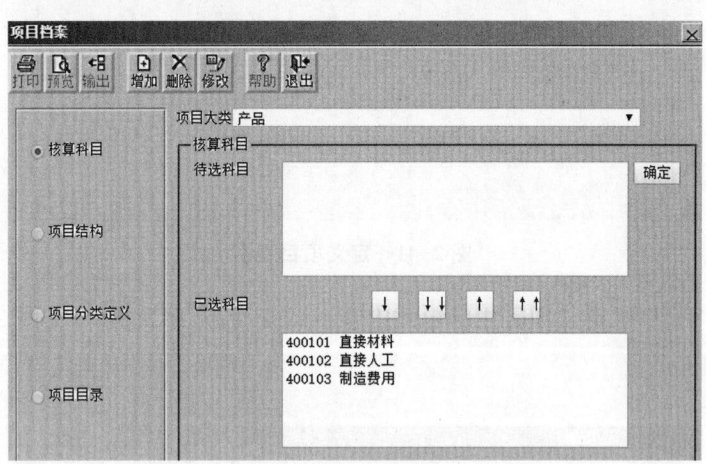

图 2-44 项目档案

(7) 在"项目档案"窗口中,选中左侧"项目分类定义",单击右下角【增加】按钮,输入分类编码为"1"、分类名称为"服装",单击【确定】按钮。再单击【增加】按钮,输入分类编码为"2"、分类名称为"配饰",单击【确定】按钮,如图 2-45 所示。

(8) 在"项目档案"窗口中,选中左侧"项目目录",单击【维护】按钮,弹出"项目目录维护"窗口,如图 2-46 所示。

(9) 输入项目编号为"01"、项目名称为"西服","是否结算"不选,选择所属分类码为"1"。继续单击【增加】按钮,输入项目编号为"02"、项目名称为"领带",选择所属分类码为"2",如图 2-47 所示。依次单击【增加】→【退出】按钮,项目目录设置完毕。

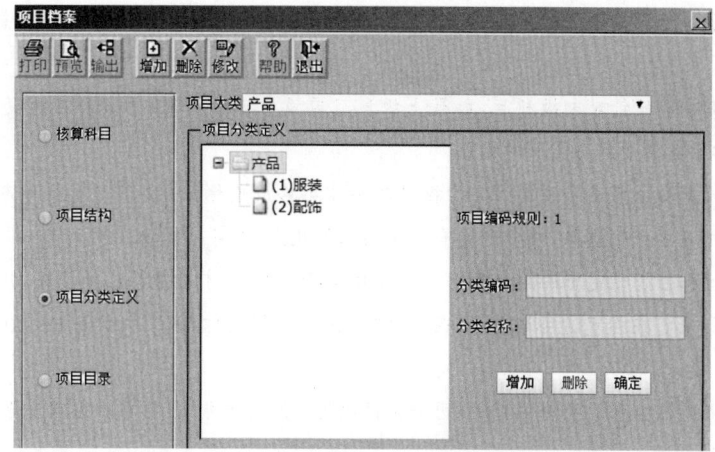

图 2-45 项目分类定义

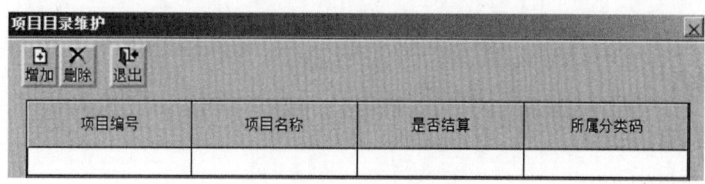

图 2-46 项目目录维护

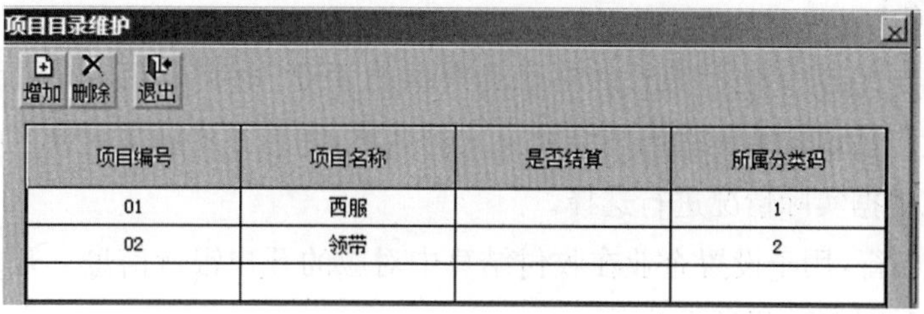

项目编号	项目名称	是否结算	所属分类码
01	西服		1
02	领带		2

图 2-47 添加项目名称

💡 **注意：**

◎ 外币种类的设置、会计科目的设置、会计科目的指定、凭证类别的设置前后顺序不能变，因为只有增加了外币项目，会计科目中有关外币的账户才能从系统中选取；只有调整好了会计科目，才能指定会计科目及对凭证中的收、付、转凭证进行科目选取后的限制。这三个环节的设置是一环扣一环的。

◎ 外币种类设置中输入汇率时，小数点必须采用英文方式，否则将不能输入。美元"＄"币符在英文状态下，按＜Shift＞+＜4＞组合键即可出现。人民币"￥"币符在中文状态下，按＜Shift＞+＜4＞组合键即可出现。

◎ 选择使用固定汇率，则每月月初在"记账汇率"栏输入汇率，即为期初汇率；月末在"调整汇率"栏输入汇率，即为期末汇率，以便计算汇兑损益；如果选择使用浮动汇率，则需要在外币业务发生的当天，在外币设置中输入当天的汇率。

◎ 会计科目的编码是唯一的。会计科目增加时必须先增加一级科目，才能继续增加二级科目。

科目一经使用,就不能再增设下级科目,只能增加同级科目。明细科目的科目性质和辅助核算与总账科目相同。

◎ 辅助核算一般只针对末级科目,如果上级科目要设置辅助核算,下级科目也必须设置辅助核算。客户往来和供应商往来不能同时设置。

◎ 已经录入期初余额或制过单的会计科目就不能再修改或删除,除非将包含有该科目的凭证删除,并将该科目的期初余额删除,恢复到没有使用的原始状态,才可以修改。

◎ 指定会计科目是指定出纳的专管科目。只有指定科目后,才能执行出纳签字,才能查看库存现金、银行存款日记账。在指定科目之前,应在建立"库存现金""银行存款"会计科目时在"日记账"前打"√"。

◎ 手工录入凭证类别的限制科目时,两个科目代码之间的逗号",",要在半角状态下才有效。

任务五 设置收付结算档案

2-5 设置收付结算档案

【工作任务】

(1) 设置结算方式。
(2) 设置开户银行。
(3) 设置付款条件。

【知识储备】

(1) 结算方式:为了便于银行的对账和票据的管理,企业一般要设置结算方式。结算方式的设置包括设置结算编码和结算方式的名称,结算方式最多可分为两级。票据管理的标识可以根据实际情况进行选择。

(2) 开户银行:用于设置企业在收付结算中对应的开户银行信息。开户银行信息主要包括编号、开户银行、银行账号等。

(3) 付款条件:也称现金折扣,用来设置企业在经营过程中与往来单位约定收、付款折扣优惠方法。现金折扣通常表示为"2/5,1/10,n/20",意思为客户在 5 天内付款享受 2%折扣,在 10 天内付款享受 1%折扣,20 天内付款没有折扣。

【任务资料】

(1) 设置结算方式,如表 2-13 所示。

表 2-13 结算方式

结算方式编码	结算方式名称	结算方式编码	结算方式名称
1	支票	201	银行承兑汇票
101	现金支票	202	商业承兑汇票
102	转账支票	3	汇兑
2	商业汇票	4	其他

(2) 增加开户银行,如表 2-14 所示。

表 2-14　开户银行

编码	开户银行	银行账号
1	中国工商银行宁波分行	6222033901001868562

(3) 设置付款条件。付款条件:"5/10,2/20,n/30"。

【工作步骤】

1. 设置结算方式

(1) 依次单击【基础设置】→【收付结算】→【结算方式】按钮,打开"结算方式"窗口,单击【增加】按钮,输入"类别编码"为"1","类别名称"为"支票",票据管理方式为空,单击【保存】按钮,如图 2-48 所示。

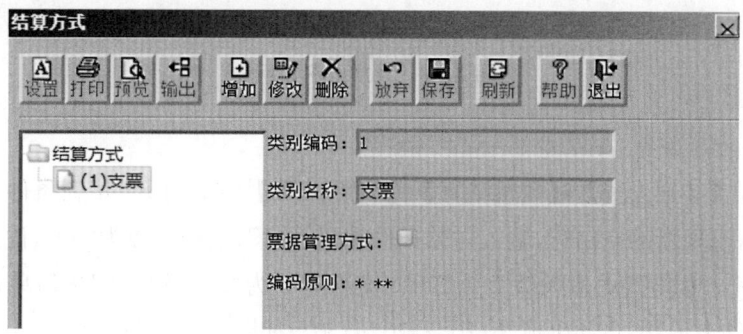

图 2-48　添加结算方式

(2) 选中左侧"(1)支票"结算方式,单击【增加】按钮,输入"类别编码"为"101","类别名称"为"现金支票",单击【保存】按钮。

(3) 以同样的方式录入其他结算方式,如图 2-49 所示。全部录入后单击【退出】按钮。

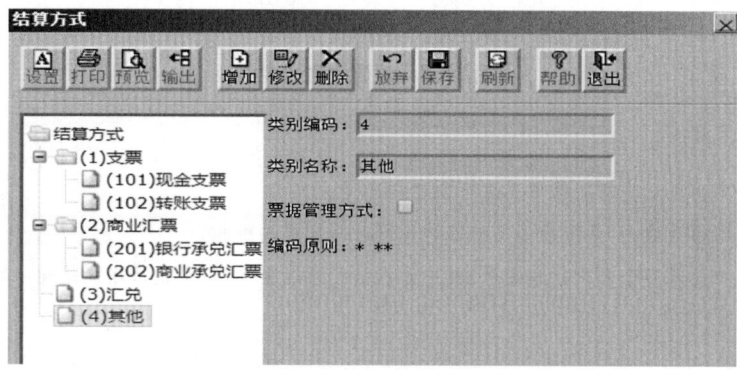

图 2-49　结算方式列表

2. 增加开户银行

依次单击【基础设置】→【收付结算】→【开户银行】按钮，打开"开户银行"窗口，输入编码为"1"、开户银行为"中国工商银行宁波分行"、银行账号为"6222033901001868562"，暂封标志选"否"。输入完毕后单击【增加】按钮，即完成操作，如图2-50所示。最后单击【退出】按钮。

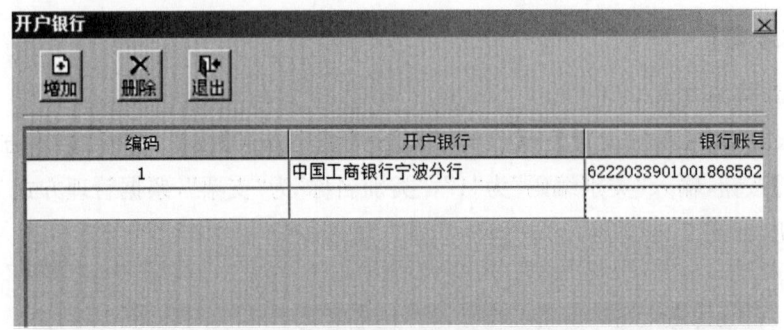

图 2-50 添加开户银行

3. 设置付款条件

依次单击【基础设置】→【收付结算】→【付款条件】按钮，打开"付款条件"窗口，单击【增加】按钮，出现新的空白行，输入付款条件编码为"1"、信用天数为"30"、优惠天数1为"10"、优惠率1为"5"、优惠天数2为"20"、优惠率2为"2"。输入完毕后单击【保存】按钮，"付款条件表示"栏自动生成"5/10,2/20,n/30"，如图2-51所示。

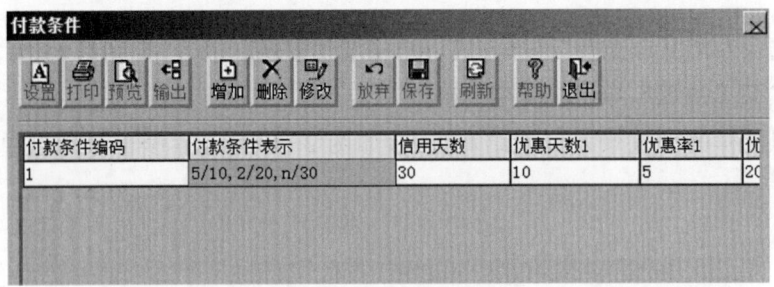

图 2-51 设置付款条件

※ 注意：
◎ 结算方式由企业根据实际情况进行创建和选择。
◎ 同一个信用天数内，系统最多支持四种优惠时间段里的折扣。
◎ 系统支持同时多个开户行和账号，其中开户银行可以重复，但是银行账户是唯一的。

 **知识地图**

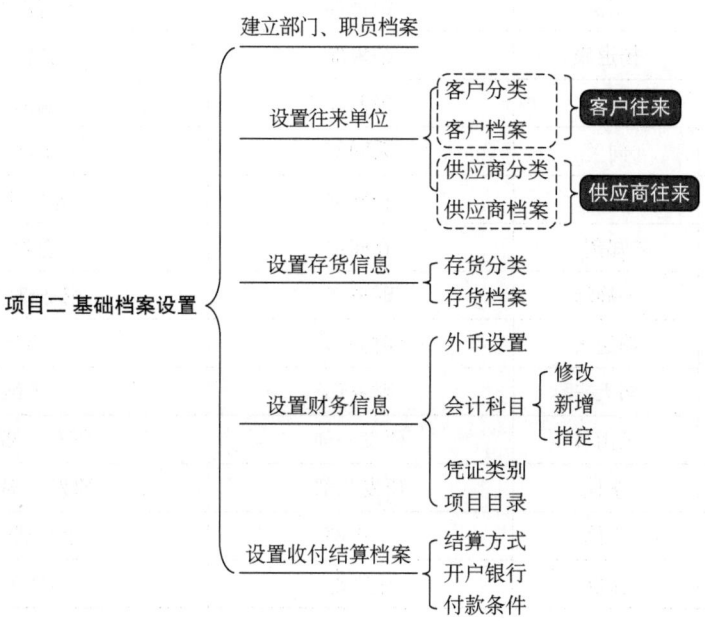

 **课后提升**

1. 部门档案信息

部门档案信息如表 2-15 所示。

表 2-15 部门档案

部门编码	部门名称	部门编码	部门名称
01	总经理室	06	研发部
02	销售部	0601	研发一部
03	采购部	0602	研发二部
04	仓储部	07	生产部
05	财务部		

2. 职员档案信息

职员档案信息如表 2-16 所示。

表 2-16 职员档案

职员编码	职员姓名	所属部门	职员属性
0101	周甬洪	总经理室	总经理
0201	王文	销售部	销售部经理
0202	杨道康	销售部	销售员
0301	戴立	采购部	采购部经理
0302	向兰	采购部	采购员
0401	李欣	仓储部	仓库主管
0402	郑剑	仓储部	仓管员
0501	冯峥嵘	财务部	财务部经理
0502	赖送天	财务部	会计
0503	胡天一	财务部	出纳
060101	王雨林	研发一部	研发一部经理
060201	李佳	研发二部	研发二部经理
0701	张修	生产部	生产部经理
0702	张欣	生产部	生产工人

3. 客户分类信息

客户分类信息如表 2-17 所示。

表 2-17 客户分类

分类编码	分类名称	分类编码	分类名称
01	长期客户	02	短期客户

4. 客户档案信息

客户档案信息如表 2-18 所示。

表 2-18 客户档案

客户编码	客户名称	地址	客户简称	所属分类码	社会信用代码	开户行及地址	开户银账户
01001	杭州雷扬数控设备	杭州上城区国建路601号	杭州雷扬	01	91330102M285401237	工行杭州上城区昂春路支行	6212260302014672935
01002	宁波国泰机械有限公司	宁波海曙区宝旺路858号	宁波国泰	01	91330602M016799482	工行宁波海曙区盛益路支行	3901180019200085653

(续表)

客户编码	客户名称	地址	客户简称	所属分类码	社会信用代码	开户行及地址	开户银账户
02001	北京天泽电子集团	北京市麦领路740号	北京天泽	02	91110102M898678738	工行北京市绿景路支行	9963569648448770491

5. 供应商分类信息

供应商分类信息如表 2-19 所示。

表 2-19　供应商分类

分类编码	分类名称	分类编码	分类名称
01	市内	02	市外

6. 供应商档案信息

供应商档案信息如表 2-20 所示。

表 2-20　供应商档案

编号	供应商名称	地址	简称	所属分类	社会信用代码	开户行	开户银账户
01001	宁波中兴有限公司	宁波鄞州区天峰路402号	宁波中兴	01	91330602M550031489	工行宁波鄞州区天峰路支行	39013205340000438723
01002	宁波市第二建设有限公司	宁波海曙区亿融路780号	市二建	01	91330603M093928933	工行宁波海曙区迪发路支行	39013207600028573
01003	宁波市电业公司	宁波江东区艾一路359号	市电业公司	01	91330602M417195234	工行宁波江东区辉威路支行	39013209800027434
02001	宁波宝恒有限公司	宁波江东区普爱路650号	宁波宝恒	02	91330204M718036704	工行宁波江东区乐春路支行	39013200190000390919

7. 结算方式信息

结算方式信息如表 2-21 所示。

表 2-21 结算方式

编号	结算方式	票据管理	编号	结算方式	票据管理
1	支票	否	3	电汇	否
2	现金	否	4	商业汇票	否
5	银行本票	否	7	网银	否
6	银行汇票	否			

8. 存货分类信息

存货分类信息如表 2-22 所示。

表 2-22 存货分类

存货分类编码	存货类别名称	存货分类编码	存货类别名称
01	原材料	02	库存商品
0101	主机	0201	KT-30 机床
0102	CRT 显示器	0202	KT-40 机床
0103	液压器		

9. 存货档案信息

存货档案信息如表 2-23 所示。

表 2-23 存货档案

存货编号	存货代码	存货名称	计量单位	所属分类	税率	存货属性
0101	0101	主机	块	01	13%	外购、生产耗用
0102	0102	CRT 显示器	个	01	13%	外购、生产耗用
0103	0103	液压器	块	01	13%	外购、生产耗用
0201	0201	KT-30 机床	台	02	13%	自制、销售
0202	0202	KT-40 机床	台	02	13%	自制、销售

10. 项目目录信息

项目目录信息如表 2-24 所示。

表 2-24 项目目录

项目设置步骤	设置内容
项目大类	产品
核算科目	400101 直接材料 400102 直接人工 400103 制造费用

(续表)

项目设置步骤		设置内容	
项目分类定义	分类编码	1	
	分类名称	产品生产	
项目目录	项目编号	01	02
	项目名称	KT-30 机床	KT-40 机床

11. 凭证类别

凭证类别为记账凭证。

巩 固 提 高

一、单选题

1. 设置项目大类的路径是(　　)。
   A.【基础设置】→【往来单位】→【财务】　　B.【基础设置】→【财务】→【项目目录】
   C.【基础设置】→【机构设置】→【项目目录】　D.【基础设置】→【项目目录】
2. 现金折扣表示为"5/10,2/20,n/30",信用期是(　　)。
   A. 10 天　　　　B. 20 天　　　　C. 30 天　　　　D. 5 天
3. "2013 小企业会计准则"中规定的一级科目编码的第一位表示"成本类"科目的编号是(　　)。
   A. 3　　　　　　B. 5　　　　　　C. 2　　　　　　D. 4
4. "应收账款"科目通常设置的辅助核算是(　　)。
   A. 个人往来　　　B. 部门核算　　　C. 项目核算　　　D. 客户往来
5. 对于转账凭证,通常选择(　　)限制类型。
   A. 借方必无　　　　　　　　　　　　B. 贷方必无
   C. 凭证必有　　　　　　　　　　　　D. 凭证必无
6. 在外币设置中,输入汇率时,小数点必须采用(　　)方式,否则不能输入。
   A. 英文　　　　　B. 中文　　　　　C. 半角　　　　　D. 全角
7. 会计科目的性质只能在(　　)设置。
   A. 明细科目　　　B. 一级科目　　　C. 二级科目　　　D. 所有科目
8. 若会计科目的编码方案为 4-2-3,则下列正确的编码为(　　)。
   A. 1001232　　　B. 20010102　　　C. 400101001　　D. 50011001
9. 企业基础信息的建立应由(　　)设置。
   A. admin　　　　B. 账套主管　　　C. 会计　　　　　D. 出纳

10. 在指定"现金科目""银行科目"之前,应在建立"库存现金""银行存款"会计科目时在( )前打"√"。
    A. 银行账   B. 日记账
    C. 银行账、日记账   D. 不选

二、多选题

1. 会计科目名称可分为( )名称。
   A. 中文名称   B. 英文名称   C. 数字名称   D. 符号名称
2. 会计科目的辅助核算包括( )。
   A. 数量核算   B. 部门核算
   C. 个人往来核算   D. 客户往来核算
3. 会计科目的账页格式包括( )。
   A. 金额式   B. 外币金额式
   C. 数量金额式   D. 数量外币式
4. 系统提供的凭证限制类型包括( )。
   A. 借方必有   B. 贷方必有   C. 凭证必有   D. 凭证必无
5. 会计科目的辅助核算中( )只能三选一。
   A. 个人往来   B. 客户往来
   C. 供应商往来   D. 项目核算
6. 【基础设置】→【收付结算】下的内容包括( )。
   A. 外币种类   B. 结算方式
   C. 付款条件   D. 开户银行
7. 在财务软件中,建立会计科目时,输入的基本内容包括( )。
   A. 科目编码   B. 科目名称
   C. 科目类型   D. 账页格式
8. 下列描述正确的有( )。
   A. 付款条件编码一经保存不得修改,除非整条删除
   B. 系统支持同时多个开户行和账号,其中开户行可以重复,但是银行账号是唯一的
   C. 在没有被引用之前,开户银行的"编码""开户银行""银行账号"都不可修改
   D. 付款条件的编码规则同付款条件一样,只要不超过三位数即可
9. 下列关于指定会计科目的表述中,正确的有( )。
   A. 指定科目是指定会计人员的专管科目
   B. 指定科目时,"库存现金"进"现金总账科目","银行存款"进"银行总账科目"
   C. 被指定为"现金总账科目""银行总账科目"的会计科目可以删除
   D. 只有指定科目后才能出纳签字

10. 下列关于会计科目的描述中,正确的有( )。
    A. 会计科目编码必须采用全编码
    B. 一级会计科目编码由财政部统一规定
    C. 设置会计科目应从明细科目开始
    D. 科目编码可以不用设定

三、判断题

1. 一个科目可以同时设置两种专项核算。 ( )
2. 科目性质只能在一级科目设置,下级科目的科目性质与其上一级科目的性质相同。
   ( )
3. 在录入凭证之前,应进行凭证类别的设置。 ( )
4. 一个会计科目可以指定多个项目大类,一个项目大类只能指定一个会计。 ( )
5. 指定会计科目是指定会计的专管科目,一般指现金科目和银行存款科目。 ( )
6. 在建立账套时如果选择了"客户分类",则必须进行客户分类。 ( )
7. 科目一经使用,可以增设下级科目,也可以增加同级科目。 ( )
8. 项目大类的名称是该类项目的总称,也是会计科目名称。 ( )
9. 项目目录设置里标识结算后的项目将不能再使用。 ( )
10. 凭证类别的限制类型必须设置。 ( )

项目三 总账管理

※知识目标

1. 了解总账的主要功能。
2. 掌握总账选项参数的设置。
3. 掌握总账系统中填制、查询、审核和删除凭证的方法。
4. 掌握出纳签字的方法。
5. 掌握期初余额的录入和试算平衡。

※技能目标

1. 能够正确、熟练设置总账选项参数。
2. 能够正确、熟练根据原始凭证填制记账凭证,并做到试算平衡。
3. 能够掌握总账中出纳签字和会计主管审核的方法。

※素质目标

1. 培养学生脚踏实地、严谨细致的学习习惯。
2. 培养学生刻苦钻研、理实一体的学习态度。

总账系统是整个会计信息化系统的核心,总账模块主要包括总账初始设置和总账日常业务处理。当完成初始设置之后,就可以开始进行日常业务的处理,主要包括填制和审核凭证、出纳签字、记账以及查询各种凭证、总账、日记账、明细账等账簿。其中,填制凭证、审核凭证、记账是总账日常业务中必须按顺序进行的三项工作,应重点把握。

任务一 设置总账系统参数

3-1 总账初始设置

【工作任务】

设置总账系统参数。

【知识储备】

总账管理系统参数包括凭证、账簿、会计日历和其他四类内容,一般以总账会计身份登录"信息门户"进行操作。在首次使用总账管理系统时,要确定反映企业具体核算要求的各种参数,便于更好地进行后期的操作。通过选项设置定义总账管理系统的输入控制、处理方式、数据流程、输出格式等。

【任务资料】

设置总账系统参数,如表 3-1 所示。

表 3-1 总账系统参数

类别	参数
凭证参数设置	制单序时控制
	资金及往来赤字控制
	不允许修改、作废他人填制的凭证
	允许查看他人填制的凭证
	可以使用其他系统受控科目
	打印凭证页脚姓名
	出纳凭证必须经由出纳签字
	凭证编号方式:系统编号
	外币核算:采用固定汇率
	预算控制:粗放预算控制
其他参数设置	数量小数位和单价小数位:2 位
	其他采用默认设置

【工作步骤】

(1) 以账套主管(201)身份登录"信息门户"界面,依次单击【总账】→【设置】→【选项】按钮,如图 3-1 所示。

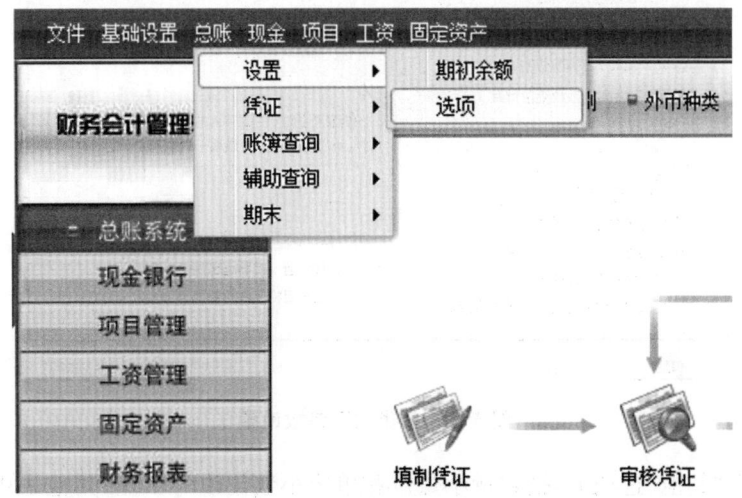

图 3-1 设置总账参数

(2) 在"选项"对话框中,会看到"凭证""账簿""会计日历"和"其他"四个选项卡,如图 3-2 所示。

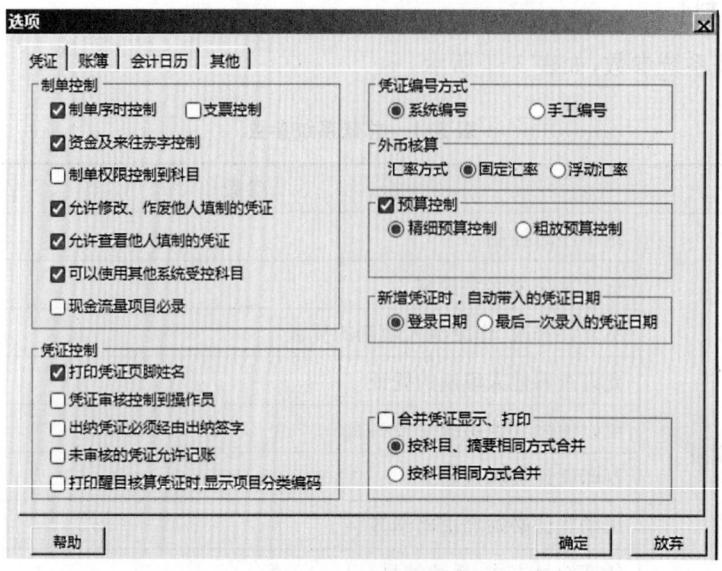

图 3-2　设置总账参数

(3) 在"凭证"选项卡中,选中"出纳凭证必须经由出纳签字"和"预算控制"中的"粗放预算控制";点掉"允许修改、作废他人填制的凭证"前面的"√";其他采用默认设置,如图 3-3 所示。

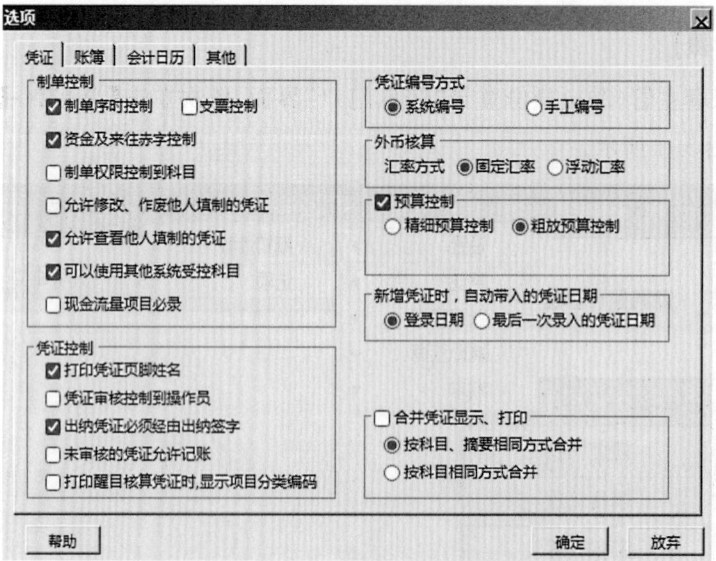

图 3-3　总账凭证参数设置

(4) 单击"其他"选项卡,把数量小数位和单价小数位改为 2 位;其他采用默认设置,单击【确定】按钮,提示"参数设置成功",单击【确定】按钮,如图 3-4 所示。

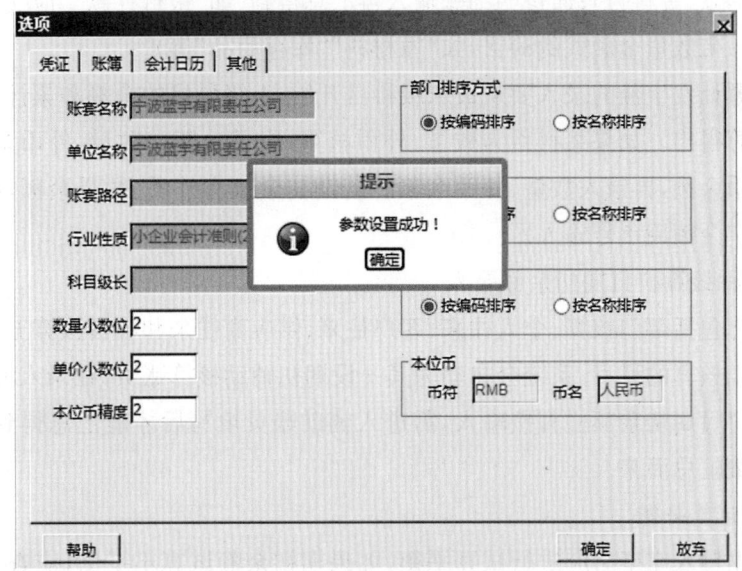

图 3-4　总账其他参数设置

💡 **注意：**

◎ 若选择了"出纳凭证必须经由出纳签字"，则含有现金、银行存款的凭证必须由出纳人员通过"出纳签字"功能对其核对签字后才能记账。

◎ 打"√"代表按照设置操作，例如，"允许修改、作废他人填制的凭证"前打"√"，即会计人员可以进行修改、作废操作，不打"√"则不能修改、作废他人填制的凭证。

◎ 当出现错误时，可重新进行修改，但是一经使用不得修改。

任务二　录入期初余额和进行试算平衡

【工作任务】

（1）期初余额的录入。

（2）进行试算平衡，并使数字平衡。

【知识储备】

3-2　期初余额的录入和试算平衡

企业账套建立之后，还需要在系统中建立基础档案和各账户的余额数据，这样才能进行日常业务的处理。

期初余额录入栏有三种录入状态，分别以三种颜色表示：一是白色，表示可直接在总账科目余额栏中录入；二是黄色，表示需先在明细科目余额栏中录入后自动汇总得到；三是蓝色，表示需进入"期初辅助核算"进行填写后汇总得到。

1．录入期初数据

1）无辅助核算科目期初余额录入

无辅助核算科目期初余额录入情况主要包括在总账直接录入（如"库存现金""固定

资产""长期借款"等科目);通过明细账输入再汇总得到(如"银行存款""应交税费""盈余公积"等科目;带数量金额式的科目,如"原材料""库存商品"等)。

余额和累计发生额的录入要从最末级科目开始,上级科目的余额和累计发生数据由系统自动计算得出。如果某科目为数量、外币核算,应录入期初数量、外币余额,而且必须先录入本币余额,再录入数量、外币余额。若期初余额有外币、数量余额,则必须有本币余额。红字余额用负号输入。

2) 有辅助核算科目期初余额录入

辅助核算包括部门核算、个人往来、客户往来、供应商往来和项目核算五个内容。对于设置有辅助核算的科目,系统会自动为其开设期初辅助核算账页,在录入期初余额时,不能在总账科目期初余额栏直接输入,需进入辅助账页填写后才能汇总得到,即由辅助账的期初明细汇总而来。

2. 进行试算平衡

期初数据输入完毕后应进行试算平衡,如果期初余额试算不平衡,应查找原因直至平衡为止。

试算不平衡时,可以填制、审核凭证,但不能进行记账处理,因为凭证一经记账,期初数据便不能再修改。企业信息化的初始设置工作量大、占用时间比较长,为了不影响日常业务的正常进行,故允许在初始化工作未完成的情况下进行凭证的填制、审核。

【任务资料】

宁波蓝宇有限责任公司2022年9月1日账户的期初余额,如表3-2所示。

表3-2 期初余额的录入

代码	科目名称	辅助核算	方向	期初余额
1001	库存现金	日记账	借	49 000.00
1002	银行存款	银行账、日记账	借	2 096 700.00
100201	工行存款	银行账、日记账	借	2 090 000.00
100202	中行存款	银行账、日记账 外币核算(美元)	借	6 700.00
1121	应收票据	客户往来 (2022.07.05 温州鸿羽 销售产品)	借	226 000.00
1122	应收账款	客户往来 (2018.10.10 上海锋岚 销售产品)	借	565 000.00
1123	预付账款	供应商往来	借	
1221	其他应收款		借	
122101	个人借款	个人往来	借	
140201	已梳皮棉	数量金额式(包)	借	

(续表)

代码	科目名称	辅助核算	方向	期初余额
140202	毛纱	数量金额式(千克)	借	
140203	麻纤维原料	数量金额式(千克)	借	
1403	原材料	金额式	借	186 000.00
140301	已梳皮棉	数量金额式(包)	借	96 000.00 包数:2 000 单价:48 元/包
140302	毛纱	数量金额式(千克)	借	30 000.00 千克数:1 500 单价:20 元/千克
140303	麻纤维原料	数量金额式(千克)	借	60 000.00 千克数:3 000 单价:20 元/千克
1405	库存商品	金额式	借	960 000.00
140501	西服	数量金额式(套)	借	960 000.00 数量:1 920 套 成本:500 元/套
1601	固定资产		借	588 500.00
1602	累计折旧		贷	103 505.27
1701	无形资产		借	200 000.00
170101	专利权		借	160 000.00
170102	非专利技术		借	40 000.00
1702	累计摊销		贷	100 000.00
2001	短期借款		贷	80 000.00
2201	应付票据	供应商往来	贷	
2202	应付账款	供应商往来 (2020.10.31 宁波虹发 采购材料)	贷	339 000.00
2203	预收账款	客户往来	贷	
2221	应交税费		贷	38 150.00
222102	未交增值税		贷	38 150.00
2241	其他应付款		贷	
224101	社会保险费		贷	
224102	住房公积金		贷	
224103	其他扣款		贷	

(续表)

代码	科目名称	辅助核算	方向	期初余额
2501	长期借款		贷	400 000.00
3001	实收资本		贷	2 796 000.00
3002	资本公积		贷	400 000.00
3101	盈余公积		贷	250 000.00
310101	法定盈余公积		贷	250 000.00
3103	本年利润		贷	70 000.00
3104	利润分配		贷	294 544.73
310415	未分配利润		贷	294 544.73
4001	生产成本		借	
400101	直接材料	项目核算	借	
400102	直接人工	项目核算	借	
400103	制造费用	项目核算	借	
560108	差旅费	个人往来	借	
560110	折旧费		借	
560212	差旅费	个人往来	借	

【工作步骤】

1. 输入无辅助核算科目期初余额

以"140301 已梳皮棉"期初余额的录入为例。

(1) 依次单击【总账】→【设置】→【期初余额】按钮,如图 3-5 所示。

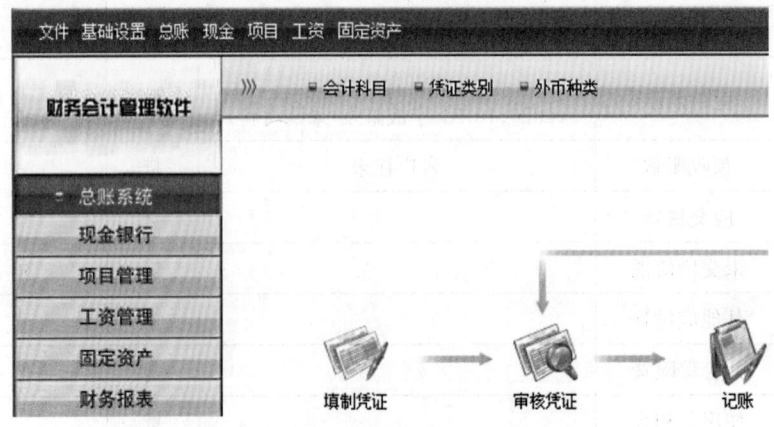

图 3-5 期初余额录入选项

(2) 单击【查找】按钮，输入"140301"，如图3-6所示，单击【确定】按钮，定位到"140301 已梳皮棉"这一栏，并显示在第一排，输入期初余额为"96000"，下一行输入数量为"2000"，按＜Enter＞键确定，自动保存，如图3-7所示。

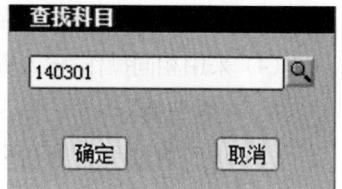

图3-6 查找科目

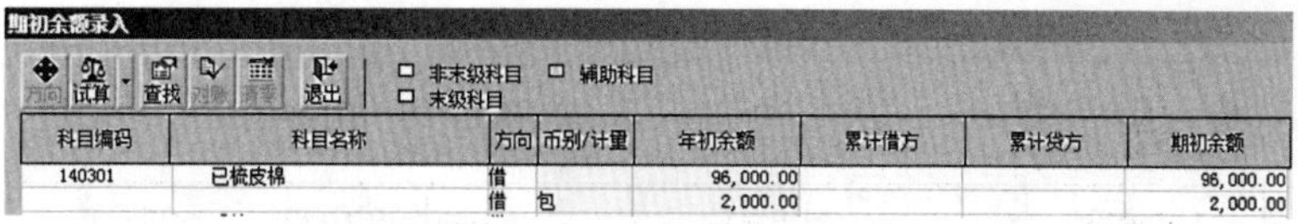

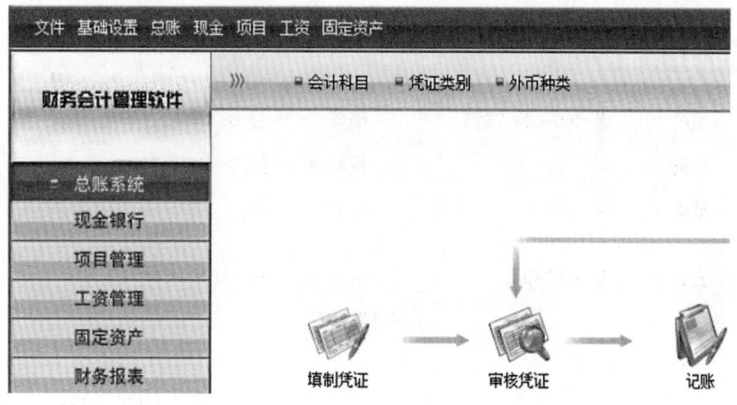

图3-7 输入无辅助核算科目期初余额

(3) 采用相同操作，输入资料中其他无辅助核算科目的期初余额。

2．输入有辅助核算科目期初余额

以"1121 应收票据"期初余额的录入为例。

(1) 依次单击【总账】→【设置】→【期初余额】按钮，如图3-8所示。

图3-8 设置期初余额

(2) 单击【查找】按钮，输入"1121"，双击"应收票据"的期初余额栏，进入"期初辅助核算"对话框，单击【增加】按钮，输入辅助核算信息，包括日期、客户、摘要、方向、金额等，如图3-9所示。

图3-9 输入有辅助核算科目期初余额

(3) 单击【退出】按钮,"应收票据"的期初余额就自动汇总到总账科目。

(4) 采用相同操作,输入资料中其他有辅助核算科目(项目核算、个人往来)的期初余额。

3. 试算平衡

(1) 将所有的科目期初余额输入完毕后,在"期初余额录入"对话框中,单击左上角的【试算】按钮,如图 3-10 所示。

图 3-10 单击【试算】按钮

(2) 单击【试算】按钮,电脑自动对录入的期初数据进行各个大类和细项的核算和比对,系统会出现"试算结果平衡",如图 3-11 所示。

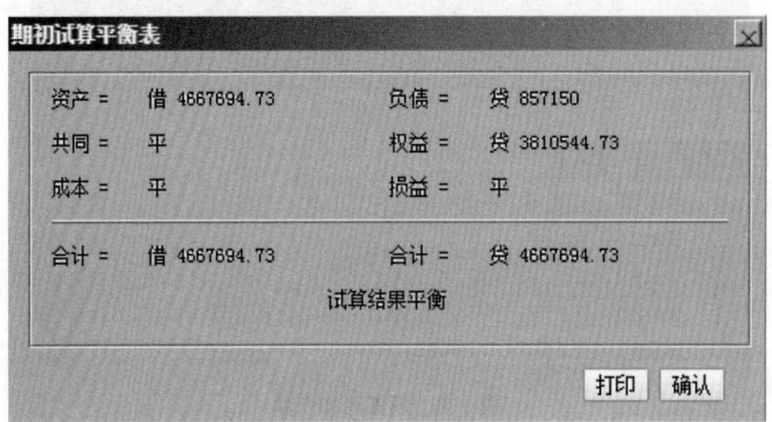

图 3-11 试算平衡

(3) 单击【确认】按钮,单击【退出】按钮,退出界面。

注意:

◎ 试算平衡,说明试算成功。

◎ 如果试算不平衡,应找出错误并进行修改,直到期初余额试算平衡为止。

◎ 录入涉及数量的,需要在"计量单位"栏处输入相应的数量。

◎ 期初余额表中的三种颜色输入栏,白色栏直接输入数据并直接修改;黄色栏是有明细科目的,会自动合计总金额,出现错误,需在末级科目处修改;蓝色栏需要双击打开界面,增加或者删除辅助核算进行修改。

◎ 若发现科目的辅助核算没有设置,需回到总账中的会计科目重新设置,再输入相应数据。

◎ 将"试算"快捷键右边的下拉键打开,会发现有两个选项,分别是"期初试算平衡"和"年初试算平衡",单击快捷键,默认的是"期初试算平衡"。

◎ 账户一旦启用(记账),则不能再录入和修改期初余额。

任务三　填制日常业务凭证

3-3　日常业务凭证的填制

【工作任务】

根据原始凭证填写记账凭证。

【知识储备】

记账凭证是登记账簿的主要依据,是整个总账系统的核心,而对日常业务的处理是会计人员必备的专业技能。在实际工作中,会计人员应能够读懂原始凭证,并根据原始凭证正确填制记账凭证,确保输入的记账凭证信息准确完整,为账簿和报表提供依据。产生记账凭证的途径有三种:一是根据审核无误的原始凭证直接在系统中填制记账凭证;二是由人工先填制好纸质记账凭证,再输入系统中;三是系统自动生成记账凭证。记账凭证主要通过键盘输入的形式操作。

记账凭证的填制内容包括凭证类别、填制日期、附件张数以及凭证主体部分,主体内容包括摘要、科目、合计、制单人签名、辅助核算信息等核算内容。

1. 凭证类别

凭证类别是指输入设置时已定义的凭证类别编号或名称。

2. 填制日期

填制日期包括年、月、日,由于日期的正确性将影响经济业务在明细账和日记账中的顺序,所以日期应随凭证号递增,凭证的填制日期大于等于启用日期。

3. 附件张数

附件张数是指本张凭证所附原始凭证的张数。

4. 摘要

摘要是指凭证所反映的经济业务内容的说明。凭证的每行必须有摘要内容,不同行的摘要内容可以不同;每一行的摘要会随着登记账户而在有关明细账和日记账中出现。

5. 科目

在输入会计科目时,一般输入会计科目编码,系统将根据科目编码自动切换为对应的会计科目名称,输入的科目编码必须是已设定的最末级的科目编码。

每一个科目的发生额都有它的方向,即借方或者贷方,需根据经济业务发生进行判断。

6. 合计

系统会自动计算借方科目和贷方科目的金额合计数。

7. 制单人签名

系统根据当期注册进入本系统的操作员姓名自动输入。

【任务资料】

根据[业务 3-1]至[业务 3-14]中的原始凭证填制记账凭证。

【工作步骤】

【业务 3-1】 借入短期借款,取得凭证 3-1、凭证 3-2。

借款合同

合同编号：16974489

经 **工行宁波海曙区佰馨路支行** （以下简称贷款方）与 **宁波蓝宇有限责任公司** （以下简称借款方）充分协商，签订本合同，共同遵守。

第一，由贷款方提供贷款人民币大写 **伍佰万元整** （¥5,000,000.00）给借款方，贷款期限自 2022 年 09 月 01 日至 2023 年 05 月 31 日。

第二，贷款方应按期、按额向借款方提供贷款，否则，按违约数额和延期天数，付给借款方违约金。违约金数额的计算，与逾期贷款罚息相同，即为 **5%**。

第三，贷款月利率为银行同期年月利率 **2%**，每月 **1** 日结息，如遇调整，按调整的新利率和计息办法执行。

第四，借款方应按协议使用贷款，不得转移用途。否则，贷款方有权停止发放新贷款，直至收回已发放的贷款。

第五，借款方保证按借款契约所订期限归还贷款本息。如需延期，借款方最迟在贷款到期前 **7** 天，提出延期申请，经贷款方同意，办理延期手续。但延期最长不得超过原订期限的一半。贷款方未同意延期或未办理延期手续的逾期贷款，加收罚息。

第六，贷款到期后 **1** 个月，如借款方不归还贷款，贷款方有权依照法律程序处理借款方作为贷款抵押的的物资和财产，抵还借款本息。

第七，本协议书一式 **2** 份，借贷款双方各执正 **1** 份。自双方签字起即生效。

......

第十一，合同争议的解决方式

本合同在履行过程中发生的争议，由借贷双方协商解决；协商不成的依法向人民法院提起诉讼。

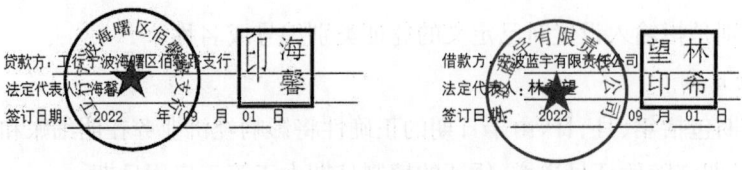

贷款方：工行宁波海曙区佰馨路支行
法定代表人：海馨
签订日期： 2022 年 09 月 01 日

借款方：宁波蓝宇有限责任公司
法定代表人：林希
签订日期： 2022 年 09 月 01 日

凭证 3-1　借款合同

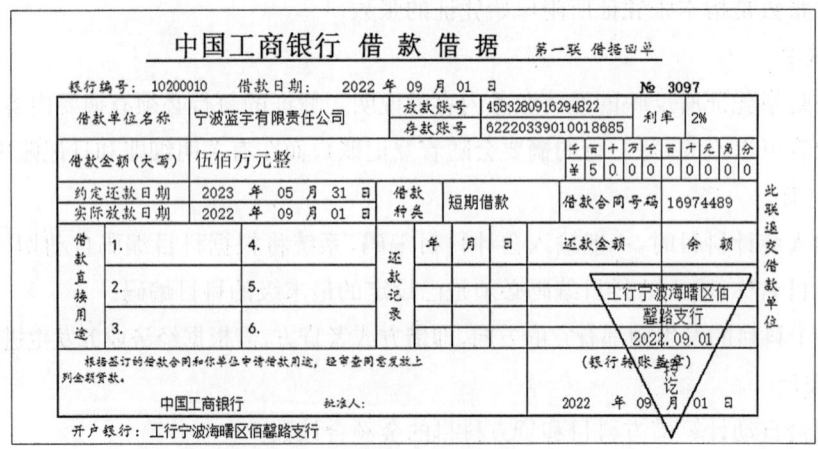

凭证 3-2　借款借据

填制凭证(辅助核算—银行科目)：

(1) 将计算机系统时间调整为 2022 年 9 月 30 日。

(2) 以总账会计陈丽英(202)身份登录"信息门户"进行操作，如图 3-12 所示。

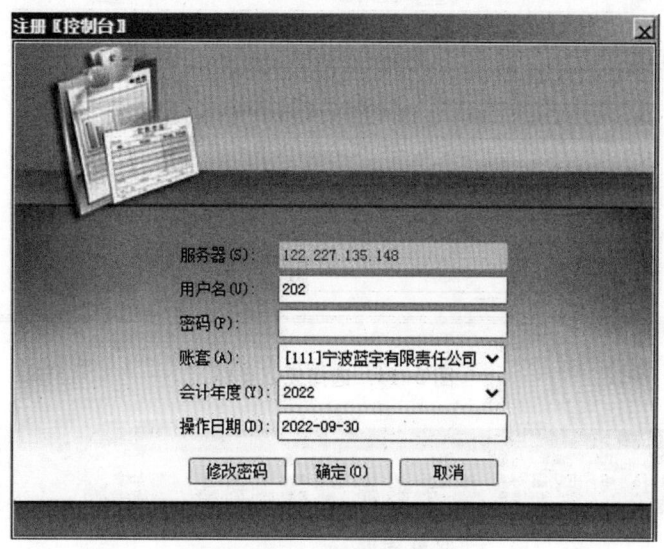

图 3-12　总账会计登录

(3) 依次单击【总账】→【凭证】→【填制凭证】按钮，如图 3-13 所示，进入"填制凭证"对话框。

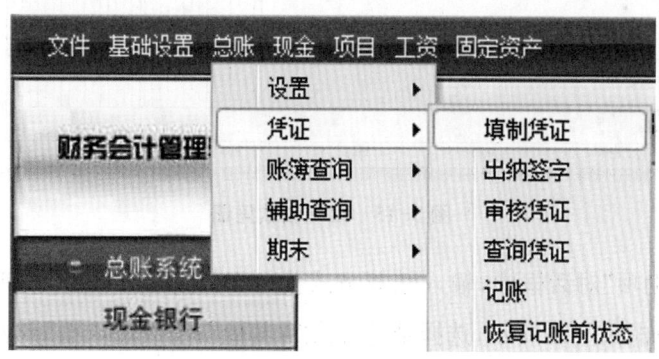

图 3-13　填制凭证

(4) 单击【增加】按钮，增加一张空白凭证，点击左上角字号的下拉键，选择"收"字，如图 3-14 所示。

(5) 输入制单日期为"2022-09-01"、附单据数为"2"、摘要为"借入短期借款"，如图 3-15 所示。

(6) 输入借方科目名称为"100201 银行存款/工行存款"，按<Enter>键，弹出"辅助项"对话框；如未弹出"辅助项"对话框，可双击凭证"备注"栏中项目、客户等辅助项的空白处。

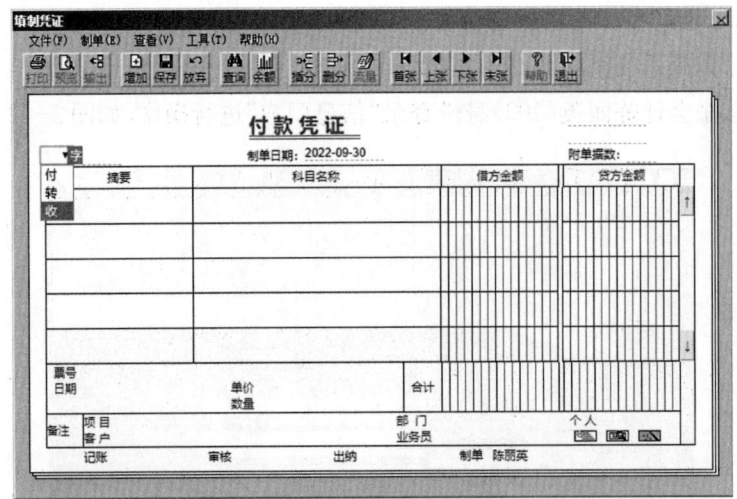

图 3-14 选择凭证类别

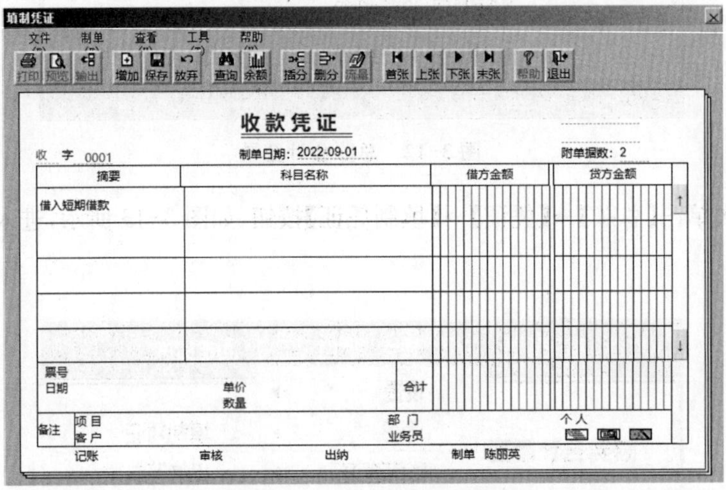

图 3-15 填制收款凭证

(7) 在"辅助项"对话框中,输入结算方式为"4"或者点击" "按钮进入结算方式"参照"对话框,如图 3-16 所示,选择结算方式"4 其他";继续输入票号为"3097",发生日期选"2022-09-01",如图 3-17 所示,单击【确认】按钮。

结算方式编码	结算方式名称	级次	是否末级
101	现金支票	2	是
102	转账支票	2	是
201	银行承兑汇票	2	是
202	商业承兑汇票	2	是
3	汇兑	1	是
4	其他	1	是

图 3-16 结算方式

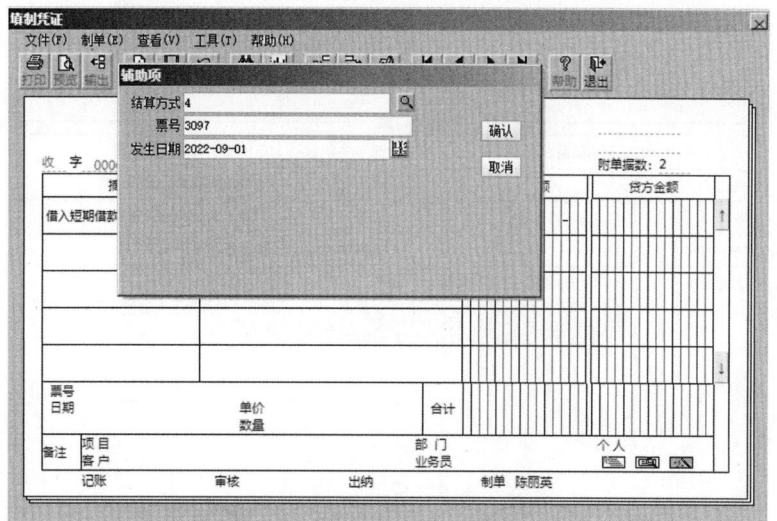

图 3-17 添加辅助项—银行存款

(8) 输入借方金额为"5000000";按<Enter>键或<Tab>键使光标下移,输入贷方科目名称为"2001 短期借款";直接输入贷方金额为"5000000"或按等号键,全部填制完毕,检查无误后,单击【保存】按钮,弹出"保存成功"提示框,单击【确定】按钮,如图 3-18 所示。

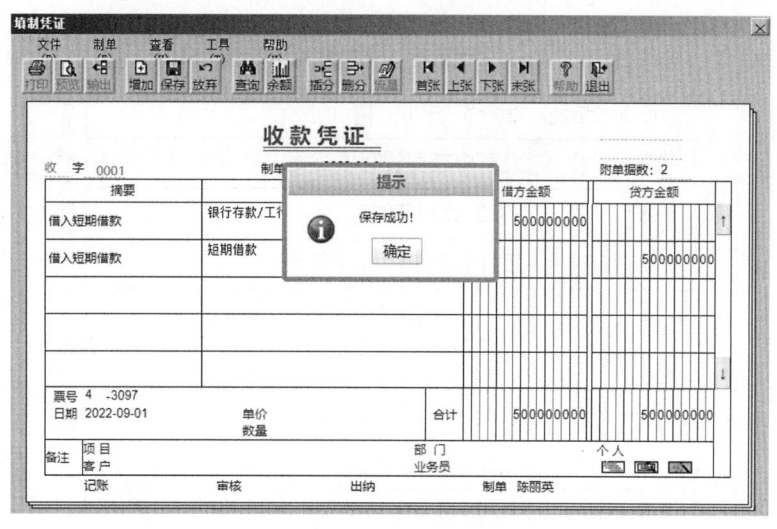

图 3-18 填制凭证

【业务 3-2】接受投资,取得凭证 3-3、凭证 3-4。

填制凭证(辅助核算—外币科目):

(1) 单击【增加】按钮,增加一张空白凭证,字号选"收"字;输入制单日期为"2022-09-03"、附单据数为"2"、摘要为"接受投资"。

投资协议书

（2022）第　号文

投资单位(甲方)	北京中益商贸有限公司	受资单位(乙方)	宁波蓝宇有限责任公司
地址		地址	宁波市周孟北路223号
账号		账号	6222033901001868562
开户银行		开户银行	中国工商银行宁波分行
投资金额	人民币(大写) 叁拾叁万元整		
协议条款	根据中华人民共和国法律、法规的相关规定，甲、乙双方本着互惠互利的原则，就乙方以银行存款投资甲方一事，经过友好协商，现达成一致协议如下： 北京中益商贸有限公司以50000美元投资宁波蓝宇有限责任公司		

甲方签章：（北京中益商贸有限公司 合同专用章）（法人印）
乙方签章：（宁波蓝宇有限责任公司 合同专用章）（法人印）
日期：贰零贰贰年零玖月零叁日
日期：贰零贰贰年零玖月零叁日

凭证 3-3　投资协议书

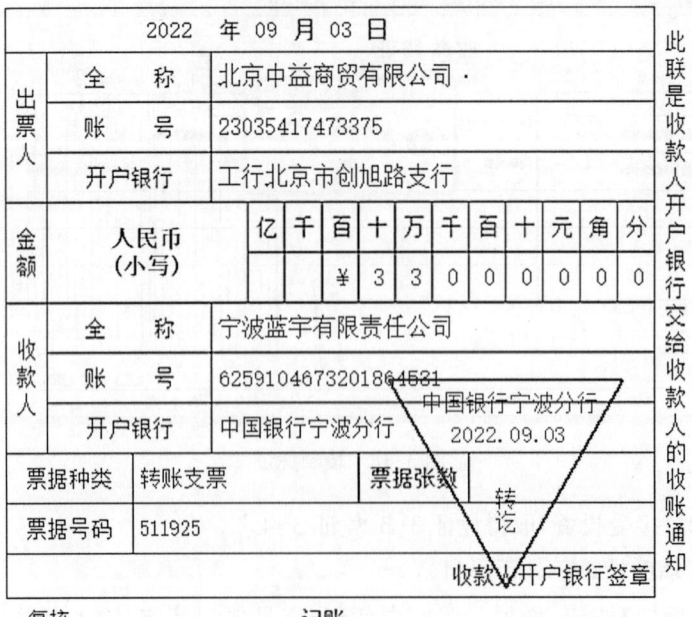

凭证 3-4　进账单

(2)借方科目"100202 银行存款/中行存款"为外币账户,辅助项填写参照[业务 3-1],选择结算方式为"102 转账支票"、票号为"511925"、发生日期为"2022-09-03"。同时在外币金额栏中输入美元金额"50000",此时借方本位币金额栏自动结算成人民币金额"330000";输入贷方科目名称为"3001 实收资本"、金额为"330000",如图 3-19 所示,最后单击【保存】按钮。

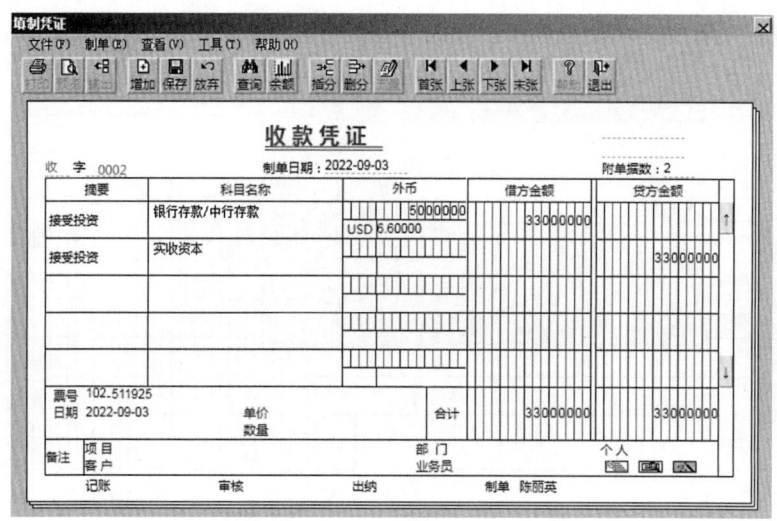

图 3-19 填制外币核算

【业务 3-3】票据贴现,取得原始凭证如凭证 3-5 所示。

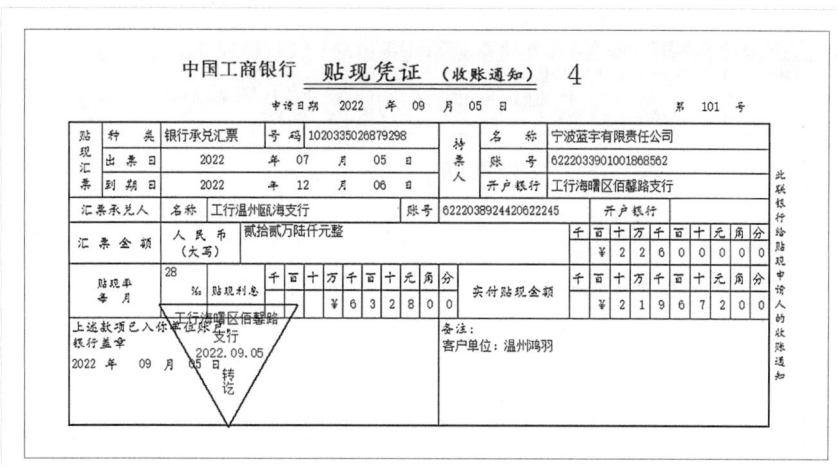

凭证 3-5 贴现凭证

填制凭证(辅助核算—客户往来):

(1)单击【增加】按钮,增加一张空白凭证,字号选"收"字;输入制单日期为"2022-09-05"、附单据数为"1"、摘要为"票据贴现"。

(2)输入借方科目名称为"100201 银行存款/工行存款"(银行存款辅助项结算方式

选"4 其他"、票号"1020335026879298"、发生日期选"2022-09-05""560301 财务费用/利息费用",金额分别输入"219672""6328"。

(3) 贷方科目"1121 应收票据"为客户往来核算科目,在"辅助项"对话框中,"客户"栏点击"🔍"按钮选择"温州鸿羽",发生日期选"2022-09-05",如图 3-20 所示,单击【确认】按钮。

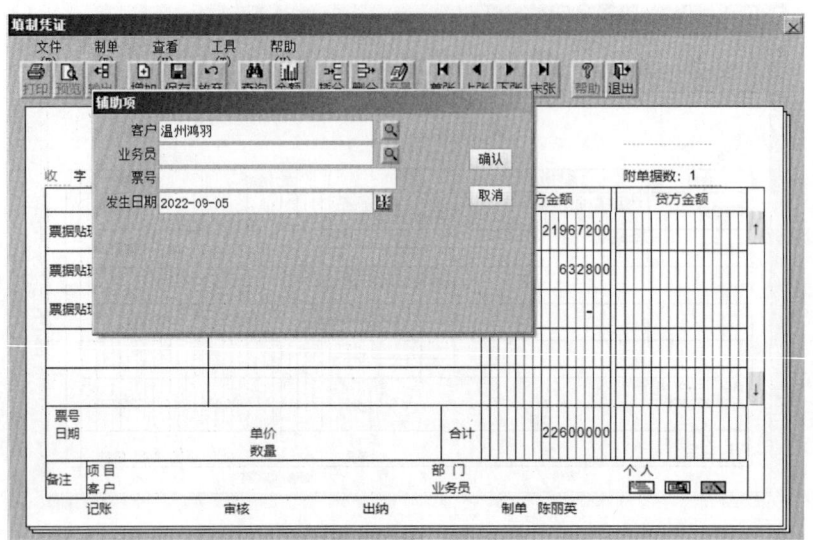

图 3-20 填制辅助项—客户往来核算

(4) 填制完毕后,如图 3-21 所示,最后单击【保存】按钮。

图 3-21 填制凭证

【业务 3-4】预借差旅费,取得原始凭证如凭证 3-6 所示。

填制凭证(辅助核算—个人往来):

凭证 3-6 借款单

（1）单击【增加】按钮，增加一张空白凭证，字号选"付"字；输入制单日期为"2022-09-06"、附单据数为"1"、摘要为"预借差旅费"。

（2）借方科目"122101 其他应收款/个人借款"为个人往来辅助核算科目，在"辅助项"对话框中，"部门"选采购部，"个人"选江前能，"发生日期"选"2020-09-06"，单击【确认】按钮，如图 3-22 所示。

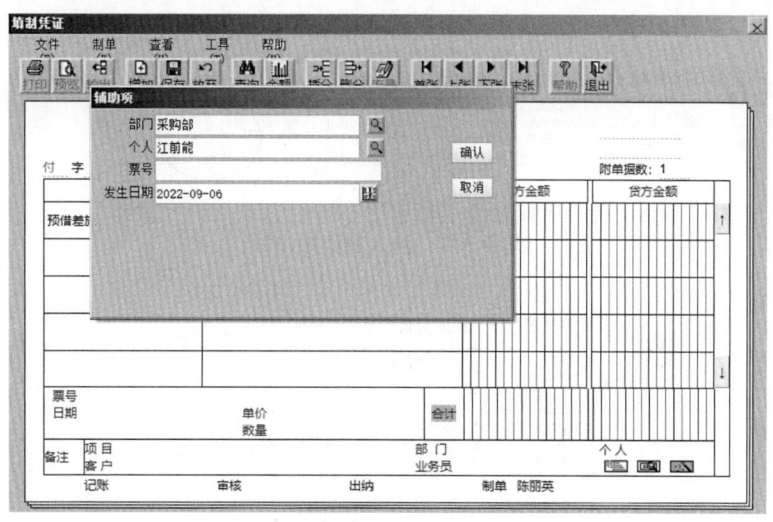

图 3-22 填制辅助项—个人往来核算

（3）其他内容按资料填制，如图 3-23 所示，最后单击【保存】按钮。

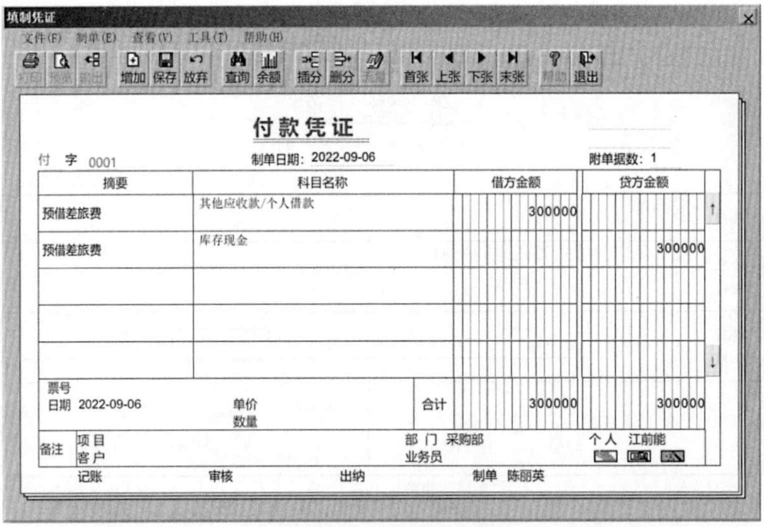

填制凭证

文件(F) 制单(E) 查看(V) 工具(T) 帮助(H)

打印 预览 输出 增加 保存 放弃 查询 余额 插分 删分 流量 首张 上张 下张 末张 帮助 退出

付款凭证

付 字 0001　　制单日期：2022-09-06　　附单据数：1

摘要	科目名称	借方金额	贷方金额
预借差旅费	其他应收款/个人借款	300000	
预借差旅费	库存现金		300000
票号 日期 2022-09-06	单价 数量　　合计	300000	300000

备注　项目　　部 门 采购部　　个 人 江前能

客户　　业务员

记账　　审核　　出纳　　制单 陈丽英

图 3-23　填制凭证

【业务 3-5】购入原材料，取得原始凭证如凭证 3-7、凭证 3-8 所示。

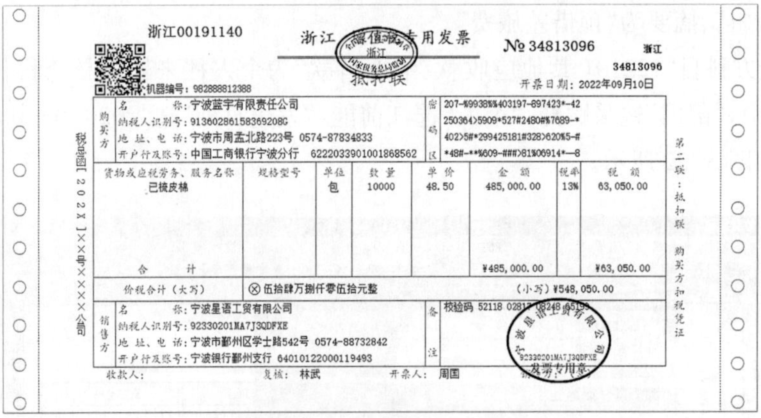

浙江00191140　　浙江增值税专用发票　　№ 34813096　浙江 34813096

抵扣联

机器编号：982888812388　　开票日期：2022年09月10日

购买方	名　　称：宁波蓝宇有限责任公司 纳税人识别号：91360286158369208G 地 址、电 话：宁波市周孟北路223号 0574-87834833 开户行及账号：中国工商银行宁波分行 6222033901001868562	密码区	207-%9938%%403197-897423*-42 250364>5909*527#2480#%7689-* 402>5#*299425181#328>620%5-# *48#-**%609-###>81%06914*—8

货物或应税劳务、服务名称	规格型号	单位	数量	单价	金额	税率	税额
已梳皮棉		包	10000	48.50	485,000.00	13%	63,050.00
合　　计					¥485,000.00		¥63,050.00
价税合计（大写）	⊗伍拾肆万捌仟零伍拾元整				（小写）¥548,050.00		

销售方	名　　称：宁波星语工贸有限公司 纳税人识别号：92330201MA7J3QDFXE 地 址、电 话：宁波市鄞州区学士路542号 0574-88732842 开户行及账号：宁波银行鄞州支行 64010122000119493	备注	校验码 52118 0281 08248 6519

收款人：　　复核：林武　　开票人：周国　　销售方：（章）

税总函[202X]××号×××公司

第二联：抵扣联　购买方扣税凭证

凭证 3-7　购入发票抵扣联

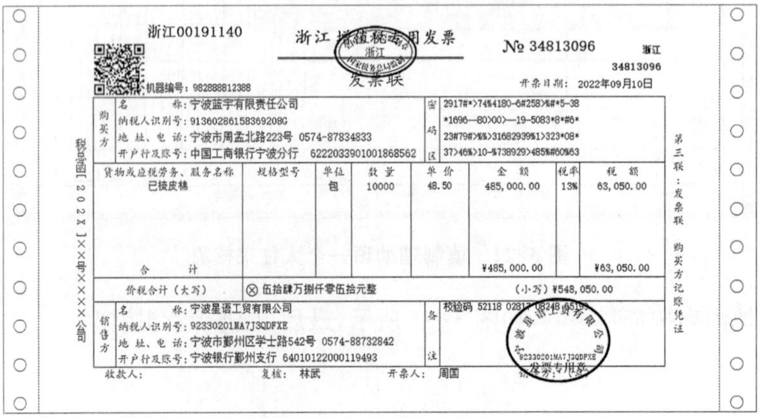

浙江00191140　　浙江增值税专用发票　　№ 34813096　浙江 34813096

发票联

机器编号：982888812388　　开票日期：2022年09月10日

购买方	名　　称：宁波蓝宇有限责任公司 纳税人识别号：91360286158369208G 地 址、电 话：宁波市周孟北路223号 0574-87834833 开户行及账号：中国工商银行宁波分行 6222033901001868562	密码区	2917#*>74%4180-6#258>%#*5-38 *1696—80>00>—19-5083*8*#6* 23#79#>%%>31682939%1>323*08* 37>46%>10-%738929>485%#60%63

货物或应税劳务、服务名称	规格型号	单位	数量	单价	金额	税率	税额
已梳皮棉		包	10000	48.50	485,000.00	13%	63,050.00
合　　计					¥485,000.00		¥63,050.00
价税合计（大写）	⊗伍拾肆万捌仟零伍拾元整				（小写）¥548,050.00		

销售方	名　　称：宁波星语工贸有限公司 纳税人识别号：92330201MA7J3QDFXE 地 址、电 话：宁波市鄞州区学士路542号 0574-88732842 开户行及账号：宁波银行鄞州支行 64010122000119493	备注	校验码 52118 0281 08248 6519

收款人：　　复核：林武　　开票人：周国　　销售方：（章）

税总函[202X]××号×××公司

第三联：发票联　购买方记账凭证

凭证 3-8　购入发票发票联

填制凭证(辅助核算—数量科目和供应商往来):

(1) 单击【增加】按钮,增加一张空白凭证,字号选"转"字;输入制单日期为"2022-09-10"、附单据数为"1"、摘要为"购入原材料"。

(2) 借方科目"140201 在途物资/已梳皮棉"为数量科目,在"辅助项"对话框中,如图3-24 所示,输入单价为"48.50"、数量为"10000",单击【确认】按钮,凭证中的"借方金额"自动计算得"485000"。

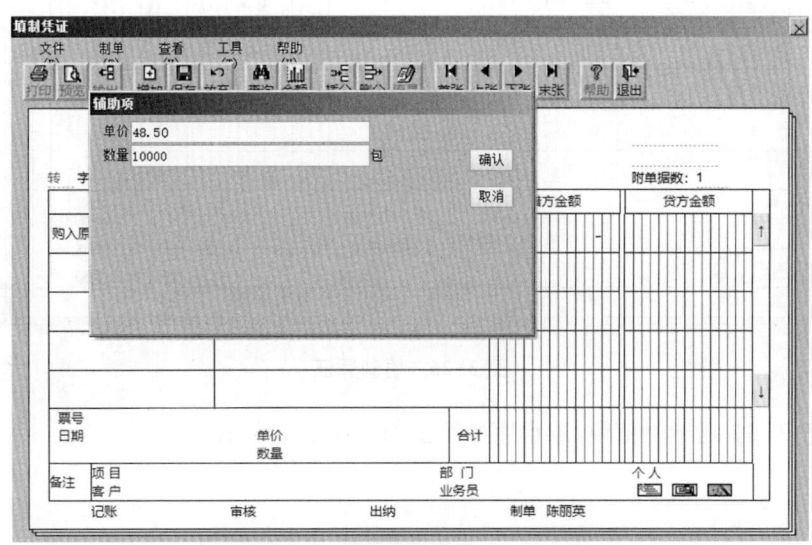

图 3-24　填制辅助项—数量科目核算

(3) 贷方科目"2202 应付账款"为供应商辅助核算科目,如图 3-25 所示,"供应商"选"宁波星语","发生日期"选"2020-09-10",单击【确认】按钮。

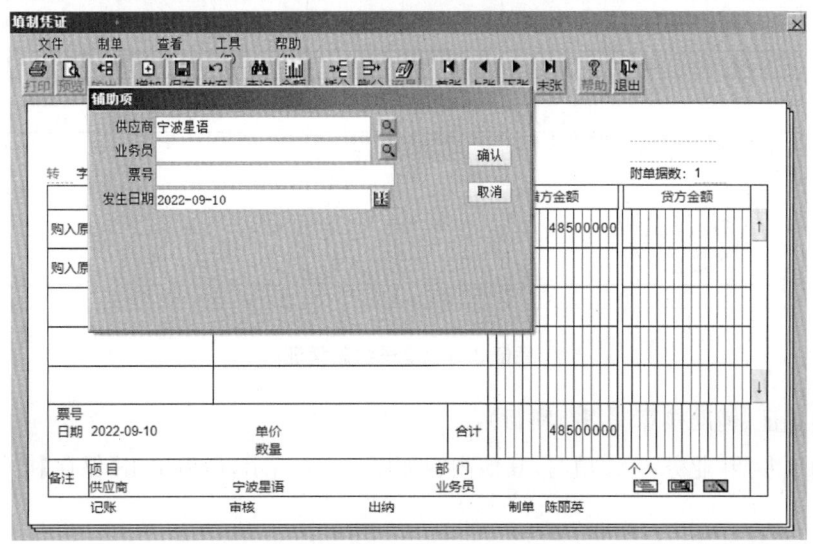

图 3-25　填制辅助项—供应商往来核算

（4）其他内容按资料填制，如图 3-26 所示，最后单击【保存】按钮。

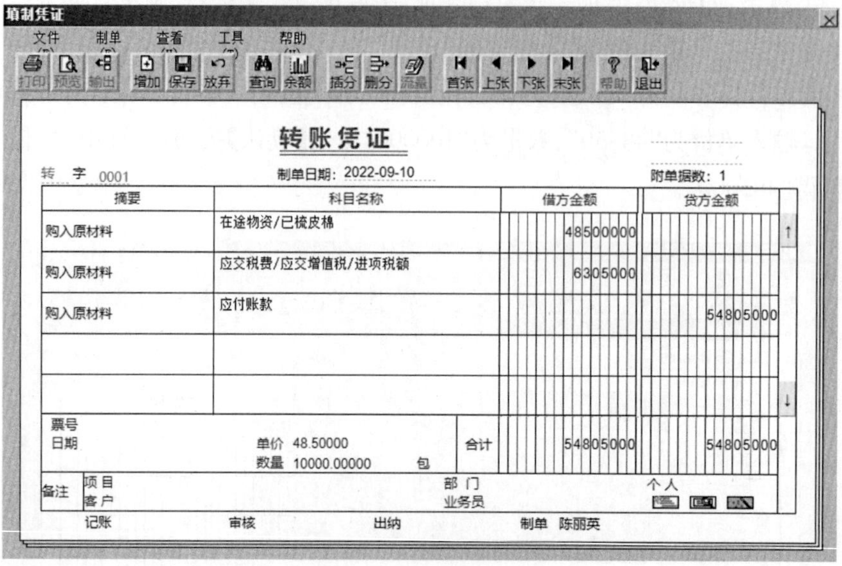

转账凭证

转 字 0001　　制单日期：2022-09-10　　附单据数：1

摘要	科目名称	借方金额	贷方金额
购入原材料	在途物资/已梳皮棉	48500000	
购入原材料	应交税费/应交增值税/进项税额	6305000	
购入原材料	应付账款		54805000
票号 日期　单价 48.50000 数量 10000.00000 包	合计	54805000	54805000

备注　项目　部门　个人
客户　业务员

记账　审核　出纳　制单 陈丽英

图 3-26　填制凭证

【业务 3-6】缴纳增值税，取得原始凭证如凭证 3-9 所示。

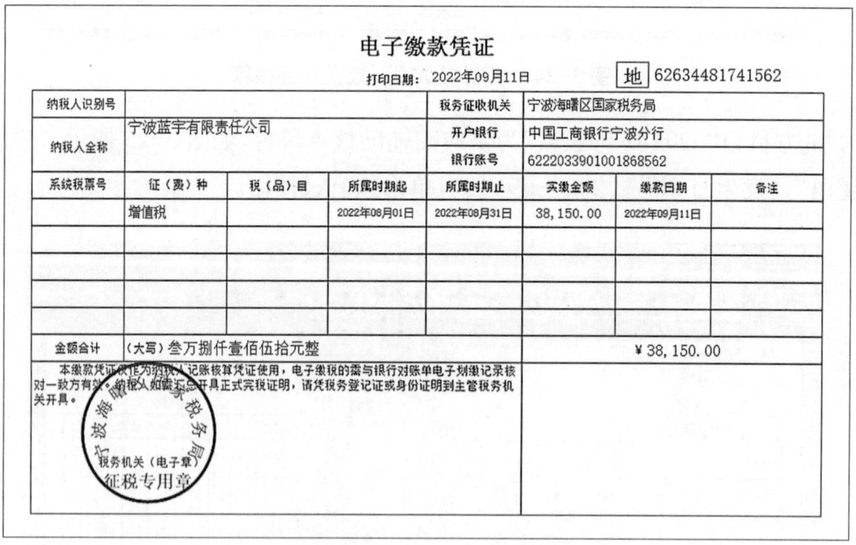

电子缴款凭证

打印日期：2022年09月11日　地 62634481741562

纳税人识别号				税务征收机关	宁波海曙区国家税务局		
纳税人全称	宁波蓝宇有限责任公司			开户银行	中国工商银行宁波分行		
				银行账号	6222033901001868562		
系统税票号	征（费）种	税（品）目	所属时期起	所属时期止	实缴金额	缴款日期	备注
	增值税		2022年08月01日	2022年08月31日	38, 150. 00	2022年09月11日	
金额合计	（大写）叁万捌仟壹佰伍拾元整				¥ 38, 150. 00		
本缴款凭证仅作为纳税人记账核算凭证使用，电子缴税的需与银行对账单电子划缴记录核对一致方有效。纳税人如需汇总开具正式完税证明，请凭税务登记证或身份证明到主管税务机关开具。							

凭证 3-9　电子缴款凭证

填制凭证(辅助核算—银行科目)：

辅助项参照[业务 3-1]填写，其他内容如图 3-27 所示，最后单击【保存】按钮。

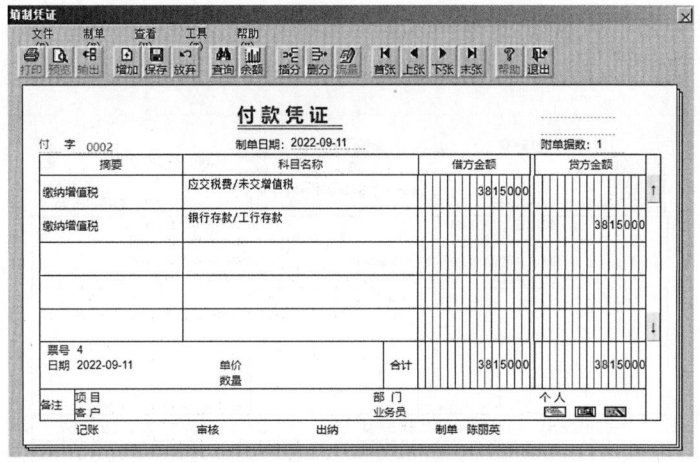

图 3-27 填制凭证

【业务 3-7】材料入库,取得原始凭证如凭证 3-10 所示。

凭证 3-10 材料入库单

填制凭证(辅助核算—数量科目):

辅助项参照[业务 3-5]填写,其他内容如图 3-28 所示,最后单击【保存】按钮。

图 3-28 填制凭证

【业务 3-8】销售商品,取得原始凭证如凭证 3-11 所示。

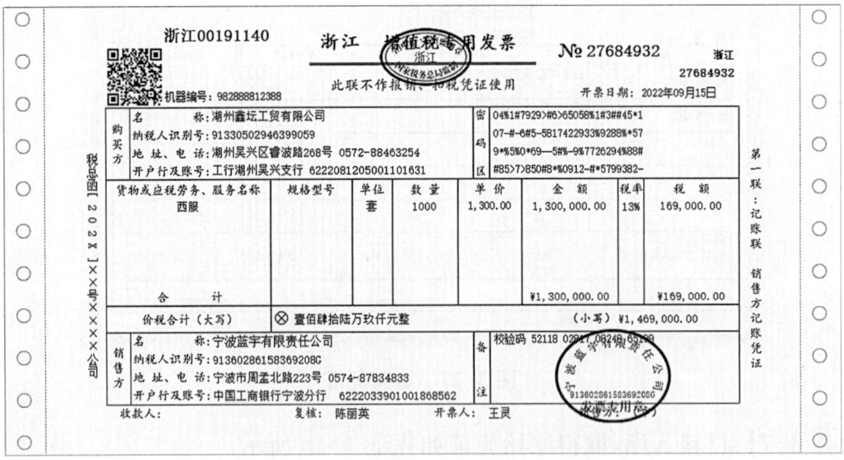
浙江00191140 浙江 增值税专用发票 № 27684932 浙江 27684932

此联不作报销、扣税凭证使用 开票日期:2022年09月15日

机器编号:982888812388

购买方	名称:湖州鑫坛工贸有限公司 纳税人识别号:91330502946399059 地址、电话:湖州吴兴区睿波路268号 0572-88463254 开户行及账号:工行湖州吴兴支行 622208120500110163	密码区	04%1#7929>#6>65058%1#3##45*1 07-#-6#5-5817422933%9288%*57 9*%5%0*69—5#%-9%7726294%88# #85>7>850#8*%0912-#*5799382-

货物或应税劳务、服务名称	规格型号	单位	数量	单价	金额	税率	税额
西服		套	1000	1,300.00	1,300,000.00	13%	169,000.00
合计					¥1,300,000.00		¥169,000.00
价税合计(大写)	⊗壹佰肆拾陆万玖仟元整				(小写)¥1,469,000.00		

销售方	名称:宁波蓝宇有限责任公司 纳税人识别号:91360286158369208C 地址、电话:宁波市周孟北路223号 0574-87834833 开户行及账号:中国工商银行宁波分行 6222033901001868562	备注	校验码 52118 02817 08248 65109

收款人: 复核:陈丽英 开票人:王灵 销售方:(章)

第一联:记账联 销售方记账凭证

税总函[202X]××号×××公司

凭证 3-11 销售发票

填制凭证(辅助核算—客户往来):

辅助项参照[业务 3-3]填写,其他内容如图 3-29 所示,最后单击【保存】按钮。

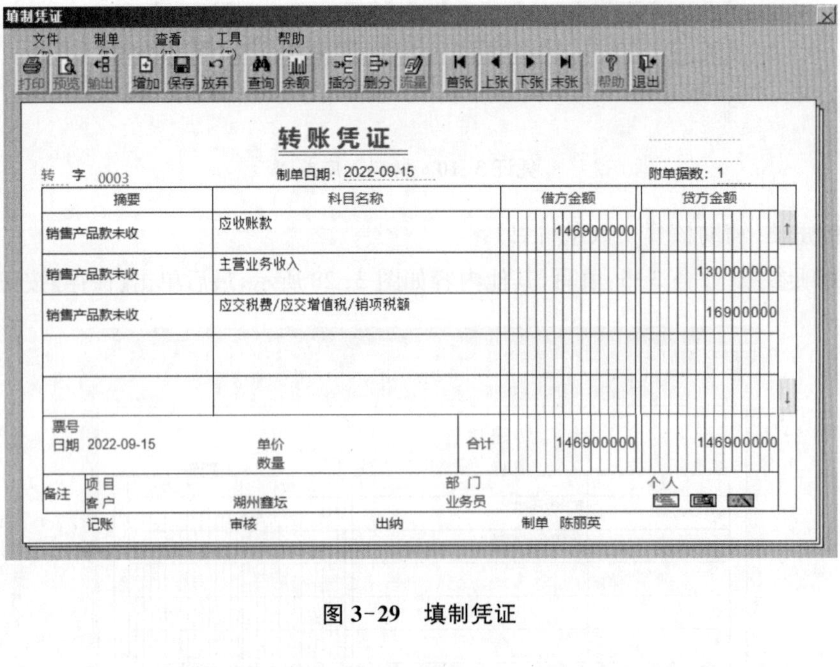

图 3-29 填制凭证

【业务 3-9】支付餐费,取得原始凭证如凭证 3-12、凭证 3-13 所示。

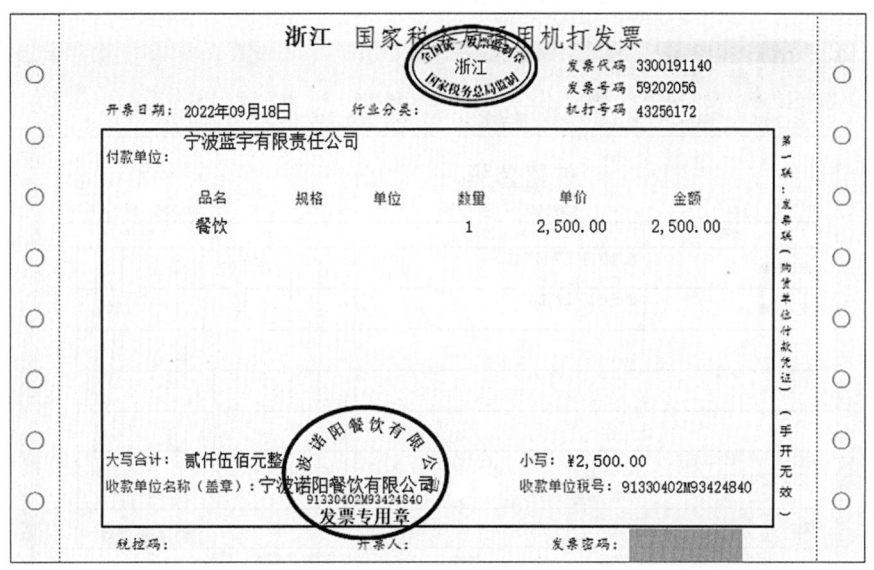

凭证 3-12 餐费发票

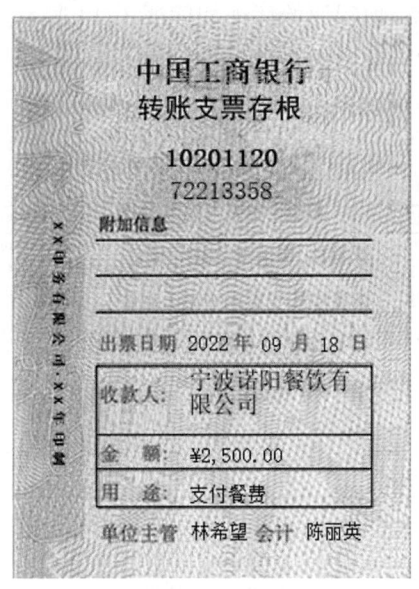

凭证 3-13 转账支票存根

填制凭证(辅助核算—银行科目)：

辅助项参照[业务 3-1]填写，其他内容如图 3-30 所示，最后单击【保存】按钮。

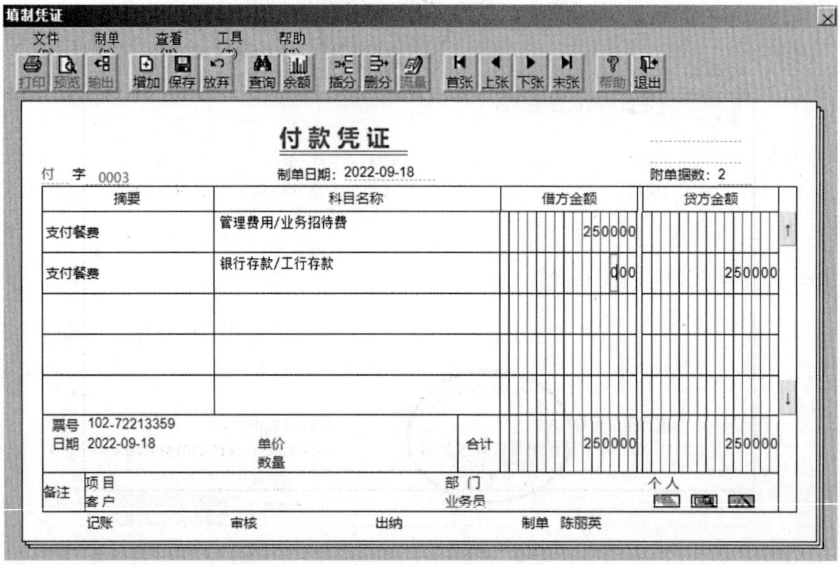

图 3-30 填制凭证

【**业务 3-10**】收到货款，取得原始凭证如凭证 3-14 所示。

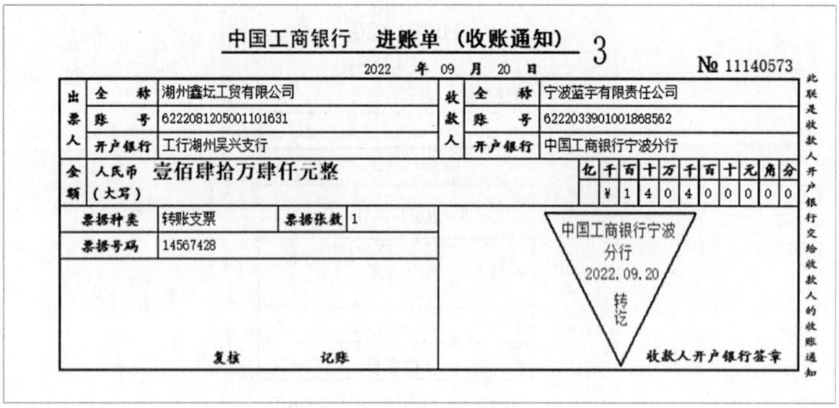

中国工商银行 进账单（收账通知） 3

2022 年 09 月 20 日 № 11140573

出票人	全称	湖州鑫坛工贸有限公司	收款人	全称	宁波蓝宇有限责任公司
	账号	6222081205001101631		账号	6222033901001868562
	开户银行	工行湖州吴兴支行		开户银行	中国工商银行宁波分行
金额	人民币（大写）	壹佰肆拾万肆仟元整		亿千百十万千百十元角分	¥1404000 00
票据种类	转账支票	票据张数	1		
票据号码	14567428				
复核	记账			收款人开户银行签章	

中国工商银行宁波分行 2022.09.20 转讫

此联是收款人开户银行交给收款人的收账通知

凭证 3-14 进账单

填制凭证(辅助核算—银行科目和客户往来)：

辅助项参照[业务 3-1]和[业务 3-3]填写，其他内容如图 3-31 所示，最后单击【保存】按钮。

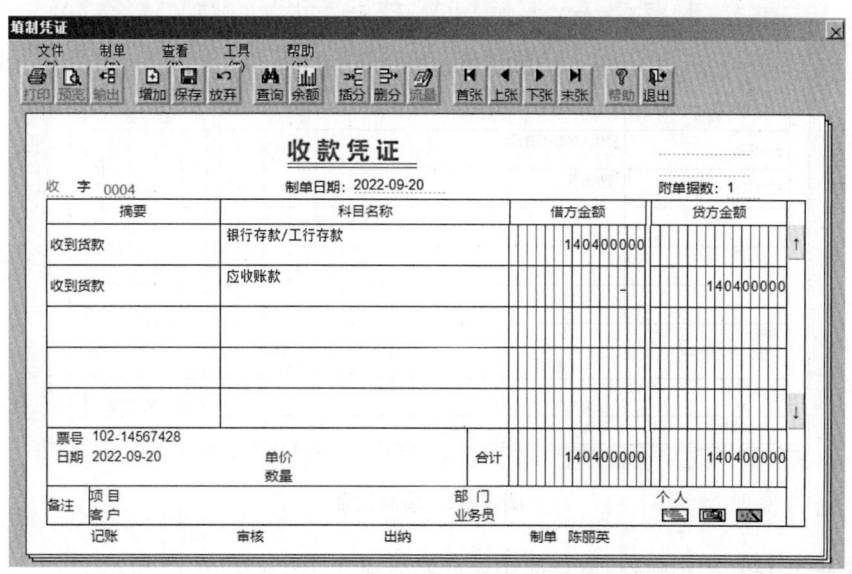

图 3-31 填制凭证

【业务 3-11】出现坏账,取得原始凭证如凭证 3-5 所示。

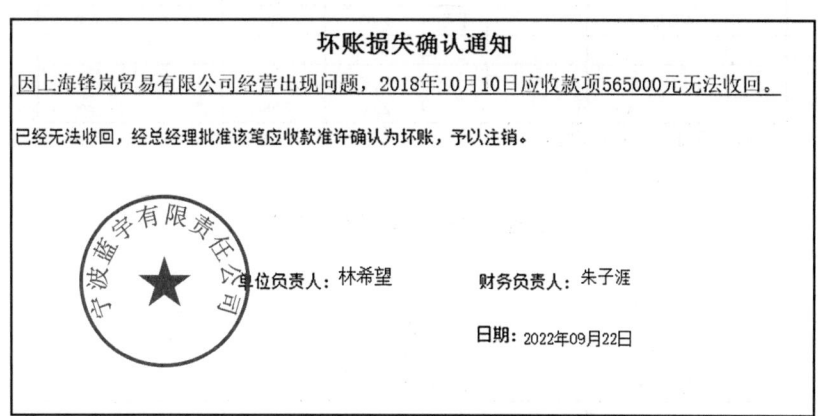

凭证 3-15 坏账损失确认通知

填制凭证(辅助核算—客户往来):

贷方科目"1122 应收账款"为客户往来核算科目,辅助项填写参照[业务 3-3]填制,其他内容如图 3-32 所示,最后单击【保存】按钮。

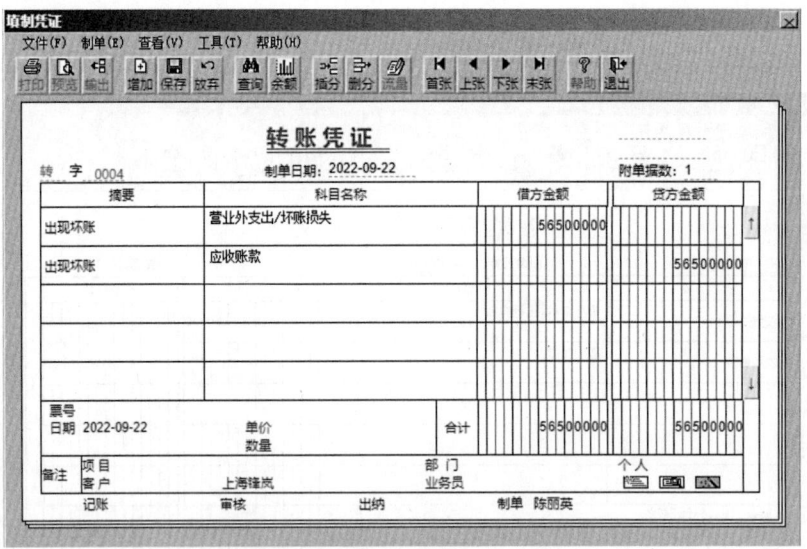

图 3-32 填制凭证

【业务 3-12】领用材料,取得原始凭证如凭证 3-16、凭证 3-17 所示。

领料单

领料部门:一车间
用　途:生产西服　　　2022 年 09 月 26 日　　　编号:992

材料编号	材料名称	规格	计量单位	数量 请领	数量 实发	成本 单价	成本 金额
	毛纱		千克	1200	1200	20.00	24,000.00
	麻纤维原料		千克	1500	1500	20.00	30,000.00
	合　计			2700	2700		¥54,000.00

主管:朱子涯　　记账:陈丽英　　仓管主管:王浩宇　　领料:王颖　　发料:朱肖玮

凭证 3-16　领料单(一车间)

领料单

领料部门:二车间
用　途:生产西服　　　2022 年 09 月 26 日　　　编号:993

材料编号	材料名称	规格	计量单位	数量 请领	数量 实发	成本 单价	成本 金额
	已梳皮棉		包	1800	1800	48.00	86,400.00
	麻纤维原料		千克	1500	1500	20.00	30,000.00
	合　计			3300	3300		¥116,400.00

主管:朱子涯　　记账:陈丽英　　仓管主管:王浩宇　　领料:方璐　　发料:朱肖玮

凭证 3-17　领料单(二车间)

填制凭证(辅助核算—项目核算):

(1)借方科目"400101生产成本/直接材料"属于项目核算科目,在"辅助项"对话框中单击"项目"栏" "按钮,如图3-33所示,进入"项目档案参照"对话框,双击选择"01西服"项目。

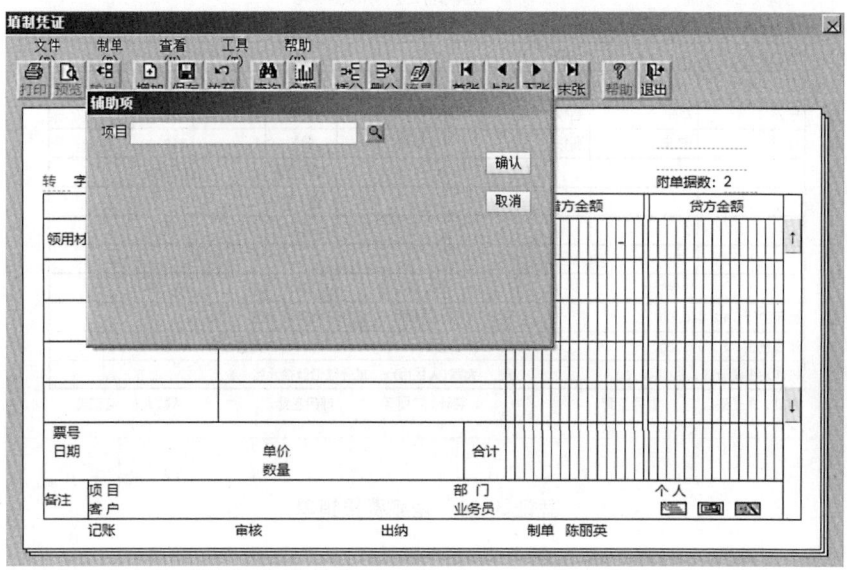

图 3-33　填写辅助项—项目核算

(2)贷方科目"原材料"涉及数量辅助核算,参照[业务3-5]填写,如图3-34所示,最后单击【保存】按钮。

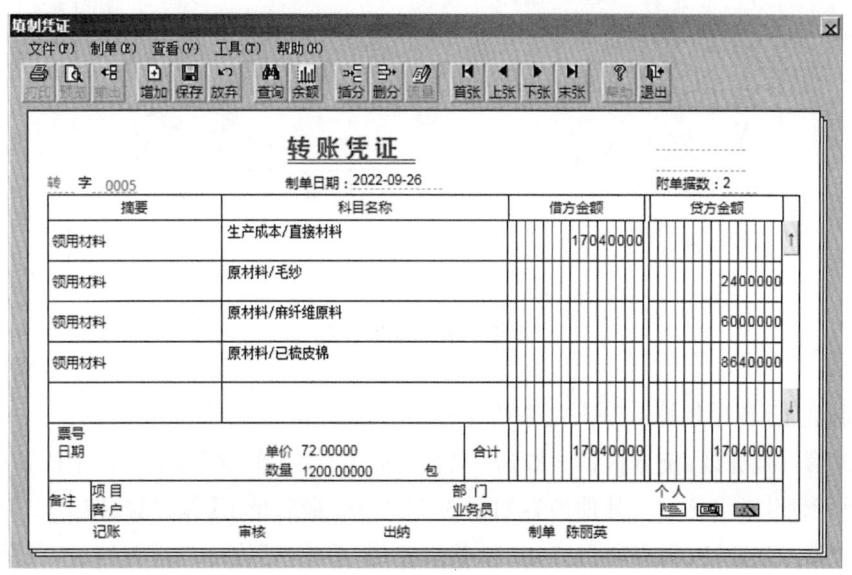

图 3-34　填制凭证

【业务 3-13】报销差旅费,取得原始凭证如凭证 3-18、凭证 3-19 所示。

凭证 3-18　差旅费报销单

凭证 3-19　收款收据

填制凭证(辅助核算—个人往来核算和部门核算):

(1)第一张凭证:贷方科目"122101 其他应收款/个人借款"为个人往来核算科目,辅助项填写参照[业务 3-4],其他内容如图 3-35 所示,最后单击【保存】按钮。

(2)第二张凭证:借方科目"560212 管理费用/差旅费"为部门核算科目,在"辅助项"对话框中,"部门"选"采购部","个人"选"江前能","发生日期"选"2022-09-27",如图 3-36 所示。其他内容如图 3-37 所示,最后单击【保存】按钮。

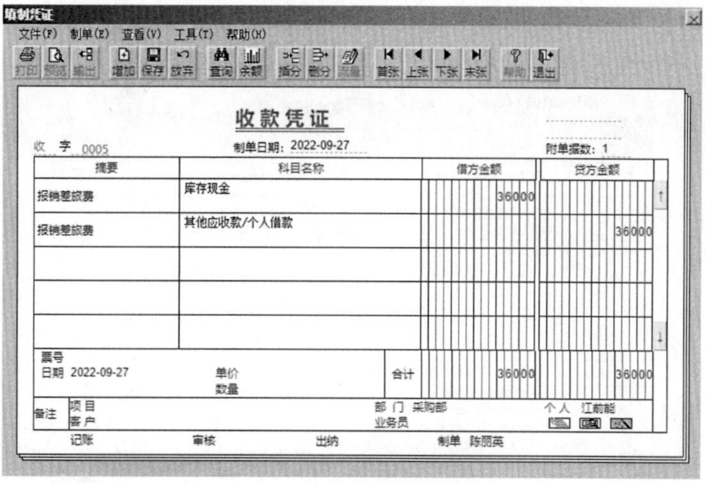

图 3-35 填制收款凭证

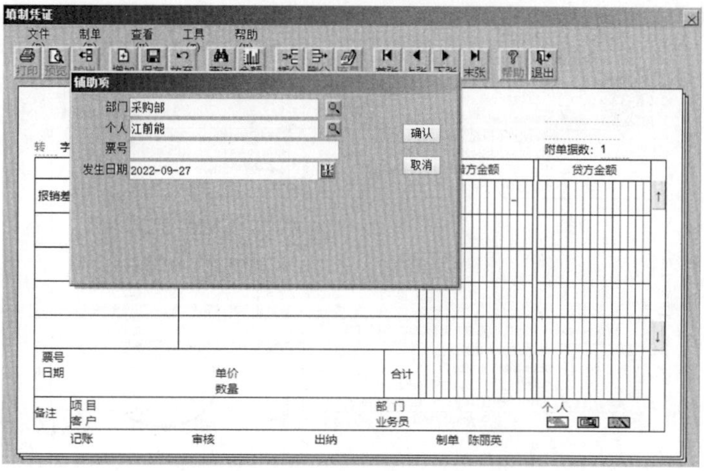

图 3-36 填写辅助项—部门核算

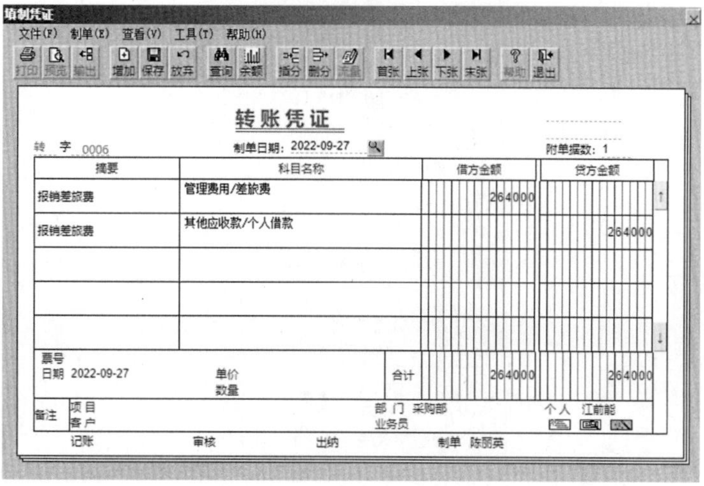

图 3-37 填制凭证

【业务 3-14】 支付水费，取得原始凭证如凭证 3-20 至凭证 3-22 所示。

凭证 3-20　支付水费抵扣联

凭证 3-21　支付水费发票联

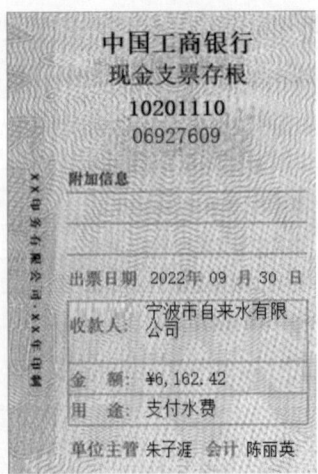

凭证 3-22　现金支票存根

填制凭证（辅助核算—银行核算和供应商往来）：

借方科目"2202 应付账款"为供应商往来核算科目，辅助项填写参考[业务 3-5]；贷方科目"100201 银行存款/工行存款"为银行核算科目，辅助项填写参考[业务 3-1]；其他内容如图 3-38 所示，最后单击【保存】按钮。

图 3-38　填制凭证

💡 注意：
◎ 填制凭证时，计算机系统时间一定要更改为填制凭证的当月最后一日，否则无法保存凭证。
◎ 填制凭证时，要先判断经济业务采用哪一类记账凭证，然后在填制之前修改字号。
◎ 科目和科目编码必须填最末级。
◎ 填凭证时，按回车键转入下一行时自动复制上一行摘要。
◎ 填制后的凭证一旦保存，其凭证编号和凭证类别不能再修改。
◎ 凭证金额不能为零，如果是红字的话，就用负号"－"表示。

任务四　查询、审核、删除凭证和记账

3-4　凭证的查询、审核、删除和记账

【工作任务】

（1）查询凭证。
（2）复核凭证，包括完成出纳签字和取消出纳签字；对凭证审核和取消审核。
（3）删除凭证。
（4）记账以及取消记账。

【知识储备】

1. 查询凭证

根据需要对不同条件的凭证进行查询，比如查询全部凭证或作废凭证、查询已记账

凭证和未记账凭证,按照月份和日期查询相关凭证、查询凭证号为 1~3 号或 5 号的凭证,根据制单人、审核人、出纳人相关人员查询凭证等。

2. 出纳签字

出纳签字是指为了确保收付款凭证的正确性,对涉及"库存现金"和"银行存款"科目的凭证(即收款和付款凭证),必须由出纳人员审核签字。

如需出纳签字,在基础设置时要先做好如下两步操作:

（1）设置总账模块的参数时,在"出纳凭证必须经由出纳签字"前打"√"。

（2）在总账模块初始化设置中指定会计科目,将"库存现金"指定为现金总账科目,将"银行存款"指定为银行总账科目。

3. 审核凭证

审核凭证是指会计主管人员对会计凭证的真实性、合理性、合法性、正确性进行的审查。根据会计内部控制的要求,审核人和制单人不能为同一个人。

【任务资料】

（1）请根据宁波蓝宇有限责任公司 2022 年 9 月发生的经济业务,查询不同情况下的凭证:①分别查找已记账和未记账的凭证。②查询"收－0001"号借入短期借款业务作废的凭证。③查询 2022 年 9 月 1 日至 2022 年 9 月 15 日的凭证。

（2）完成的收付款凭证的出纳签字。

（3）取消"付－0001"号凭证的出纳签字,并对该凭证执行"出纳签字";成批取消所有凭证出纳签字,并执行成批出纳签字。

（4）完成所有的凭证审核。

（5）删除"付－0003"号凭证。

（6）对所有凭证进行记账。

（7）取消记账,最后以记账状态进行输出保存。

【工作步骤】

1. 分别查找已记账和未记账的凭证

（1）以账套主管、会计、出纳的身份进入都可以执行查询凭证功能,依次单击【总账】→【凭证】→【查询凭证】按钮,如图 3-39 所示。

（2）点击菜单栏的"查询凭证",弹出"查询凭证"对话框,将"未记账凭证"前的"√"点掉,单击【确认】按钮,如图 3-40 所示。

（3）由于凭证还未记账,因此查询不到凭证,如图 3-41 所示,单击【退出】按钮。

（4）采用相同操作查询"未记账凭证",此时会出现所有未记账凭证,如图 3-42 所示,单击【退出】按钮,完成凭证的查询。

项目三 总账管理 | 95

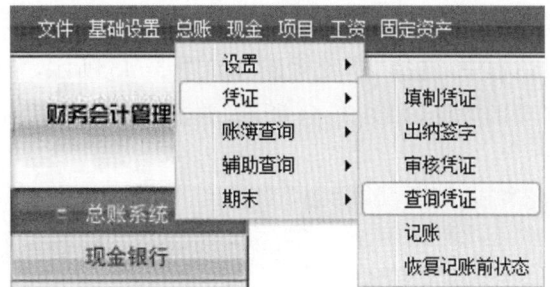

图 3-39 查询凭证

图 3-40 查询凭证

图 3-41 查询已记账凭证

图 3-42 查询未记账凭证

2. 查询"收-0001"号借入短期借款业务作废的凭证

在"查询凭证"对话框中,选择"作废凭证",如图3-43所示,单击【确认】按钮,显示2022年9月份没有作废的凭证,如图3-44所示,单击【退出】按钮。

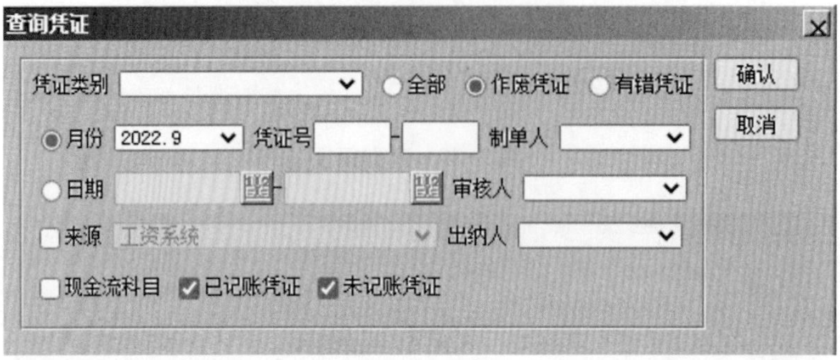

图 3-43　查询凭证

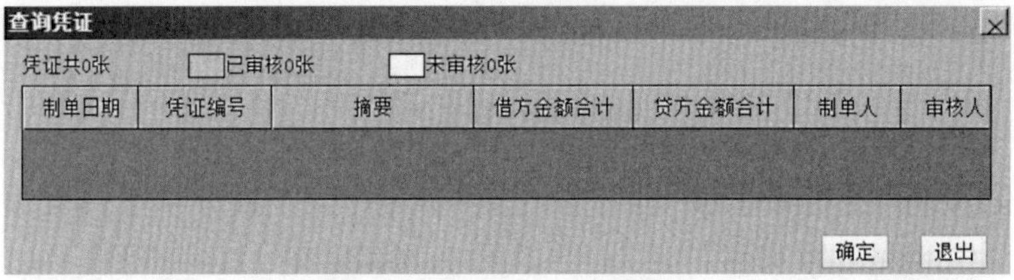

图 3-44　查询作废凭证

3. 查询2022年9月1日至2022年9月15日期间的凭证

在"查询凭证"对话框中,日期选择"2022-09-01"至"2022-09-15",如图3-45所示,在"已记账凭证""未记账凭证"前的复选框打"√",单击【确认】按钮,会出现这半个月的所有凭证,如图3-46所示,单击【退出】按钮。

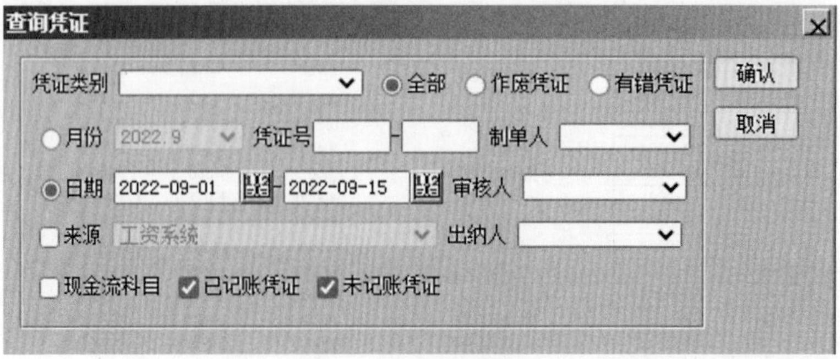

图 3-45　查询凭证

图 3-46　按日期查询凭证

💡 **注意：**

◎ 查询凭证时，可以对凭证类别、月份、凭证号、日期、制单人以及审核人是否审核凭证、出纳是否签字进行条件设定后，然后进行查询。

◎ 查询凭证时，打开对话框后，在未记账凭证和已记账凭证处打"√"，可以查询全部凭证。

4．完成收付款凭证的出纳签字

（1）以出纳王灵（203）的身份登录"信息门户"，依次单击【总账】→【凭证】→【出纳签字】按钮，如图 3-47 所示。

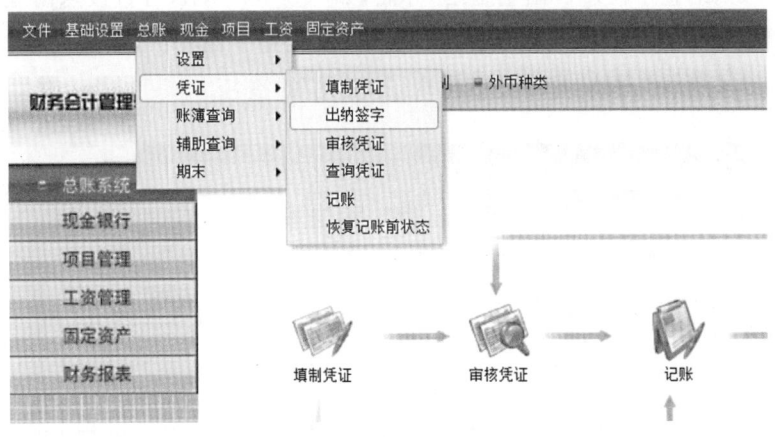

图 3-47　出纳签字

（2）进入"出纳签字查询"对话框，如图 3-48 所示，月份选"2022.9"，选"全部"凭证，单击【确认】按钮。

（3）进入"出纳签字"对话框，如图 3-49 所示。在对话框顶端显示需要签字的凭证共 9 张，其中已签字 0 张，未签字 9 张。

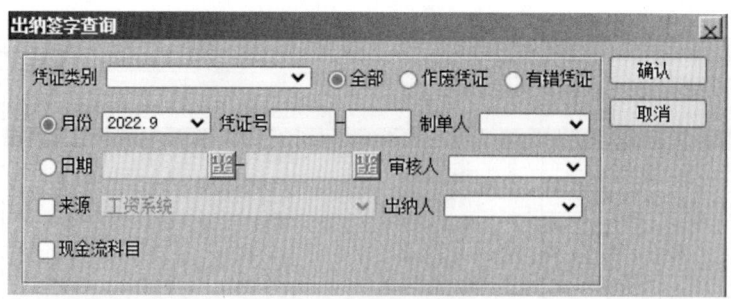

图 3-48 出纳签字查询

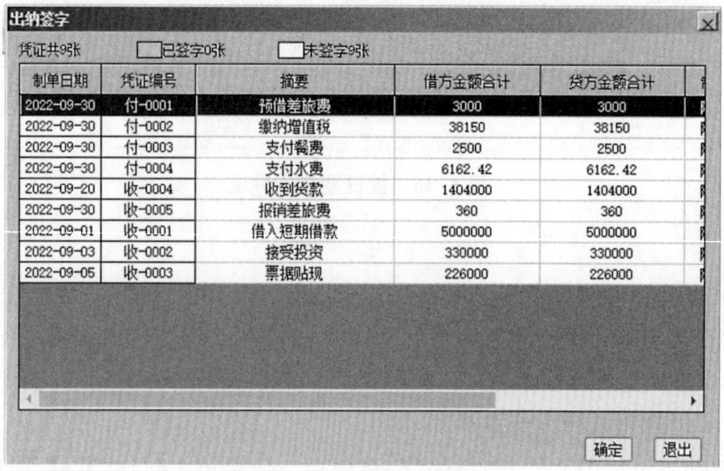

图 3-49 显示出纳签字凭证

(4)单张出纳签字:进入"出纳签字"界面,如图 3-50 所示,可直接点击编辑栏的【签字】按钮或依次单击【出纳】→【签字】按钮,提示"出纳签字成功!",如图 3-51 所示,单击【确定】按钮。在凭证"出纳"签章处就出现了"王灵"的签名。

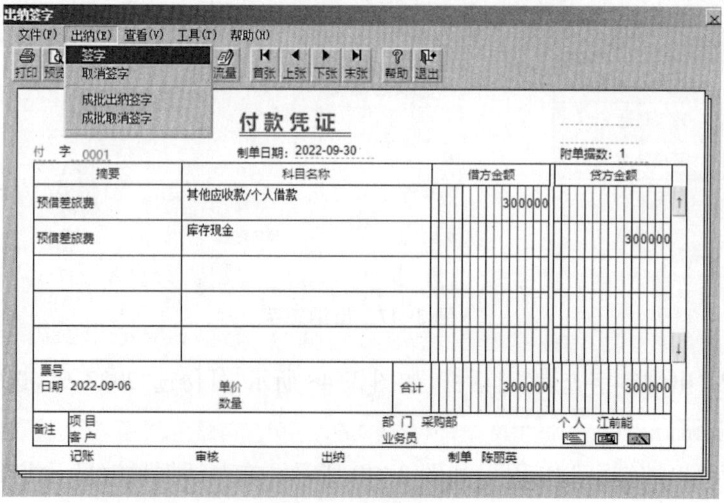

图 3-50 出纳签字路径

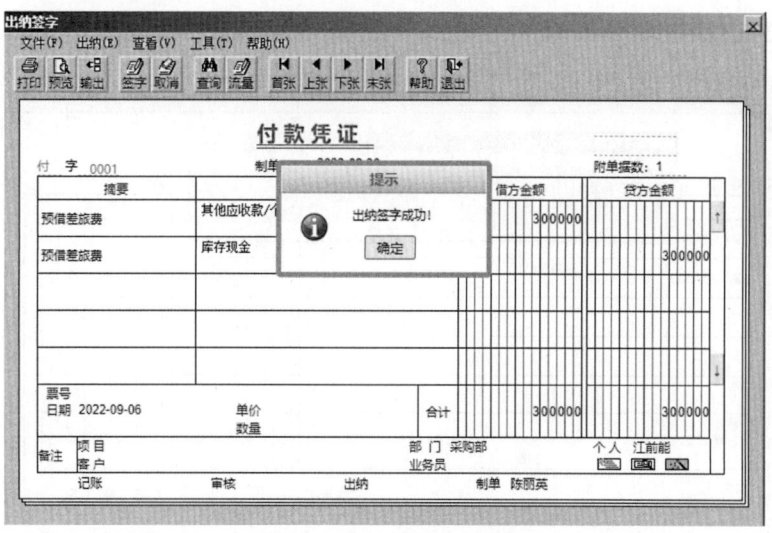

图 3-51　提示出纳签字成功

（5）成批出纳签字：同样在"出纳签字"界面，单击【下张】按钮，依次单击【出纳】→【成批出纳签字】按钮，如图 3-52 所示，进入"成批签字结果表"，如图 3-53 所示，提示"本次共选择[9]张凭证签字，原已签字凭证有[1]张，本次签字成功的凭证有[8]张"，单击【确认】按钮，出纳签字完成。

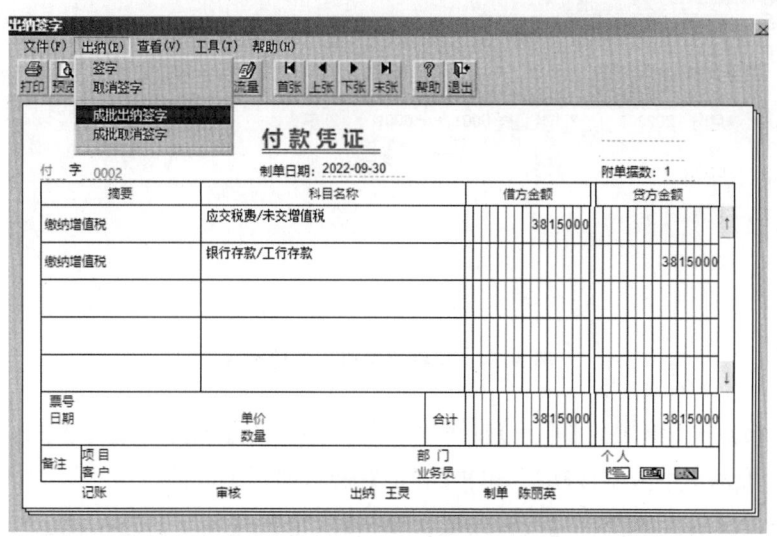

图 3-52　成批出纳签字

5．取消并执行出纳签字

取消"付－0001"号凭证的出纳签字，并对该凭证执行"出纳签字"；成批取消所有凭证出纳签字，并执行成批出纳签字。

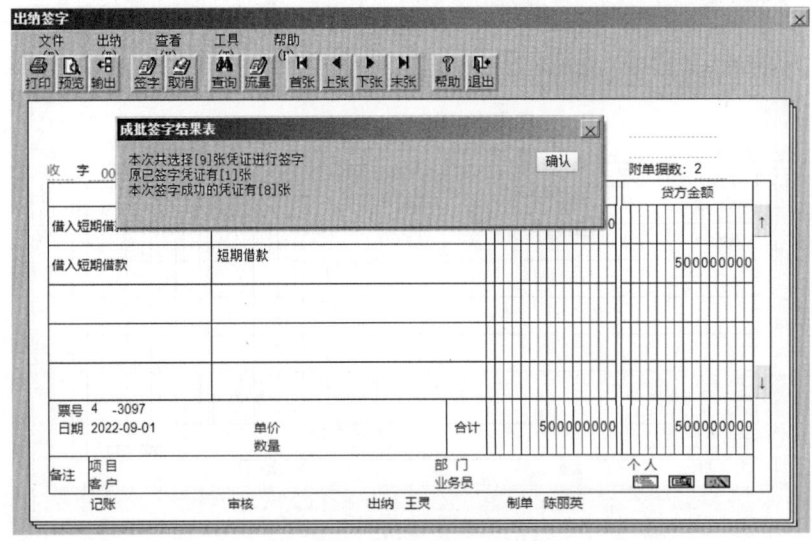

图 3-53　成批出纳签字表

（1）依次单击【总账】→【凭证】→【出纳签字】按钮，进入"出纳签字查询"对话框，如图 3-54 所示，"凭证类别"选付款凭证，凭证号输入"0001-0001"，单击【确认】按钮，打开要取消签字的凭证。

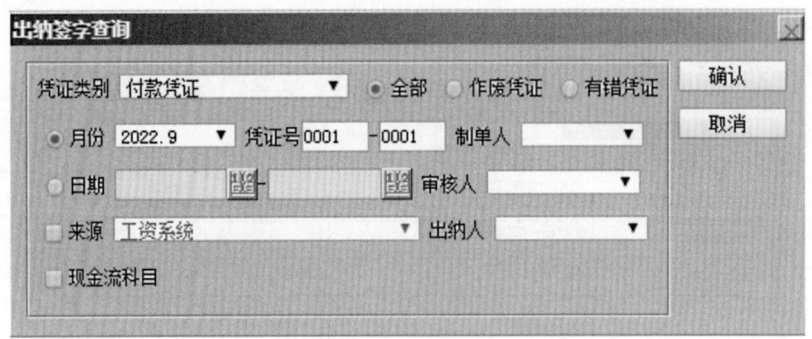

图 3-54　出纳签字查询条件输入

（2）直接点击编辑栏的【取消】按钮或依次单击【出纳】→【取消签字】按钮，如图 3-55 所示，提示"取消出纳签字成功！"，单击【确定】按钮，即签字取消。

（3）点击编辑栏的【签字】按钮或依次单击【出纳】→【签字】按钮，提示"出纳签字成功！"，单击【确定】按钮，完成"付-0001"号凭证出纳签字。

（4）成批取消签字：同样在"出纳签字"界面，参照图 3-55 的路径，依次单击【出纳】→【成批取消签字】→【确认】按钮，即完成操作。

（5）执行"成批出纳签字"，完成对所有凭证出纳签字的操作。

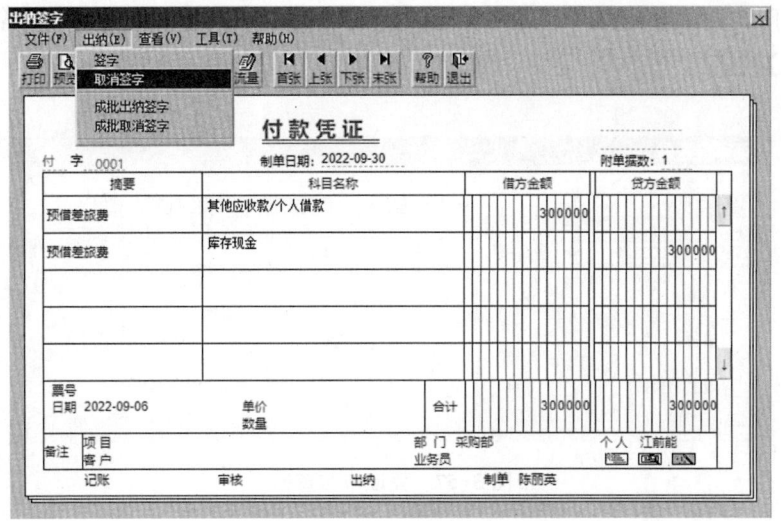

图 3-55　取消出纳签字

💡 注意：

◎ 凭证一经出纳签字，就不能再被修改和删除，只有取消出纳签字后才可以修改和删除。取消出纳签字只能由"出纳"执行，其他人员无法操作。

◎ "库存现金""银行存款"科目被设置为指定科目的相关凭证需要出纳签字。

◎ 出纳签字并非审核凭证的必要步骤，若在总账参数设置时，不对"出纳凭证必须经由出纳签字"进行选择，就不需要签字了。

◎ 当凭证量多时，可采用"成批出纳签字"以减少工作量。

◎ 可通过"出纳签字查询"快速找到要找的凭证。

6．完成所有凭证审核

（1）以账套主管朱子涯（201）的身份登录"信息门户"操作。依次单击【总账】→【凭证】→【审核凭证】按钮，如图 3-56 所示。

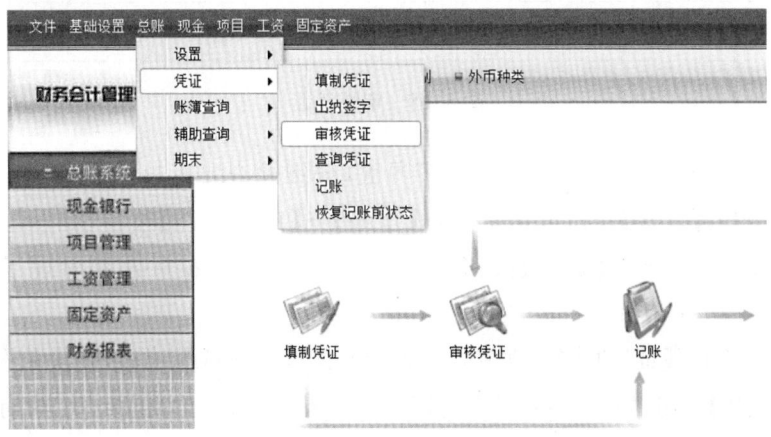

图 3-56　审核凭证路径

(2) 打开"凭证审核查询"对话框,如图 3-57 所示,月份选"2022.9",选"全部"凭证,单击【确认】按钮。

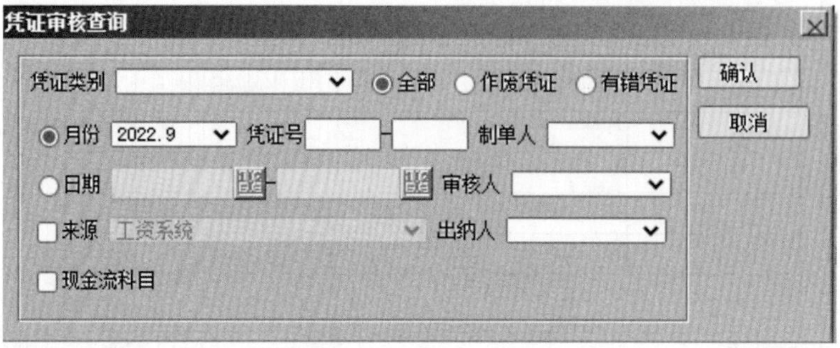

图 3-57　凭证审核查询

(3) 进入"审核凭证"对话框,如图 3-58 所示,列示了填制的全部凭证一共有 15 张,已审核 0 张,未审核 15 张。选中"付－0001"号凭证,单击【确定】按钮。

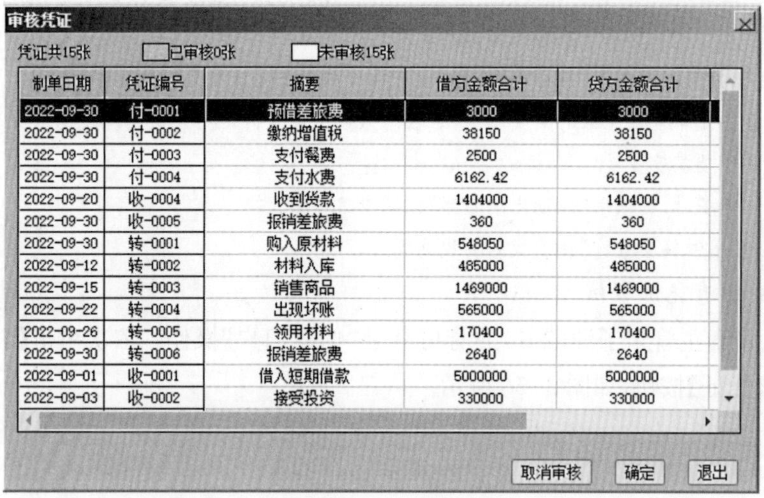

制单日期	凭证编号	摘要	借方金额合计	贷方金额合计
2022-09-30	付-0001	预借差旅费	3000	3000
2022-09-30	付-0002	缴纳增值税	38150	38150
2022-09-30	付-0003	支付餐费	2500	2500
2022-09-30	付-0004	支付水费	6162.42	6162.42
2022-09-20	收-0004	收到货款	1404000	1404000
2022-09-30	收-0005	报销差旅费	360	360
2022-09-30	转-0001	购入原材料	548050	548050
2022-09-12	转-0002	材料入库	485000	485000
2022-09-15	转-0003	销售商品	1469000	1469000
2022-09-22	转-0004	出现坏账	565000	565000
2022-09-26	转-0005	领用材料	170400	170400
2022-09-30	转-0006	报销差旅费	2640	2640
2022-09-01	收-0001	借入短期借款	5000000	5000000
2022-09-03	收-0002	接受投资	330000	330000

图 3-58　审核凭证

(4) 单张凭证审核:进入"凭证审核"界面,仔细检查要审核的凭证,确认无误后,单击编辑栏中的【审核】按钮或依次单击【审核】→【审核凭证】按钮,如图 3-59 所示,提示"审核成功!",单击【确定】按钮,在凭证底部"审核"签章处就出现了"朱子涯"签名。

(5) 成批审核凭证:单击【下张】按钮,对所有的凭证审核无误后,依次单击【审核】→【成批审核凭证】按钮,如图 3-60 所示,打开"成批审核结果表",如图 3-61 所示,单击【确认】按钮,审核完成。

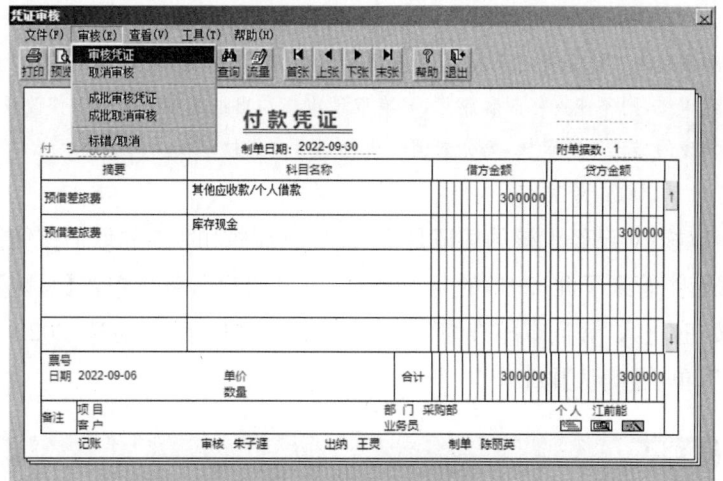

图 3-59 凭证审核

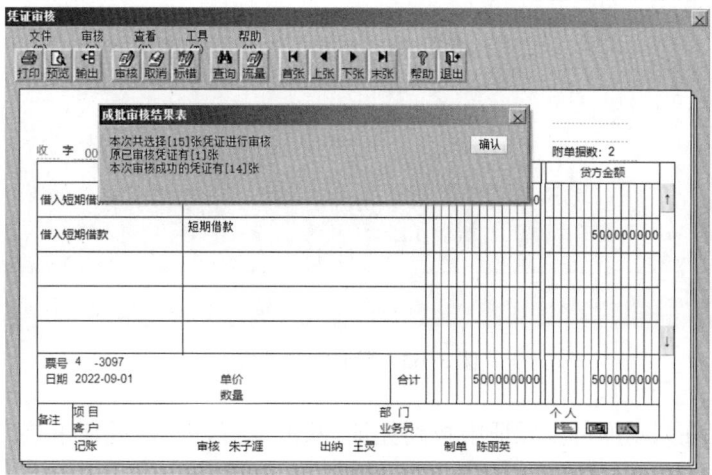

图 3-60 成批审核凭证

图 3-61 成批审核结果表

💡 **注意：**

◎ 审核人和制单人不能是同一个人。
◎ 凭证一经审核，则不能被修改和删除，只有取消审核和出纳签字后才可以修改或删除。
◎ 已标记作废的凭证不能审核，需先取消作废标记后才能被审核。

7. 删除"付-0003"号凭证

（1）取消审核：对已经审核的凭证是不可以进行删除的，应先取消该凭证审核。

（2）以账套主管朱子涯（201）的身份登录"信息门户"，依次单击【总账】→【凭证】→【审核凭证】按钮，进入"凭证审核查询"界面，如图3-62所示，月份选"2022.9"，凭证类别选"付款凭证"，单击【确认】按钮。

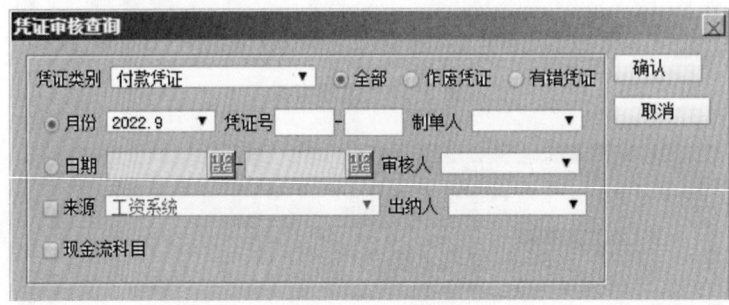

图3-62 凭证审核查询

（3）进入"审核凭证"界面，列出了所有的付款凭证，找到"付-0003"号支付餐费2 500元的这张凭证，选中该行后，点击右下角的【取消审核】按钮，提示"取消审核成功！"，单击【确定】按钮，如图3-63所示。

图3-63 取消审核成功

或者可以在列示的付款凭证中找到凭证，双击该行，进入"凭证审核"对话框，如图3-64所示，再依次单击【审核】→【取消审核】按钮，提示"取消审核成功"，如图3-65所示,单击【确定】按钮,完成取消审核。

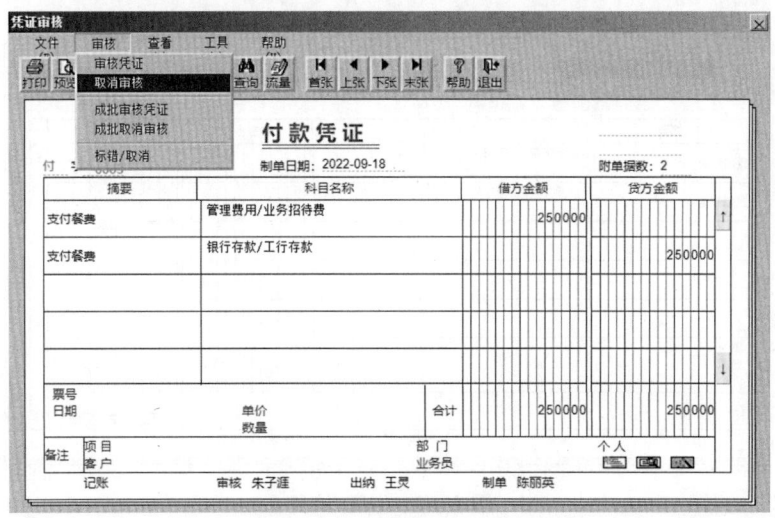

图 3-64 取消审核

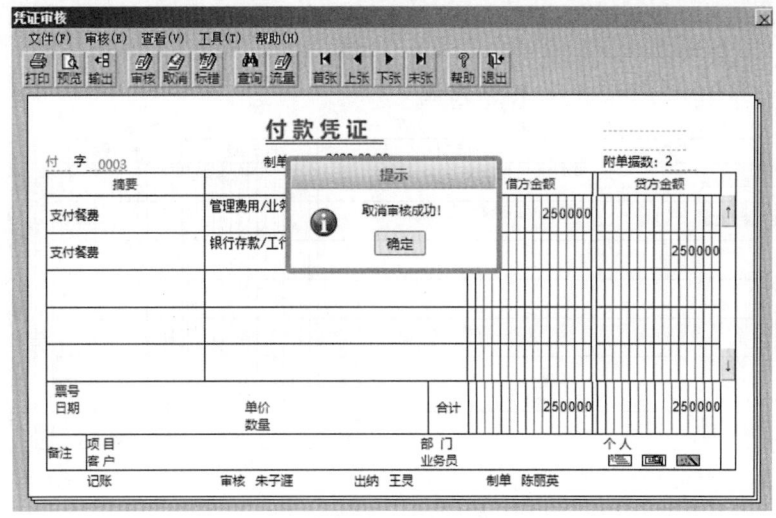

图 3-65 取消审核成功

(4) 以出纳王灵(203)的身份进入"信息门户",取消出纳签字。

(5) 以总账会计陈丽英(202)的身份登录"信息门户",进入总账系统,单击【填制凭证】按钮进入"填制凭证"界面,找到"付-0003"号凭证,依次单击【制单】→【作废/恢复】按钮,如图 3-66 所示。

(6) 此时凭证左上角出现红色的"作废"印章,如图 3-67 所示,但是这并不意味着这张凭证已经删除,只是被盖上了"作废"印章,凭证仍然存在。

(7) 在"填制凭证"界面,依次单击【制单】→【整理凭证】按钮,如图 3-68 所示,进入"选择凭证期间"对话框,凭证期间选择"2022.9",单击【确定】按钮,如图 3-69 所示。

图 3-66 作废/恢复

图 3-67 凭证作废

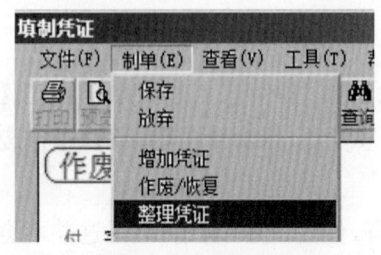

图 3-68 整理凭证

图 3-69 选择凭证期间

（8）进入"作废凭证表"对话框，可以看到之前作废的"付-0003"这张凭证，单击【全选】按钮或直接双击"删除?"下的空白框，在空白框中出现"Y"字，如图 3-70 所示。

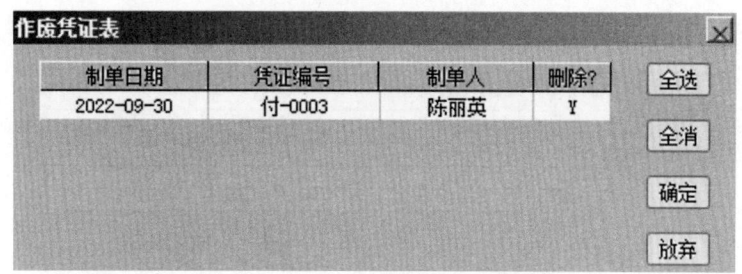

图 3-70　作废凭证表

(9) 点击【确定】按钮,提示"凭证整理完毕",如图 3-71 所示,单击【确定】按钮,这张作废的凭证被彻底删除。

图 3-71　删除凭证完成

💡 注意:
- ◎ 只能对未记账凭证作凭证的整理。
- ◎ 已记账凭证无法做凭证整理,应先恢复到本月月初的记账前状态,才可再做凭证整理。
- ◎ 删除凭证时,应对作废的凭证进行"整理"操作,在"填制凭证"界面再也看不到盖着"作废"章的凭证,这样才是彻底删除了。
- ◎ 对已审核和有出纳签字的凭证的删除,应按先取消审核,再取消出纳签字的顺序进行取消操作,然后才能删除。
- ◎ 如要取消作废,在作废凭证界面,依次单击【制单】→【作废/恢复】按钮即可恢复。

8. 对所有凭证进行记账

(1) 以总账会计陈丽英(202)的身份登录"信息门户",依次单击【总账】→【凭证】→【记账】按钮,如图 3-72 所示。进入"记账"对话框,可以看到三个步骤:"1.选择本次记账范围""2.记账报告""3.记账"。

图 3-72　登录记账途径

(2) "记账范围"下的空白栏需填上范围,如图 3-73 所示,单击【全选】按钮,单击【下一步】按钮。

图 3-73 记账范围全选

(3) 进入"记账报告"对话框,如图 3-74 所示,单击【下一步】按钮。

图 3-74 记账报告

(4) 进入"记账"对话框,如图 3-75 所示,单击【记账】按钮。

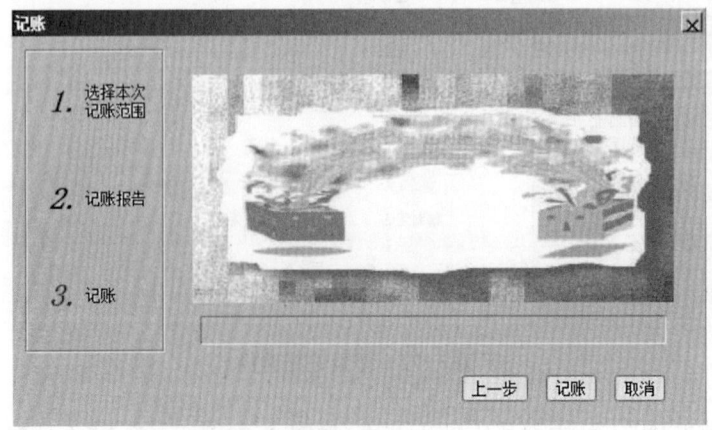

图 3-75 记账

(5)进入"期初试算平衡表"界面,如图 3-76 所示,如果试算结果平衡,单击【确认】按钮,提示"记账完成",单击【确认】按钮。

图 3-76 试算平衡表

注意:
◎ 第一次记账,若期初余额试算不平衡,则不能记账。
◎ 上月若未记账,则本月不能记账。
◎ 未审核凭证不能记账,记账范围应小于等于已审核范围。

9. 取消记账,最后以记账状态进行输出保存

(1)以总账会计陈丽英(202)的身份进入"信息门户",依次单击【总账】→【凭证】→【恢复记账前状态】按钮,如图 3-77 所示。

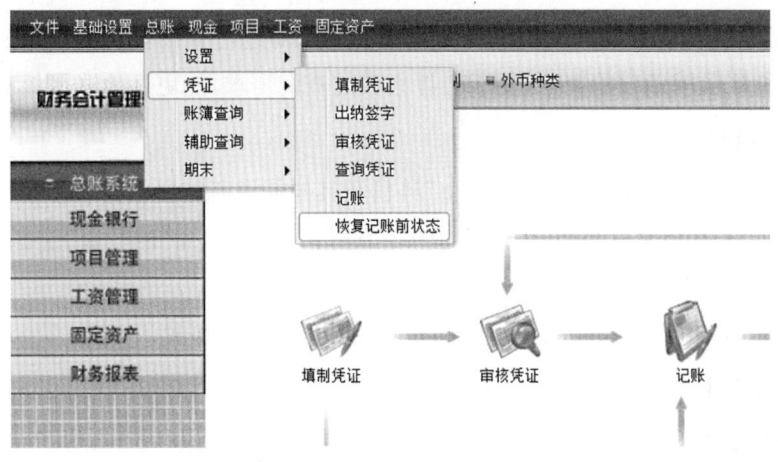

图 3-77 恢复记账前状态

(2)进入"恢复记账前状态"对话框,如图 3-78 所示,显示"2022 年 9 月初状态",单击【确定】按钮,提示"数据恢复成功",单击【确认】按钮。

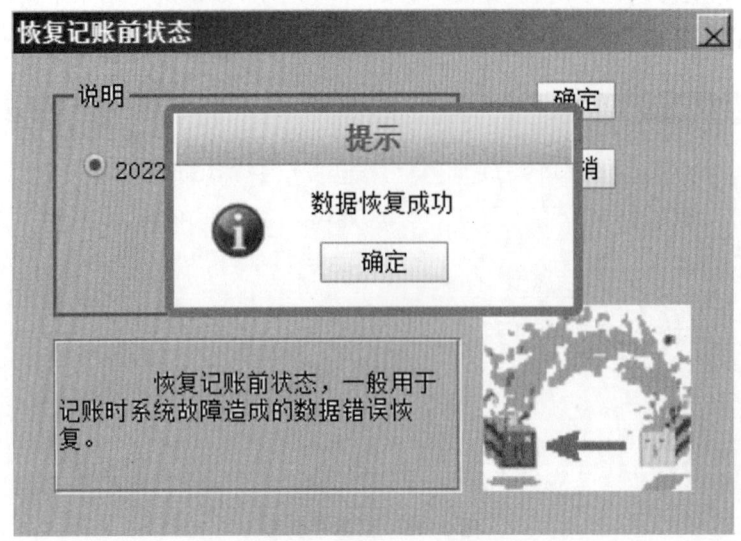

图 3-78 恢复记账前状态

任务五 查询账簿

3-5 查询账簿

【工作任务】

查询总账、发生额及余额表、明细账。

【知识储备】

账簿是系统自动生成的。系统能对已完成的账簿进行查询,包括对总账、发生额及余额表、明细账及辅助项的查询,便于会计人员的查询需求,能更好地账账核对。

【任务资料】

(1) 总账查询:查看"1001 库存现金"科目及其他任意所需科目。

(2) 发生额及余额表查询:查询"140301 原材料/已梳皮棉"的数量、金额信息,查看所有科目"发生额及余额表"。

(3) 明细账查询:查看"原材料"明细账及其他任意所需科目。

【工作步骤】

1. 总账查询

查看"1001 库存现金"科目及其他任意所需科目。

(1) 以总账会计陈丽英(202)的身份登录"信息门户",依次单击【总账】→【账簿查询】→【总账】按钮,如图 3-79 所示。

(2) 打开"总账查询条件"对话框,如图 3-80 所示,在"科目"栏输入"库存现金"科目编号"1001",在"包含未记账凭证"前的复选框打"√",单击【确认】按钮。

项目三 总 账 管 理 111

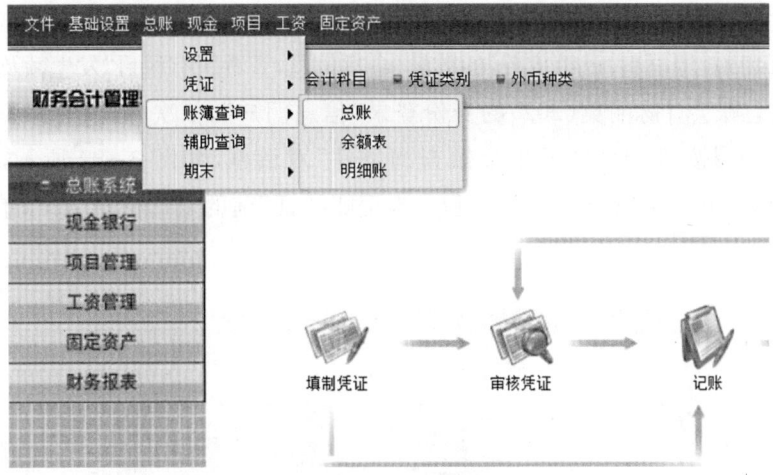

图 3-79　总账查询

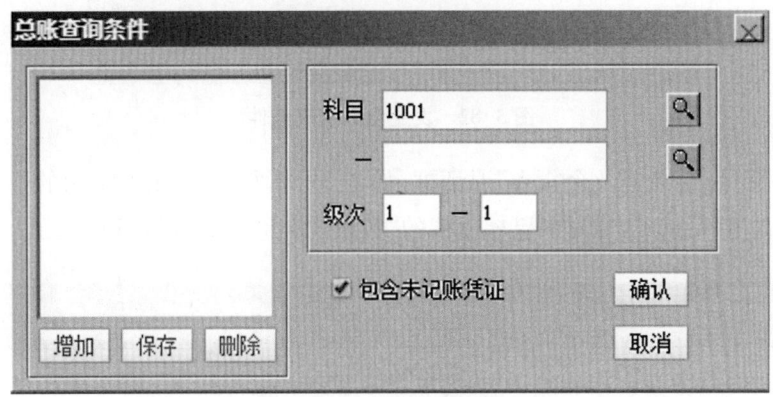

图 3-80　总账查询条件

(3) 进入"库存现金总账"账页,如图 3-81 所示,点击"科目"下拉键,即可任意查看其他科目。

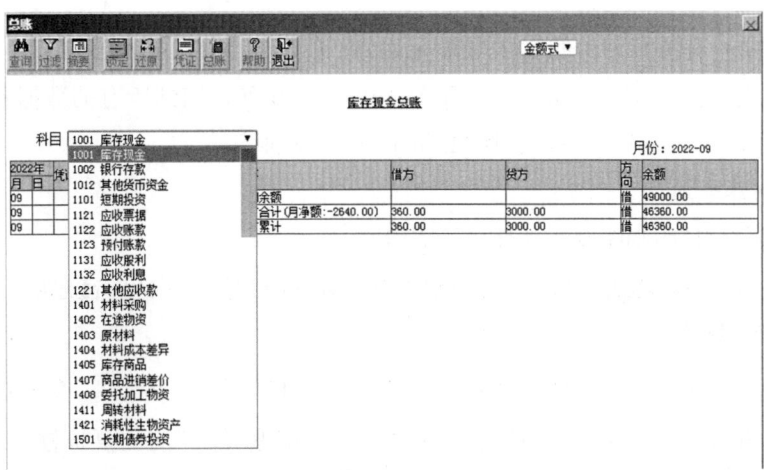

图 3-81　库存现金总账

2. 发生额及余额表查询

查询“140301 原材料/已梳皮棉”的数量、金额信息，查看所有科目“发生额及余额表”。

(1) 以总账会计陈丽英(202)的身份登录“信息门户”，依次单击【总账】→【账簿查询】→【余额表】按钮，弹出“发生金额查询条件”对话框，如图 3-82 所示，科目选择“140301—140301”，在“末级科目”和“包含未记账凭证”前的复选框打“√”，单击【确定】按钮。

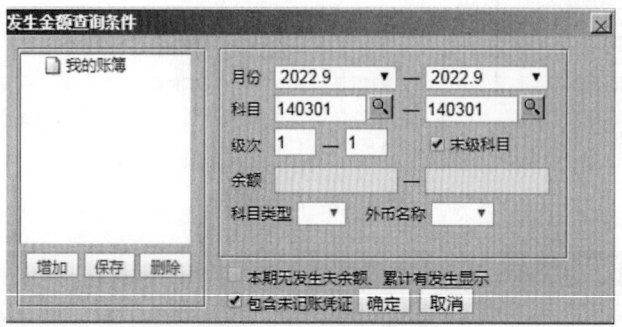

图 3-82　发生金额查询条件

(2) 打开“发生余额及余额表”对话框，如图 3-83 所示，点击右上角的下拉键，选择“数量金额式”账页格式，原材料已梳皮棉的“数量”“金额”都可以查到。

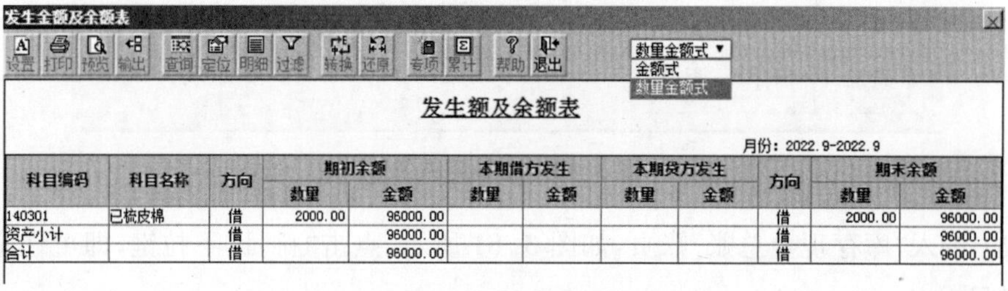

科目编码	科目名称	方向	期初余额		本期借方发生		本期贷方发生		方向	期末余额	
			数量	金额	数量	金额	数量	金额		数量	金额
140301	已梳皮棉	借	2000.00	96000.00					借	2000.00	96000.00
资产小计		借		96000.00					借		96000.00
合计		借		96000.00					借		96000.00

图 3-83　发生额及余额表

(3) 如要查看所有科目的发生额及余额，在图 3-82 中不录入任何条件，直接单击【确定】按钮，打开“发生额及余额表”，如图 3-84 所示，可查询到所有的数据资料。点击右上角的下拉键，可选择“金额式”和“数量金额式”两种表格。

3. 明细账查询

查看“原材料”明细账及其他任意所需科目。

(1) 以总账会计陈丽英(202)的身份登录“信息门户”，依次单击【总账】→【账簿查询】→【明细账】按钮。

(2) 进入“明细账”对话框，如图 3-85 所示，在“科目”栏点击“ ”按钮，进入“科目参照”界面，并查找“1403 原材料”科目，在“包含未记账凭证”前的复选框打“√”，单击【确认】按钮。

图 3-84 发生额及余额表

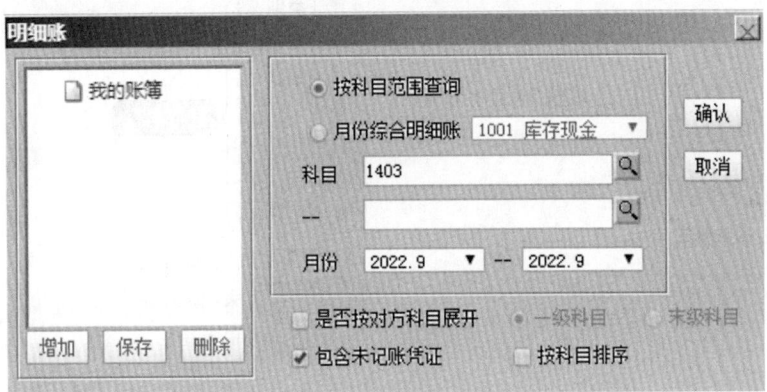

图 3-85 明细账

(3) 打开"原材料明细账",如图 3-86 所示。

图 3-86 原材料明细账

（4）如要查看其他科目明细账，点击左上角"科目"下拉键即可查看。

💡 **注意：**
◎ 取消记账后，一定要重新再记账。
◎ 先取消固定资产和工资的记账，才能取消总账的记账。
◎ 查询时，可以通过科目转换，查询总账和明细账的数据，有针对性地获取数据。

知识地图

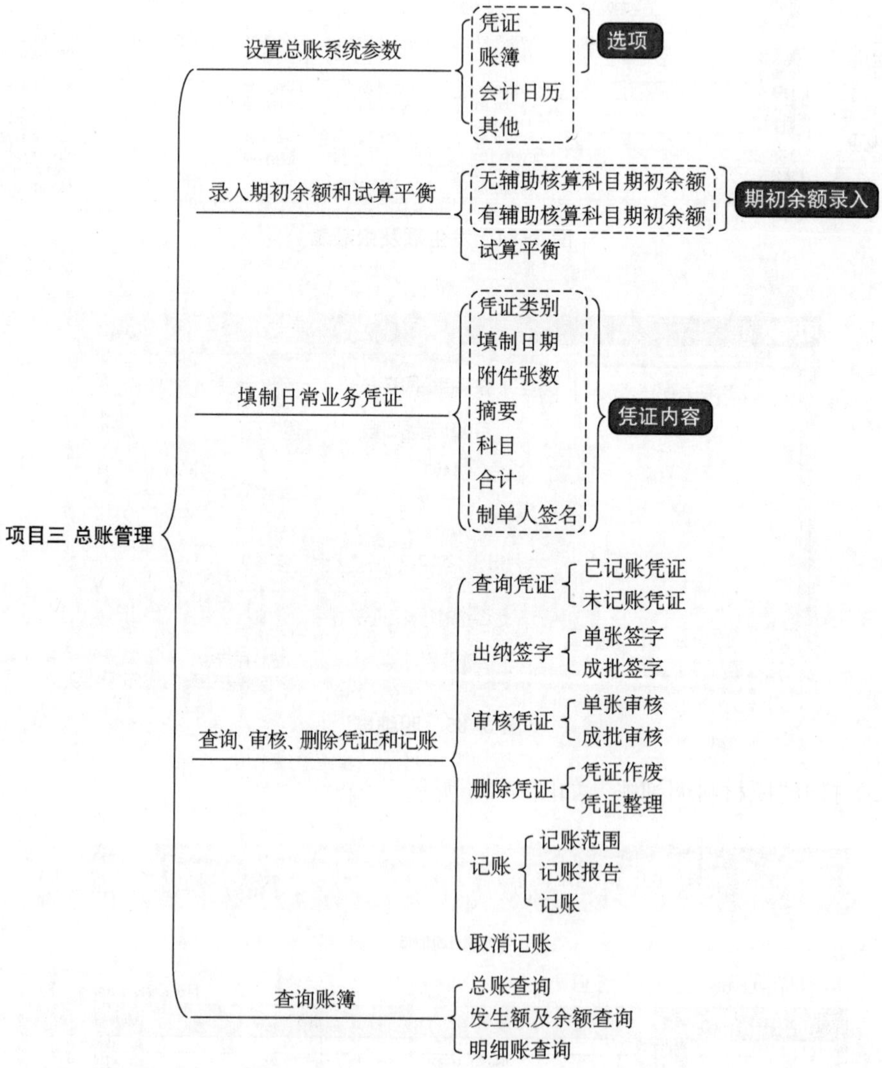

项目三 总账管理

- 设置总账系统参数
  - 凭证 ┐
  - 账簿 ├ 选项
  - 会计日历 │
  - 其他 ┘

- 录入期初余额和试算平衡
  - 无辅助核算科目期初余额 ┐
  - 有辅助核算科目期初余额 ├ 期初余额录入
  - 试算平衡

- 填制日常业务凭证
  - 凭证类别 ┐
  - 填制日期 │
  - 附件张数 │
  - 摘要   ├ 凭证内容
  - 科目   │
  - 合计   │
  - 制单人签名 ┘

- 查询、审核、删除凭证和记账
  - 查询凭证 { 已记账凭证 / 未记账凭证 }
  - 出纳签字 { 单张签字 / 成批签字 }
  - 审核凭证 { 单张审核 / 成批审核 }
  - 删除凭证 { 凭证作废 / 凭证整理 }
  - 记账 { 记账范围 / 记账报告 / 记账 }
  - 取消记账

- 查询账簿
  - 总账查询
  - 发生额及余额查询
  - 明细账查询

 考证导航

CIIT 会计信息化操作员职业技术水平证书标准,如表 3-3 所示。

表 3-3　CIIT 会计信息化操作员职业技术水平证书标准

项目	任务	职业技能要求
项目三 总账管理	1. 设置总账系统参数 2. 录入期初余额和进行试算平衡 3. 填制日常业务凭证 4. 查询、审核、删除凭证和记账 5. 查询账簿	1. 能够依据资料正确设置系统参数及录入期初余额中的各项科目余额 2. 能够在总账系统中正确地进行期初对账及试算平衡 3. 能够根据《小企业会计准则》审核原始凭证 4. 能够在总账系统中根据审核无误的原始凭证填制记账凭证 5. 能够在总账系统中,对记账凭证进行审核,包括会计分录三要素及记账凭证中需要填列的项目及有关人员的签章 6. 能够在总账系统中,熟练进行记账凭证的审核、反审、修改、作废等凭证处理操作 7. 能够在总账系统中,熟练进行记账凭证的记账、反记账操作 8. 能够在总账系统中,查询各类账簿信息,为管理决策提供财务数据支持

 课后提升

1. 总账参数设置

总账参数设置如表 3-4 所示。

表 3-4　总账参数设置

总账参数设置	数量、单价小数位保留 2 位
	部门、个人、项目排序方式均按编码排序
	出纳凭证必须由出纳签字

2. 设置会计科目

指定"库存现金"为现金总账科目,指定"银行存款"为银行总账科目。会计科目设置如表 3-5 所示。

表 3-5　会计科目设置

科目编码	科目名称	辅助核算	账页格式
1001	库存现金	日记账	金额式
1002	银行存款	日记账、银行账	金额式

(续表)

科目编码	科目名称	辅助核算	账页格式
1121	应收票据	客户往来(无受控系统)	金额式
1122	应收账款	客户往来(无受控系统)	金额式
1123	预付账款	供应商往来(无受控系统)	金额式
1402	在途物资		金额式
140201	主机	数量核算(单位:块)	数量金额式
140202	CRT显示器	数量核算(单位:个)	数量金额式
140203	液压器	数量核算(单位:块)	数量金额式
1403	原材料		金额式
140301	主机	数量核算(单位:块)	数量金额式
140302	CRT显示器	数量核算(单位:个)	数量金额式
140303	液压器	数量核算(单位:块)	数量金额式
1405	库存商品		金额式
140501	KT-30机床	数量核算(单位:台)	数量金额式
140502	KT-40机床	数量核算(单位:台)	数量金额式
2201	应付票据	供应商往来(无受控系统)	金额式
2202	应付账款	供应商往来(无受控系统)	金额式
2203	预收账款	客户往来(无受控系统)	金额式
2241	其他应付款		金额式
224101	应付个人款	个人往来	金额式
224102	社保		金额式
224103	住房公积金		金额式
4001	生产成本		金额式
400101	直接材料	项目核算	金额式
400102	直接人工	项目核算	金额式
400103	制造费用	项目核算	金额式
560108	折旧		金额式

(续表)

科目编码	科目名称	辅助核算	账页格式
560109	社会保险费		金额式
560110	住房公积金		金额式
560111	教育经费		金额式
560112	工会经费		金额式
560113	水电费		金额式
560212	社会保险费		金额式
560213	住房公积金		金额式
560214	教育经费		金额式
560215	工会经费		金额式

3．期初余额

期初余额设置如表 3-6 所示，应付票据期初余额如表 3-7 所示，应付账款期初余额如表 3-8 所示。

表 3-6　期初余额设置

科目编码	科目名称	余额方向	金额
1001	库存现金	借	2 215.00
1002	银行存款	借	135 000.00
1403	原材料	借	162 800.00
140301	主机	借	65 400.00 （300 块）
140302	CRT 显示器	借	33 600.00 （300 个）
140303	液压器	借	63 800.00 （580 块）
1405	库存商品	借	242 800.00
140501	KT-30 机床	借	118 800.00 （180 台）
140502	KT-40 机床	借	124 000.00 （200 台）

(续表)

科目编码	科目名称	余额方向	金额
1408	委托加工物资	借	50 000.00
1601	固定资产	借	2 586 500.00
1602	累计折旧	贷	389 929.17
2001	短期借款	贷	60 000.00
2201	应付票据	贷	35 000.00
2202	应付账款	贷	45 000.00
2221	应交税费	贷	35 400.00
222101	应交增值税	贷	35 400.00
22210101	销项税额	贷	35 400.00
3001	实收资本	贷	2 500 000.00
3002	资本公积	贷	124 757.00
3101	盈余公积	贷	44 228.83
310101	法定盈余公积	贷	44 228.83
4301	研发支出	借	55 000.00

表 3-7 应付票据期初余额表

日期	供应商	摘要	金额
2022-8-31	宁波中兴	购买	35 000

表 3-8 应付账款期初余额表

日期	供应商	摘要	金额
2022-8-31	宁波宝恒	购买	45 000

4. 主要经济业务核算

(1) 提现,取得原始凭证如凭证 3-23 所示。

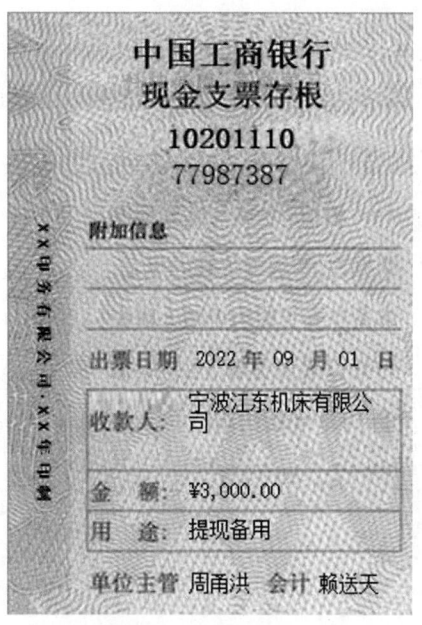

凭证 3-23　现金支票存根

（2）采购材料，取得原始凭证如凭证 3-24 至凭证 3-26 所示。

凭证 3-24　采购发票（抵扣联）

凭证 3-25　采购发票（发票联）

凭证 3-26　转账支票存根

(3) 材料入库,取得原始凭证如凭证 3-27 所示。

材料入库单

发票号码：
供应单位：宁波中兴有限公司　　　　　　　　　　　　　收料单编号：
材料类别：原材料　　　2022 年 09 月 10 日　　　　　　收料仓库：原材料库

编号	名称	规格	单位	数量		实际成本				单位成本
				应收	实收	买价		运杂费	合计	
						单价	金额			
	主机		块	250	250	220.00	55,000.00		55,000.00	220.0000
	CRT显示器		个	280	280	110.00	30,800.00		30,800.00	0.0000
	液压器		块	300	300	110.00	33,000.00		33,000.00	110.0000
	合计			830	830		¥118,800.00		¥118,800.00	¥143.1325
	备注									

采购员：向兰　　　检验员：　　　记账员：　　　保管员：

凭证 3-27　材料入库单

(4) 销售机床,取得原始凭证如凭证 3-28、凭证 3-29 所示。

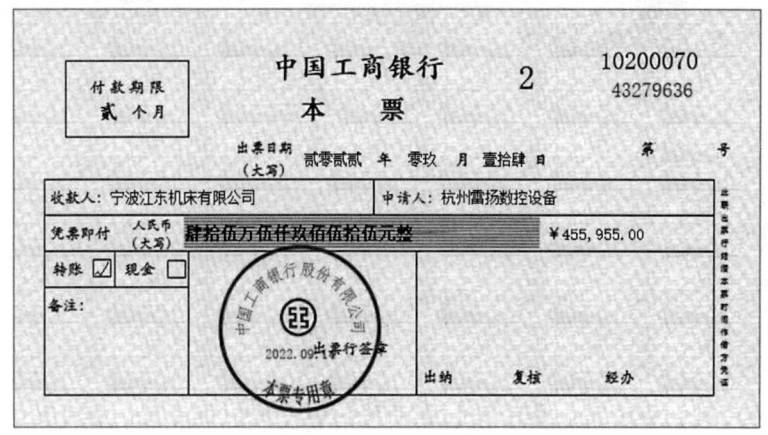

凭证 3-28　银行本票

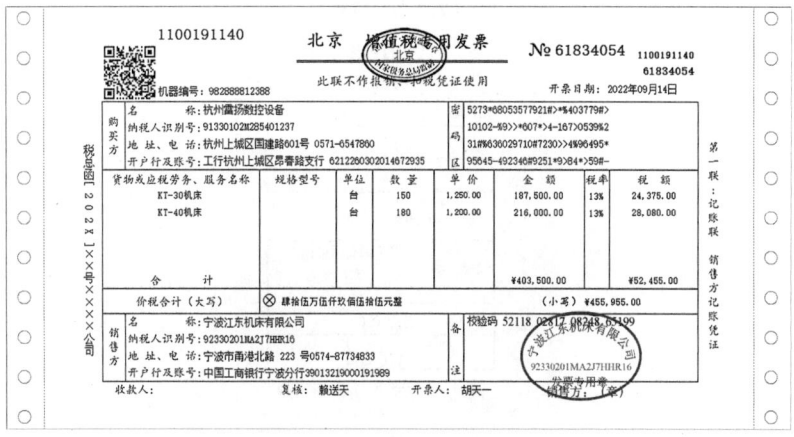

凭证 3-29　销售发票

（5）支付广告费，取得原始凭证如凭证3-30至凭证3-32所示。

凭证3-30　广告费发票(抵扣联)

凭证3-31　广告费发票(发票联)

凭证3-32　转账支票存根

(6) 支付电费,取得原始凭证如凭证 3-33 至凭证 3-35 所示。

凭证 3-33　支付发票(抵扣联)

凭证 3-34　支付发票(发票联)

凭证 3-35　转账支票存根

(7) 分配电费，取得原始凭证如凭证 3-36 所示。

电费 分配表

2022 年 09 月 30 日　　　　　单位：元

使用部门	分配金额
生产部	2,000.00
研发一部	1,500.00
研发二部	800.00
总经理室	500.00
销售部	1,000.00
采购部	1,700.00
合　计	7,500.00

凭证 3-36　电费分配表

(8) 发料汇总，取得原始凭证如凭证 3-37 所示。

发出材料汇总表

2022 年 09 月 30 日

产品名称：

领料部门	材料名称	数量	单价	金额
生产部	主机	250	218.00	54,500.00
	CRT显示器	280	112.00	31,360.00
	液压器	160	110.00	17,600.00
研发一部（KT-30机床）	主机	120	220.00	26,400.00
	CRT显示器	120	110.00	13,200.00
	液压器	200	110.00	22,000.00
生产部一般耗用	主机	150	220.00	33,000.00
	CRT显示器	120	110.00	13,200.00
	液压器	140	110.00	15,400.00
合　计				¥226,660.00

会计主管：冯峥嵘　　　复核：　　　　　制单：

凭证 3-37　发出材料汇总表

巩 固 提 高

一、单选题

1. 使用总账系统输入科目编码时,下列说法错误的是( )。
   A. 编码不能重复
   B. 科目类型编码要符合规定,如首位必须为 1、2、3、4、5 之一
   C. 科目编码位数要符合编码规则
   D. 明细科目只输入本级编码

2. 使用总账系统,在日常账务处理中最频繁的工作是( )凭证。
   A. 输入   B. 审核   C. 修改   D. 记账

3. 制单时,( )类凭证的贷方限制科目至少有一个发生额。
   A. 借方必有   B. 贷方必有
   C. 借方或贷方必有   D. 借方或贷方必无

4. 账务处理模块能够处理( )。
   A. 记账凭证的录入   B. 工资总账数据
   C. 固定资产明细账的打印输出   D. 打印输出工资明细数据

5. 填制凭证需要计算时,在填制凭证( )界面可以找到计算器。
   A. 文件   B. 制单   C. 查看   D. 工具

6. 在总账中( )可以查看账套信息。
   A. 设置—选项—凭证   B. 设置—选项—账簿
   C. 设置—选项—会计日历   D. 设置—选项—其他

7. 使用总账系统时,正确的处理过程是( )。
   A. 输入凭证—审核凭证—出纳签字—登记账簿—查询账簿
   B. 输入凭证—出纳签字—审核凭证—登记账簿—查询账簿
   C. 输入凭证—出纳签字—登记账簿—查询账簿
   D. 出纳签字—审核凭证—输入凭证—登记账簿—查询账簿

8. 会计软件中的账务处理系统以( )为数据的处理起点,它是账簿数据和报表数据的主要来源。
   A. 记账凭证   B. 科目汇总表
   C. 账簿   D. 原始凭证

9. 账务处理系统中,账簿中的数据( )。
   A. 不可以修改或删除   B. 可以删除
   C. 可以增加   D. 可以修改

10. 下列关于记账操作说法中,错误的是( )。

    A. 记账工作由计算机自动处理进行数据处理

    B. 记账一般采用向导方式,使记账过程更加明确

    C. 未经审核的凭证也可以记账

    D. 第一次记账时,若期初余额试算不平衡,则不能记账

二、多选题

1. 在填制凭证时,凭证应包括的内容有( )。

    A. 摘要   B. 科目   C. 金额   D. 附件

2. 在总账直接可以设置的明细权限有( )。

    A. 科目查询权限   B. 科目制单权限

    C. 凭证审核权限   D. 金额权限

3. 账务处理系统中,( )的会计科目不能修改。

    A. 凭证录入过程中已使用过   B. 已录入期初余额

    C. 凭证录入过程中未使用过   D. 有下一级科目

4. 下列操作属于账务处理系统的有( )。

    A. 凭证处理   B. 月末处理

    C. 账簿输出   D. 编制报表

5. 如果账套的启用日期是2021年2月,则初始余额录入时需录入( )。

    A. 期初余额   B. 借方发生额

    C. 贷方发生额   D. 摘要信息

6. 下列各项中,属于出纳管理的工作有( )。

    A. 现金日记账的管理   B. 资金日报表的管理

    C. 支票管理   D. 银行对账

7. 日常业务处理的任务主要有( )。

    A. 填制凭证   B. 审核凭证

    C. 记账   D. 账簿查询

8. 总账系统中,如果要执行记账工作,必须具备的条件有( )。

    A. 期初余额试算平衡   B. 采用辅助核算

    C. 凭证已审核   D. 凭证要出纳签字

9. 下列关于凭证审核和记账操作的说法中,正确的有( )。

    A. 凭证审核需要重新注册更换操作员,由具有审核权限的操作员来进行

    B. 凭证可以成批审核,也可以逐张审核

    C. 记账操作每月可进行多次

    D. 上月未记账,本月同样可以记账

10. 在账务系统填制凭证时,制单人的名字不可以( )。
    A. 由系统根据进入时的操作员姓名自动填入
    B. 由操作员利用键盘输入
    C. 由审核员利用键盘输入
    D. 由账套主管利用键盘输入

三、判断题

1. 在总账系统中,取消出纳凭证的签字既可以由出纳自己进行,也可以由会计主管进行。( )
2. 在总账系统中,添置记账凭证时,凭证一旦保存,其凭证编号和凭证类别不能再进行修改。( )
3. 红字冲销法,即将做错的凭证采用增加一张"蓝色"凭证全额冲出,再增加一张"红字"凭证的补充方法。( )
4. 在总账系统中,银行对账的科目设置时定义为"银行账"辅助账类的科目性质。( )
5. 凭证一经审核就不能再修改或删除,若要修改或删除必须先取消审核签名才能进行,但取消审核签名只能由审核人自己进行。( )
6. 在银行辅助核算录入窗口,要求输入的票号应与出纳支票登记簿中记录的票号一致,以便系统能自动勾销借出支票。( )
7. 在"填制凭证"界面可以查看生成凭证的原始单据。( )
8. 已经被记账的凭证,可以由制单人删除后重新编制相关的凭证。( )
9. 在录入凭证时,如果有辅助核算,必须输入辅助核算。( )
10. 记账凭证上的制单日期可以滞后于系统日期。( )

项目四 固定资产管理

※知识目标

1. 学会固定资产初始设置。
2. 掌握固定资产期初数据的录入。
3. 掌握固定资产增加、减少、折旧计提等日常业务的处理。

※技能目标

1. 能够准确、熟练地完成固定资产初始化设置和期初数据的录入。
2. 能够准确、快速地区分固定资产期初卡片录入和增加卡片录入两种情况。
3. 能够正确、熟练编制固定资产的增减业务、计提折旧的处理。

※素质目标

1. 培养学生实事求是、认真细致的工作习惯。
2. 培养学生善于思考、刻苦钻研的学习态度。

固定资产是企业正常生产经营的必要条件,加强管理和正确核算企业的固定资产,对于保护企业资产完整、保证企业再生产资金来源具有重要意义。固定资产在日常使用过程中,经常会发生资产增加、减少等情况,发生变动时应及时处理;每月应正确计算固定资产折旧,为企业的成本费用核算提供依据。

该项目的重点内容包括建立固定资产账套,输入固定资产原始卡片,处理资产增加、减少和折旧计提等主要的业务核算。

任务一 建立固定资产账套

4-1 建立账套

【工作任务】

建立固定资产账套。

【知识储备】

以总账会计身份登录"信息门户"进行固定资产账套的建立。在系统管理中建立企业会计账套后,需要在固定资产系统中建立一个适合企业实际情况的固定资产账套,即固定资产初始化操作——参数设置。

固定资产账套的参数主要包括固定资产的约定与说明、启用月份、折旧信息、编码方式、财务接口及其他补充参数等,其中涉及的其他需要修改的参数,在"选项"对话框中补充修改。这些参数在固定资产系统初次启动时设置。

1. 约定与说明

是否同意固定资产账套的基本信息的设置,选择"我同意"或者"我不同意"。该内容是账套的基本信息和系统处理的基本原则,总账会计在确认无误后,选择"我同意"。

2. 启用月份

设置好启用日期后,就可以将该启用日期之后发生的固定资产经济业务向"总账系统"传递凭证;同时启用日期前的固定资产的资料作为期初数据,启用日期之后开始计提折旧。

3. 折旧信息

根据企业实际情况确定好"是否计提折旧",设置计提折旧的方式、方法及折旧汇总分配周期。

4. 编码方式

根据企业实际情况设置固定资产编码方式(手动输入或者自动编码)和资产类别编码长度,这是固定资产进行分类管理的依据。

5. 财务接口

设置是否与账务系统进行对账,同时设置好对账科目便于编制会计分录;财务接口包括设置是否与账务系统进行对账、设置对账科目和选择是否在对账不平情况下允许固定资产月末结账等内容。如果选择向财务系统传输数据后,固定资产系统就会与财务系统接口,也可以进行固定资产核算业务的自动转账工作了。

6. 其他参数

"业务发生后是否立即制单""缺省入账科目"等其他参数,应在固定资产系统的"选项"对话框中补充修改。

【任务资料】

固定资产初始设置,如表 4-1 所示。

表 4-1　固定资产初始设置

控制参数	参数设置
启用月份	2022.09
折旧信息	折旧方法:平均年限法(一) 折旧汇总分配周期:1 个月 当(月初已计提月份 = 可使用月份 − 1)时,将剩余折旧全部提足
编码方式	资产类别编码方式:2 1 1 2 固定资产编码方式:按"类别编码 + 部门编码 + 序号"自动编码 卡片序号长度:3

(续表)

控制参数	参数设置
财务接口	与账务系统进行对账 固定资产对账科目:1601 固定资产 累计折旧对账科目:1602 累计折旧
补充参数	月末结账前一定要完成制单登账业务 业务发生后立即制单 可纳税调整的增加方式:直接购入 固定资产缺省入账科目:1601 累计折旧缺省入账科目:1602 可抵扣税额入账科目:22210101

【工作步骤】

1. 固定资产初始化向导设置

(1) 以总账会计陈丽英(202)的身份登录"信息门户",如图 4-1 所示。"用户名"输入操作员编号"202";密码"无";账套选"[111]宁波蓝宇有限责任公司";会计年度选"2022";日期为"2022-09-30",单击【确定】按钮。

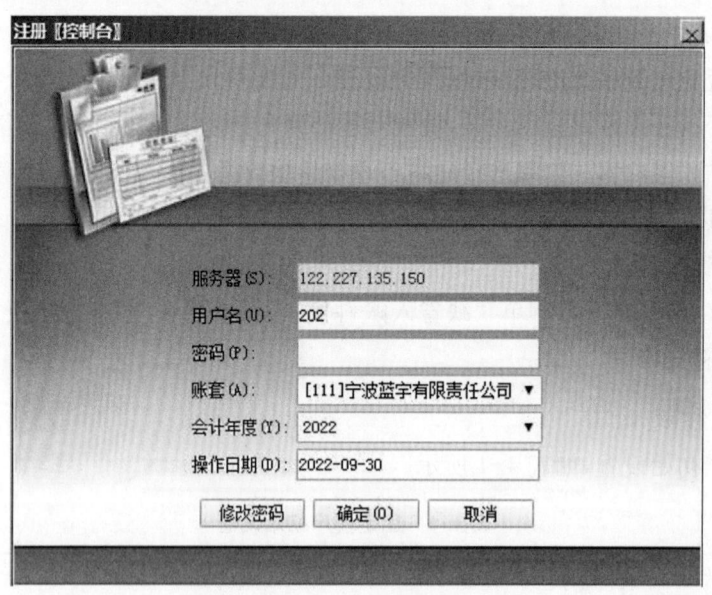

图 4-1 注册界面

(2) 进入畅捷通云平台主界面,如图 4-2 所示,单击【固定资产】按钮。

(3) 第一次登录,系统会弹出"这是第一次打开此账套,还未进行过初始化,是否进行初始化?"提示框,如图 4-3 所示,单击【确定】按钮。

(4) 打开"固定资产初始化向导"的第一步"约定及说明",如图 4-4 所示,选择"我同意",单击【下一步】按钮。

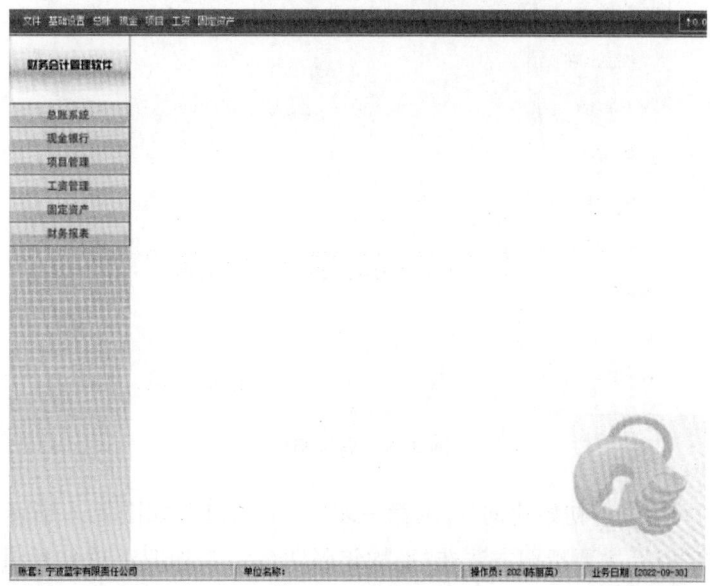

图 4-2 平台主界面

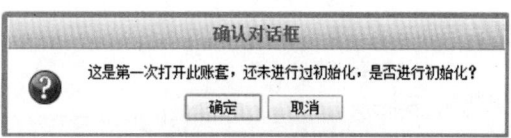

图 4-3 初始设置

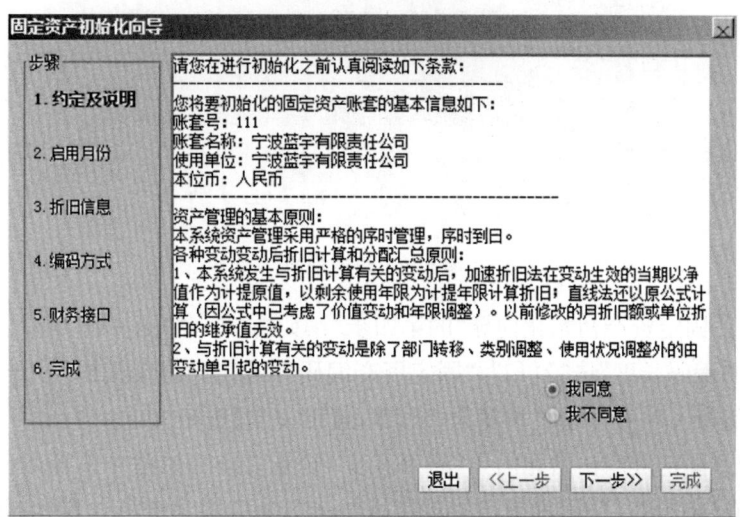

图 4-4 约定及说明

（5）打开"固定资产初始化向导"的第二步"启用月份"，如图 4-5 所示，账套启用月份选"2022.09"，单击【下一步】按钮。

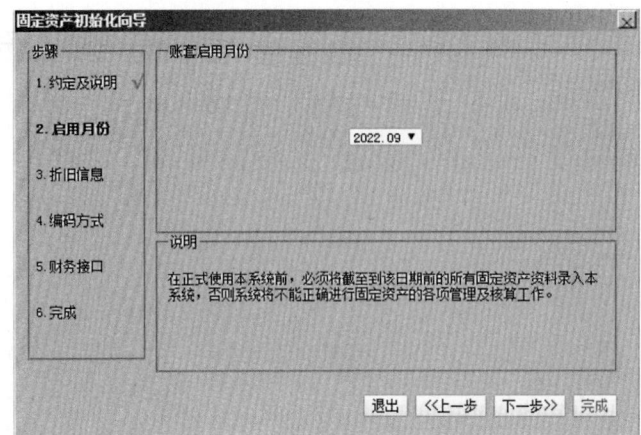

图 4-5　启用月份

(6) 打开"固定资产初始化向导"的第三步"折旧信息",如图 4-6 所示。在"本账套计提折旧"前打"√",主要折旧方法选"平均年限法（一）",折旧汇总分配周期为 1 个月,在"当(月初已计提月份＝可使用月份－1)时将剩余折旧全部提足(工作量法除外)"前打"√",单击【下一步】按钮。

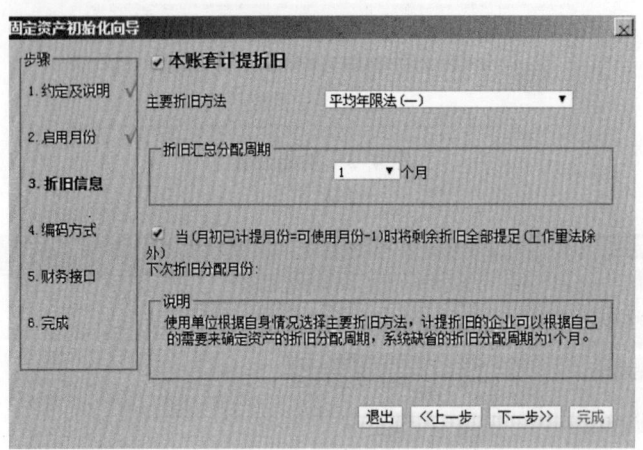

图 4-6　折旧信息

(7) 打开"固定资产初始化向导"的第四步"编码方式",如图 4-7 所示。"资产类别编码方式"的"编码长度"选"2112","固定资产编码方式"选"自动编码",下拉键选"类别编号＋部门编号＋序号",序号长度为"3",单击【下一步】按钮。

(8) 打开"固定资产初始化向导"的第五步"财务接口",如图 4-8 所示。在"与账务系统进行对账"前打"√",固定资产的对账科目选"1601,固定资产",累计折旧对账科目选"1602,累计折旧";不选择"在对账不平衡的情况下允许固定资产月末结账",单击【下一步】按钮。

(9) 打开"固定资产初始化向导"的第六步"完成",检查全部信息无误后,单击【完成】按钮,完成本账套固定资产初始化,如图 4-9 所示。

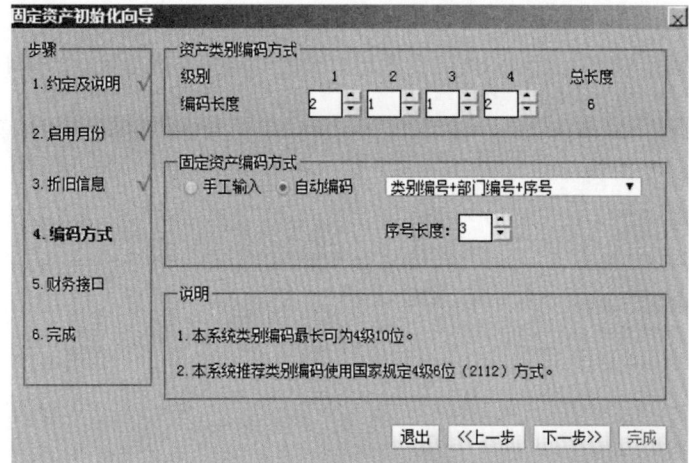

图 4-7 编码方式

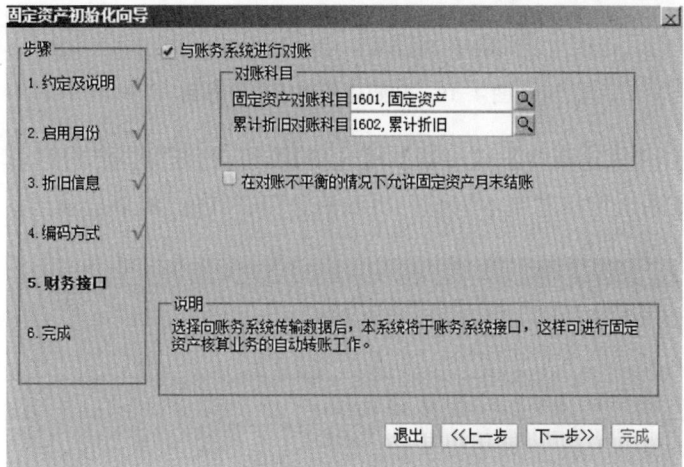

图 4-8 财务接口

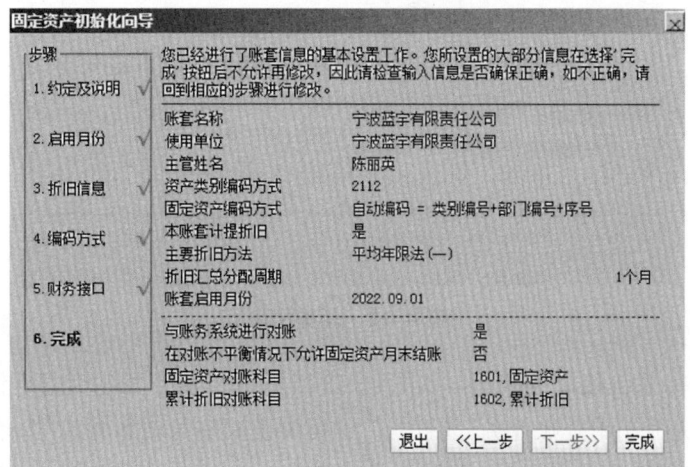

图 4-9 第六步完成

2. 其他参数设置

(1) 完成"固定资产初始化向导"设置后，即进入固定资产界面，如图 4-10 所示。

图 4-10　初始化后固定资产界面

(2) 依次单击【固定资产】→【设置】→【选项】按钮，打开"选项"对话框，如图 4-11 所示，包括"与账务系统接口""基本信息""折旧信息"和"其他"四个选项卡。

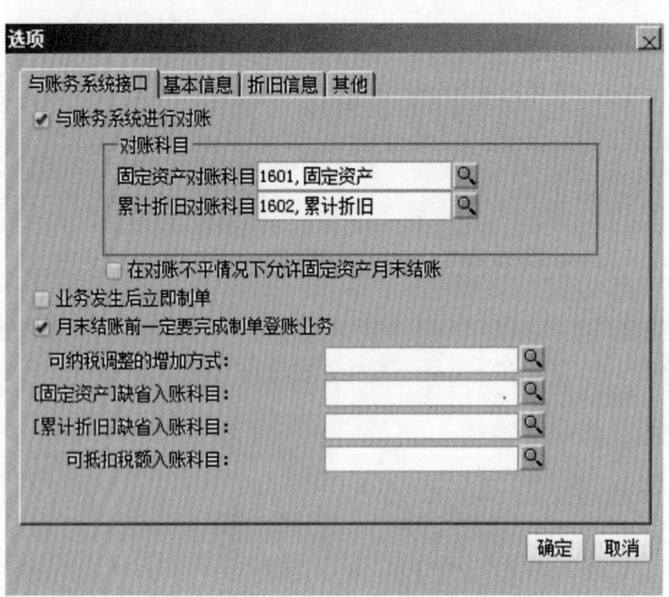

图 4-11　选项界面

(3) "与账务系统接口"选项卡，如图 4-12 所示，在"业务发生后立即制单"和"月末结账前一定要完成制单登账业务"前打"√"；"可纳税调整的增加方式"选择"直接购入"；"固定资产"和"累计折旧"缺省入账科目分别选"1601,固定资产"和"1602,累计折旧"；"可抵扣税额入账科目"选"22210101,应交税费——应交增值税（进项税额）"，单击【确定】按钮，即完成全部设置。

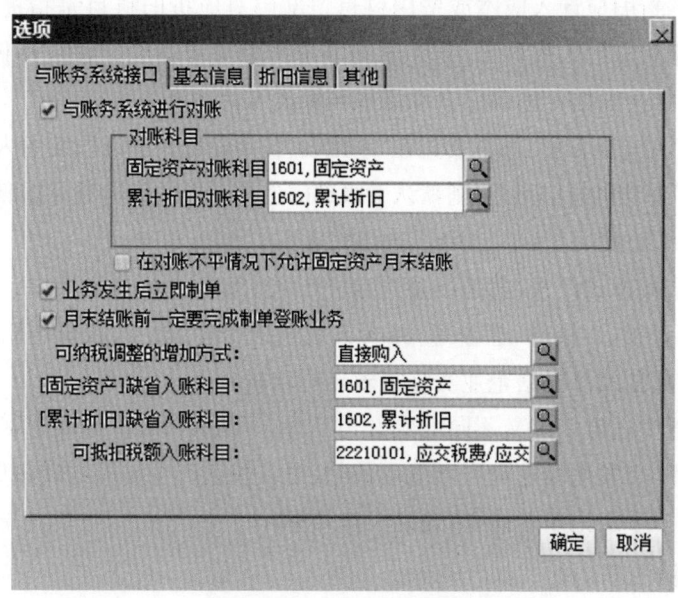

图 4-12 与账务系统接口

☼ 注意：

◎ 折旧方法的选择若出现错误，可以在"选项"对话框中进行更改。

◎ 勾选"在对账不平衡的情况下允许固定资产月末结账"，即在月末对账不平衡的情况下，固定资产允许进行月末结账。总账也可以月末结账，两个模块互相关联。

◎ 如果在初始化设置后，折旧信息、与账务系统接口、基本信息等初始设置错误时，可以到"选项"对话框中进行修改，但一旦使用，不得修改。

任务二　设置固定资产系统基础数据

【工作任务】

（1）资产类别设置。

（2）部门对应折旧科目设置。

（3）增减方式及对应入账科目设置。

【知识储备】

1．资产类别设置

企业生产业务离不开固定资产的使用，但固定资产的种类繁多，规格型号多，为了加强对固定资产的管理，需要对固定资产进行类别设置，以便核算和查询。企业应根据实际管理要求和自身产品特色，确定合理的固定资产类别设置。其设置的内容包括编码、类别名称、使用年限、净残值率、计提属性和折旧方法等。

2. 部门对应折旧科目设置

固定资产的折旧应计入成本或费用科目。部门对应折旧科目是指提前设置好每一个部门折旧费用对应的入账科目,为生成固定资产相关业务的记账凭证做准备,在输入原始卡片时,科目会根据使用部门自动添加到原始卡片中。

在设置部门对应折旧科目时,要先在"基础设置"中设置好部门档案的内容。如直接对一级部门设置了对应的折旧科目,则默认下级部门也是同样的部门对应折旧科目设置。

3. 增减方式设置

固定资产增减方式设置,就是设置固定资产增加和减少的来源去向。增加方式包括直接购入、投资者投入、捐赠、盘盈等;减少方式包括出售、盘亏、投资转出、捐赠转出、报废、毁损等。增减方式可根据企业实际需求自行增减。

在此项设置中还可以定义不同增减方式下对应入账科目,配合固定资产和累计折旧的入账科目使用,当发生固定资产增减业务时,可以快速产生相应的转账凭证,并传递到总账系统中,减少手工记账的操作,提高工作效率。

【任务资料】

(1) 固定资产类别设置,如表4-2所示。

表4-2 固定资产类别设置

编码	类别名称	净残值率	计提属性	折旧方式
01	交通运输类	5%	正常计提	平均年限法(一)
02	电子设备	5%	正常计提	平均年限法(一)
03	生产设备	5%	正常计提	平均年限法(一)

(2) 部门对应折旧科目设置,如表4-3所示。

表4-3 部门对应折旧科目设置

部门	对应折旧科目
行政部、仓管部、财务部、采购部	管理费用/折旧(560210)
销售部	销售费用/折旧(560109)
生产部	制造费用(4101)

(3) 增减方式及对应入账科目设置,如表4-4所示。

表4-4 增减方式及对应入账科目设置

增减方式目录	对应入账科目	增减方式目录	对应入账科目
增加方式		减少方式	
直接购入	银行存款/工行存款(100201)	毁损、报废	固定资产清理(1606)

【工作步骤】

1. 固定资产类别设置

（1）以总账会计陈丽英（202）的身份登录"信息门户"，依次单击【固定资产】→【设置】→【资产类别】按钮，打开"资产类别"对话框，如图 4-13 所示，单击【添加】按钮。

4-2 资产类别设置

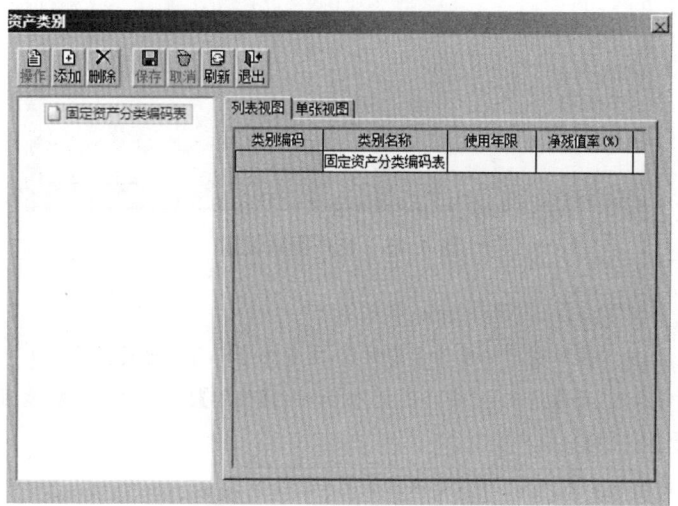

图 4-13 "资产类别"对话框

（2）打开"单张视图"选项卡，如图 4-14 所示，输入类别编码"01"，类别名称"交通运输类"，净残值率"5"，计提属性"正常计提"，折旧方式"平均年限法（一）"，单击【保存】按钮。

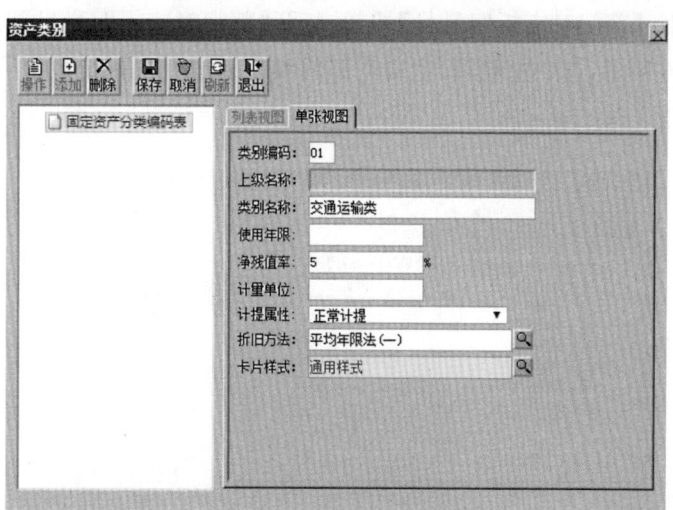

图 4-14 增加资产类别

（3）采用相同操作，依次完成固定资产其他类别设置的信息，全部完成后，如图 4-15 所示，单击【退出】按钮。

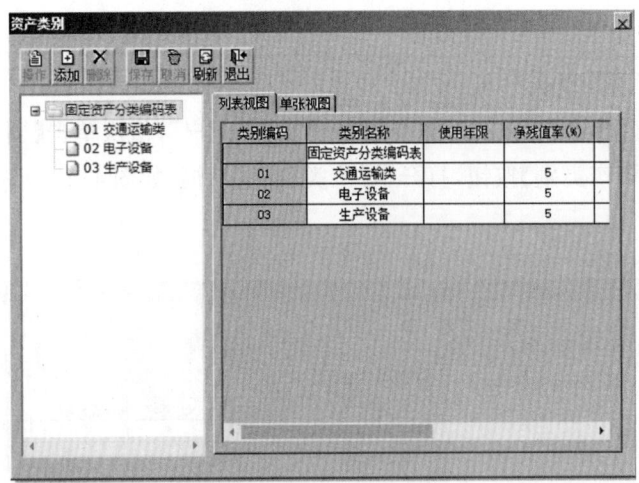

图 4-15 资产类别设置

💡 注意：

◎ 设置完成后，除了固定资产编号和卡片样式，其他内容都可以进行修改。

◎ 当发现有错误时，可通过单击"资产类别"对话框的【操作】按钮进行修改；也可先"删除"错误的资产类别，再重新添加正确的资产类别。

◎ 资产类别的编码是独一无二的，不能重复使用。

◎ 若要设置固定资产分类的二级类别，应先选中一级类别的名称后再单击【添加】按钮，才能添加下级的资产类别；但已使用过的资产类别不能再去增加下一级别资产类别。

2. 部门对应折旧科目设置

（1）以总账会计陈丽英（202）的身份登录"信息门户"，依次单击【固定资产】→【设置】→【部门对应折旧科目】按钮，打开"部门对应折旧科目"对话框，如图 4-16 所示，选中左侧"固定资产部门编码目录"中的"行政部"，单击【操作】按钮。

4-3 部门对应折旧科目设置

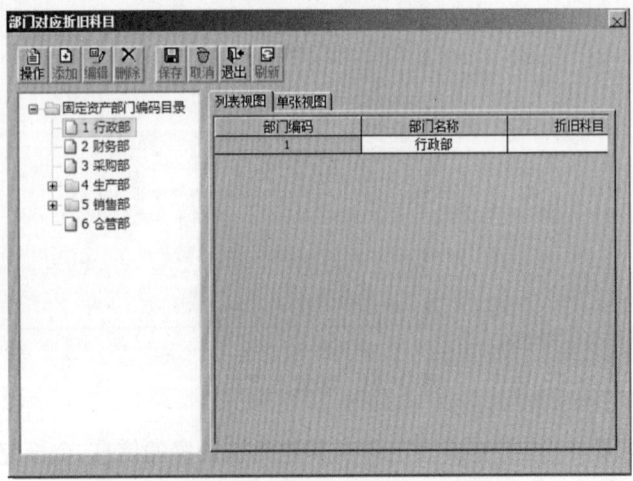

图 4-16 "部门对应折旧科目"对话框

（2）右侧出现"单张视图"选项卡，如图 4-17 所示，"折旧科目"栏选"560210,管理费用/折旧"，单击【保存】按钮。

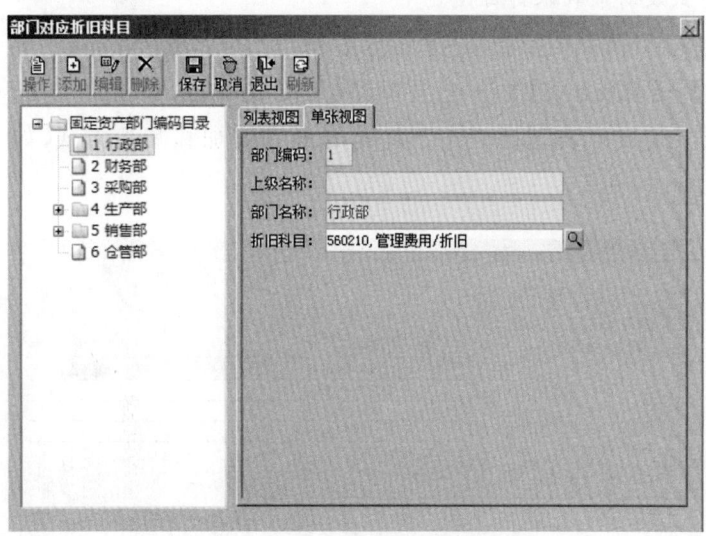

图 4-17　部门对应折旧科目设置

（3）在右侧"列表视图"选项卡中，行政部出现了对应的折旧科目。采用相同操作，完成其他部门对应折旧科目的设置。全部完成后，如图 4-18 所示。

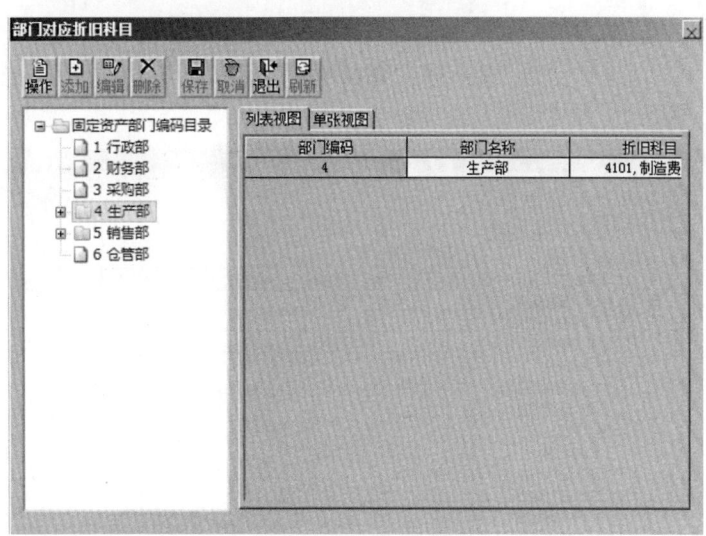

图 4-18　全部完成后的操作界面

💡 注意：
◎ 在设置部门对应折旧科目之前，应先进行部门档案的设置，在此基础上进行部门对应折旧科目设置。
◎ 对某个上级部门设置了对应的折旧科目，下级部门将默认上级部门的设置。

◎ 当发现错误时,可以选中左侧"固定资产部门编码目录"的部门名称,单击【操作】按钮进入修改。

3. 增减方式及对应入账科目设置

(1)以总账会计陈丽英(202)的身份登录"信息门户",依次单击【固定资产】→【设置】→【增减方式】按钮,打开"增减方式"对话框,如图4-19所示,单击"增减方式目录表"前的"＋"号,打开所有增加和减少方式,如图4-20所示。

4-4 增减方法及对应入账科目设置

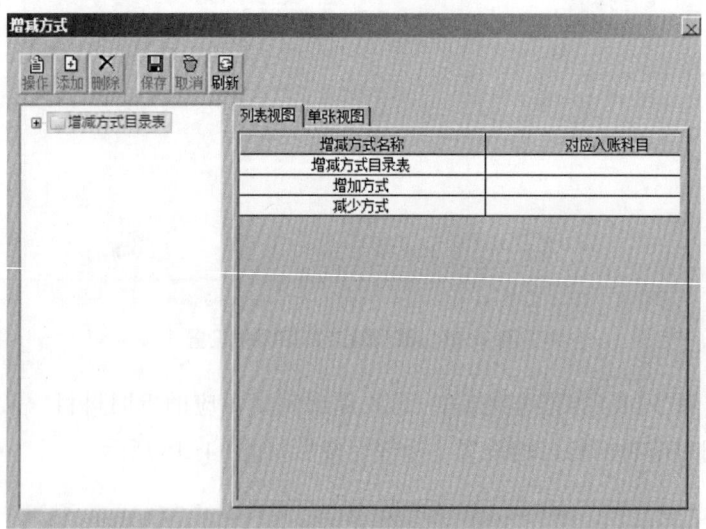

图4-19 "增减方式"对话框

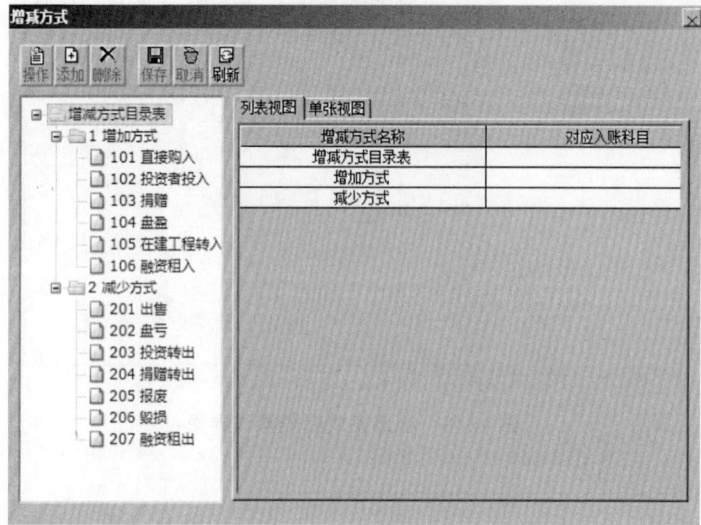

图4-20 增减方式设置

(2)单击选中"增加方式"中的"直接购入",如图4-21所示,单击【操作】按钮。

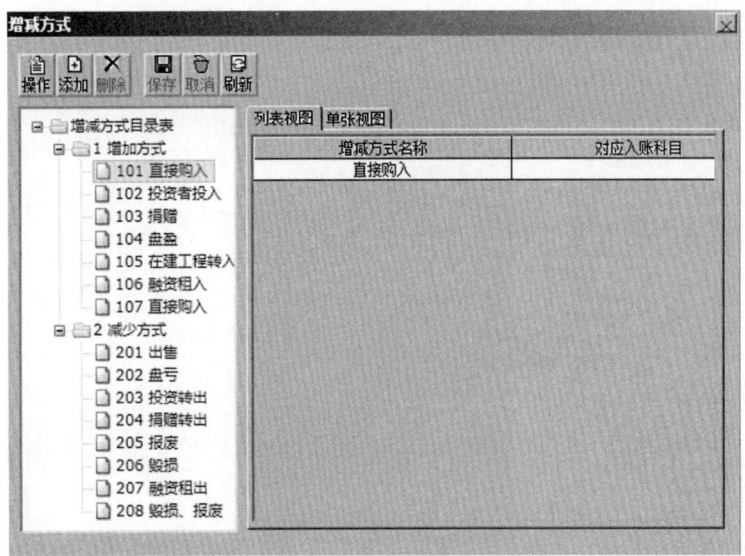

图 4-21　选中"直接购入"

(3) 在"增加方式"界面的右侧出现"单张视图"选项卡,"对应入账科目"选"100201,银行存款/工行存款",单击【保存】按钮,如图 4-22 所示。

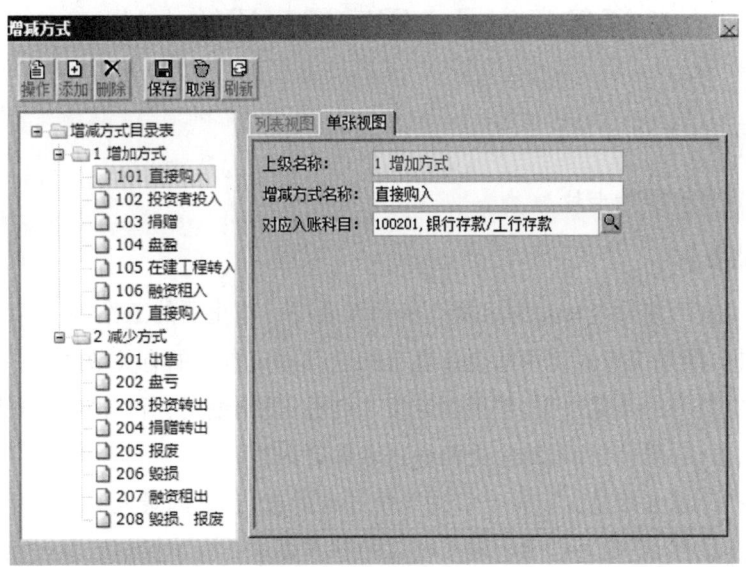

图 4-22　选择对应入账科目

(4) 采用相同操作,分别将"毁损"和"报废"两种减少方式的"对应入账科目",设置为"1606"固定资产清理,如图 4-23 所示。

注意:
◎ 当固定资产发生增减变动时,系统会默认使用已设置好的对应入账科目。
◎ 当发现有错误时,在"增减方式"界面中,通过单击【操作】按钮进行相应的修改。

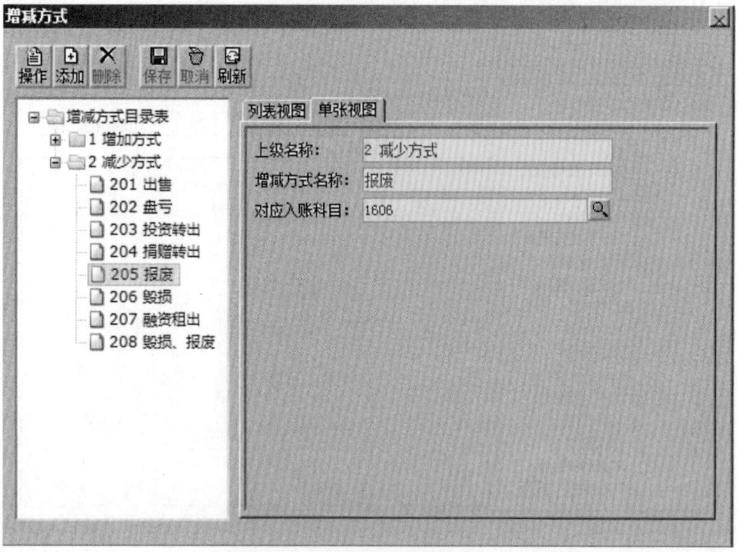

图 4-23 全部完成后界面

◎ 非末级的增减方式、在录入卡片时已使用过的增减方式不能删除。

任务三 录入固定资产原始卡片

4-5 原始卡片录入

【工作任务】

录入固定资产原始卡片。

【知识储备】

录入固定资产原始卡片是固定资产基础设置中一项重要的工作,承载着固定资产管理的初始数据,即系统投入使用前企业现有的全部固定资产的有关数据。一张原始卡片代表一个固定资产的全部数据,包括固定资产名称、类别编码、所在部门、可使用期限、开始使用日期、原值、累计折旧、对应折旧科目名称等内容。

固定资产原始卡片是固定资产管理系统处理的起点,准确录入原始卡片内容是保证历史资料的连续性、正确进行固定资产核算的基本要求。为了保证所录入原始卡片数据的正确性,应该在开始录入前对固定资产进行全面的清查,保证账实相符;卡片录入完成后应和账务系统所记录的总数核对相符。

原始卡片的录入可以在任何时候完成,并不限制一定要在第一个期间结账前完成。

【任务资料】

固定资产原始卡片录入的相关信息,如表 4-5 所示。

表 4-5　固定资产原始卡片信息　　　　　　　　　　金额单位：元

固定资产名称	类别编码	所在部门	可使用期限(年)	开始使用日期	原值	累计折旧	对应折旧科目名称
轿车	01	行政部	10	2020.8.21	320 000	60 800.00	管理费用/折旧
电脑	02	仓管部	5	2020.11.25	4 800	1 596.00	管理费用/折旧
传真机	02	财务部	5	2021.5.18	1 800	427.50	管理费用/折旧
台式电脑	02	质检车间	5	2020.9.12	5 000	1 820.83	制造费用
西服折叠机	03	质检车间	8	2021.6.22	138 900	19 243.44	制造费用
专用机床	03	一车间	10	2020.11.2	118 000	19 617.50	制造费用
合计					588 500	103 505.27	
备注			以上固定资产增加方式为直接外购，使用状况为在用				

【工作步骤】

根据【任务资料】，完成固定资产原始卡片录入。

(1) 以总账会计陈丽英(202)的身份登录"信息门户"，依次单击【固定资产】→【卡片】→【录入原始卡片】按钮，打开"资产类别参照"对话框，如图 4-24 所示，选择固定资产类别为"01 交通运输类"，单击【确认】按钮。

(2) 打开"录入固定资产卡片"窗口，以"轿车"为例。输入固定资产名称为"轿车"、部门名称为"行政部"、增加方式为"直接购入"、使用状况为"在用"、开始使用日期为"2020-8-21"、原值为"320000"、累计折旧为"60800"、使用年限为"10 年 0 月"；其他信息为默认，单击【保存】按钮，如图 4-25 所示。

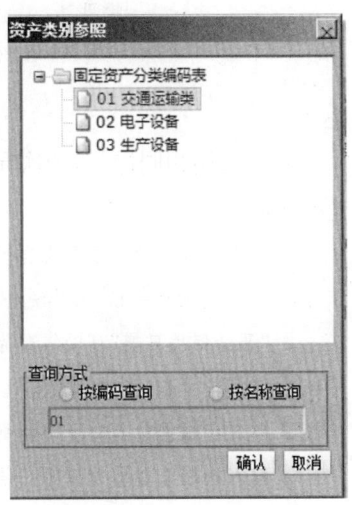

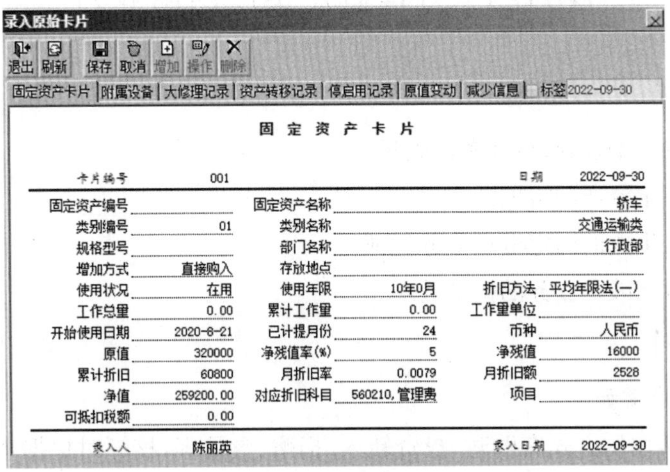

图 4-24　资产类别参照

图 4-25　录入原始卡片信息

(3) 系统弹出"原始卡片录入成功"提示框,单击【确定】按钮,即完成"轿车"原始卡片的录入,如图 4-26 所示。

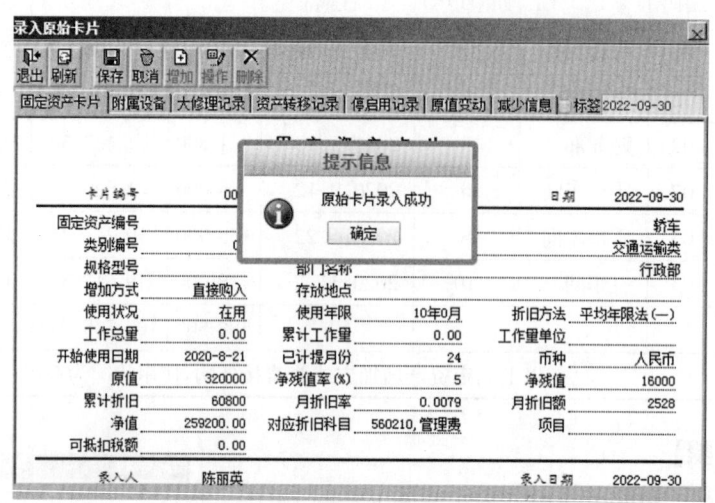

图 4-26　原始卡片录入成功

(4) 采用相同操作,依次录入其他固定资产原始卡片信息。

注意:

◎ 如果系统初始化设置为自动编码的,卡片中固定资产编号就不能修改;若删除了其中一张原始卡片,同时不是最后一张,则系统会自动保留空号。

◎ "开始使用日期"可以修改为系统开始使用之前的任何日期,而且系统会根据录入的"开始使用日期"自动算出折旧"已计提月份"。

◎ 系统会根据输入的资产类别内容自动算出月折旧率、月折旧额,并且显示在相应的项目当中。

◎ 录入的原值和累计折旧必须是卡片录入当期月初的价值,否则是错误的操作。

任务四　处理固定资产日常业务

【工作任务】

(1) 固定资产增加、减少业务的处理。

(2) 计提固定资产的折旧。

(3) 删除已生成的固定资产业务凭证。

(4) 固定资产减少业务的撤销处理。

【知识储备】

1. 固定资产增加

固定资产增加的方式有购建、投资转入、捐赠、盘盈等,核算时根据企业实际业务要求,在固定资产卡片中输入固定资产相关信息,便于企业的记录和查阅;固定资产增加业务需要及时处理,否则会影响累计折旧的计提。

固定资产增加需要输入一张新的固定资产卡片。与录入固定资产原始卡片不同的是,新增资产卡片中可以输入累计折旧额,同时新增卡片需要生成记账凭证,传递到总账系统中。生成记账凭证有两种方式,一种是立即制单,另一种是批量制单。资产增加通过批量制单生成会计凭证,传递到总账系统中。

2. 固定资产减少

固定资产减少是指固定资产由于各种原因退出企业的使用。减少的基本途径主要包括出售、报废、毁损、盘亏、投资转出等,其中出售、报废、毁损属于固定资产清理的业务。

固定资产减少要输入减少卡片并且说明原因。按会计准则要求:当月减少的固定资产,当月仍然计提折旧,所以,只有计提完当月折旧后才可以使用"资产减少"功能。否则,先减少固定资产卡片,在月末计提本月折旧时,系统就无法找到相应的固定资产卡片,也就不可能计算出这部分减少的固定资产的本月折旧额。

若在固定资产减少的操作中出现错误,需要恢复卡片时,可以通过"卡片管理"来撤销固定资产减少的处理,具体如下:

(1) 如已记账,应先通过【固定资产】→【处理】→【凭证查询】途径,删除固定资产减少的会计凭证。

(2) 同时,在"卡片管理"中的下拉键选择"已减少的资产",选中对应的卡片编号,单击【撤销】按钮,在弹出的"确实要恢复卡片的资产吗?"对话框,单击【确定】按钮,恢复相应的固定资产卡片。

3. 固定资产折旧处理

固定资产折旧处理是固定资产管理的基本处理功能,包括计提本月折旧,整理折旧数据,形成分配折旧报表。

1) 折旧计提

根据固定资产卡片中的信息,系统对各项固定资产每期计提折旧一次,自动计算所有资产当期累计折旧,将当期累计折旧额累加到累计折旧项中,并自动生成折旧清单。

2) 折旧分配

计提工作完成后进行折旧分配形成折旧费用,生成折旧分配表。固定资产的使用部门不同,其折旧费用分配的去向也不同,折旧费用与资产使用部门间的对应关系主要是通过"部门对应折旧科目"设置来实现。系统根据折旧分配表,自动生成折旧凭证并传递到账务系统。

3) 折旧处理应注意的问题

(1) 固定资产系统在一个期间内可以多次计提折旧,每次计提折旧后,只是将计提的折旧累加到月初的累计折旧,不会重复累计。

(2) 如果计提折旧后又对账套进行了影响折旧计算分配的操作,则必须重新计提折旧，以保证折旧计算的正确性。

（3）如果上一次计提折旧已经制单但尚未记账，必须删除该凭证；如果已经记账，必须先冲销该凭证重新计提折旧。

（4）如果自定义的折旧方法月折旧率或月折旧额出现负数，系统会自动中止计提。

（5）折旧分配表有部门折旧分配表和类别折旧分配表两种类型。部门折旧分配表中的部门可以不等同于使用部门，使用部门必须是明细部门；而部门折旧分配表中的部门指汇总时使用的部门，因此要在计提折旧后、分配折旧费用时做出选择。

（6）当企业中有固定资产按工作量法计提折旧时，在计提折旧之前，需输入该固定资产当期的工作量数据，为系统提供计算累计折旧所需要的信息。

【任务资料】

宁波蓝宇有限责任公司发生如下固定资产增加业务。

【业务 4-1】 2022 年 9 月 30 日，外购 2 台专用机床，每台为 120 000 元，增值税税率为 13%，预计净残值为 6 000 元，预计使用年限 10 年。取得原始凭证如凭证 4-1 至凭证 4-4 所示。

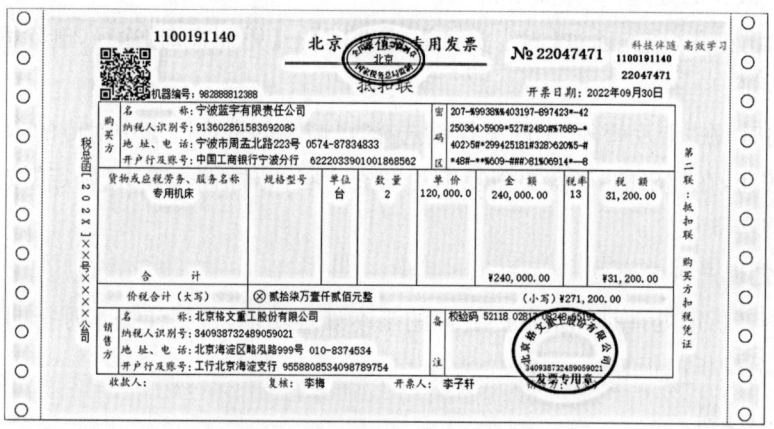

凭证 4-1 购买发票（抵扣联）

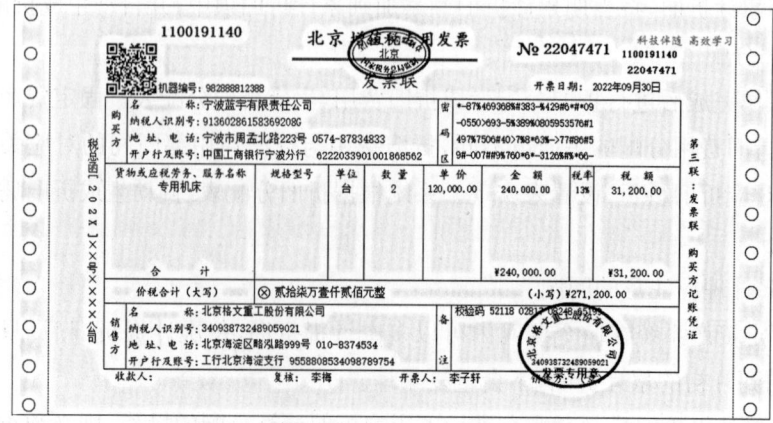

凭证 4-2 购买发票（发票联）

凭证 4-3　固定资产验收单

凭证 4-4　电汇凭证

【业务 4-2】2022 年 09 月 30 日,计提固定资产的折旧,并生成记账凭证。

【业务 4-3】固定资产报废,取得原始凭证如凭证 4-5 所示。

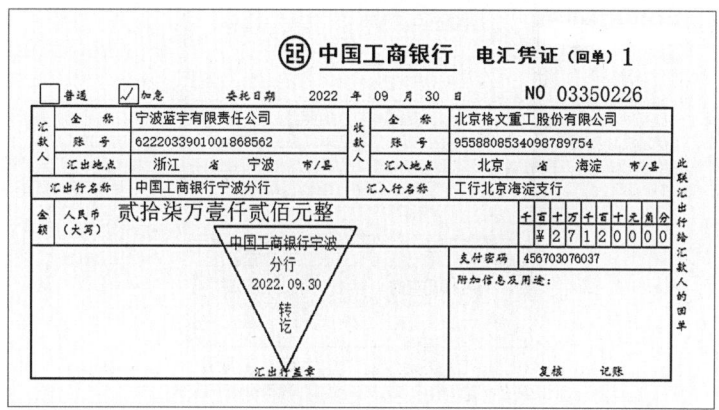

凭证 4-5　固定资产报废申请书

【业务 4-4】删除已生成的折旧记账凭证,重新生成计提折旧的凭证。

【业务 4-5】撤销西服折叠机报废的业务,重新填写报废原因"技术进步,更新换代",并完成账务处理。

4-6 固定资产增加

【工作步骤】

1. 固定资产增加业务

(1) 以总账会计陈丽英(202)的身份登录"信息门户",依次单击【固定资产】→【卡片】→【资产增加】按钮,打开"资产类别参照"对话框,如图 4-27 所示,选择"03 生产设备",单击【确认】按钮。

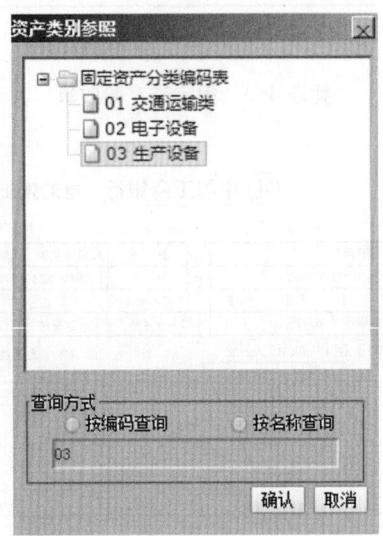

图 4-27 资产类别参照

(2) 打开"资产增加"窗口,输入固定资产名称为"专用机床"、部门名称为"一车间"、增加方式为"直接购入"、使用情况为"在用"、使用年限为"10"、开始使用日期为"2022-09-30"、原值为"120000"、可抵扣税额为"15600",其他采用默认设置,单击【保存】按钮,如图 4-28 所示。

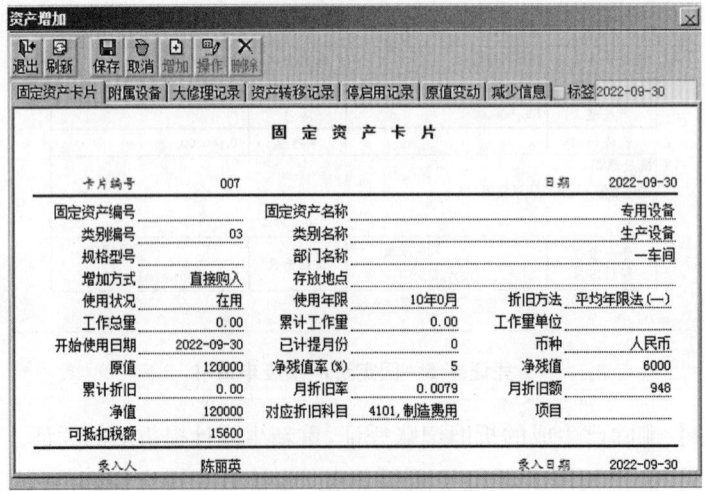

图 4-28 资产增加

（3）系统自动弹出"填制凭证"对话框，修改为"付"字凭证，输入附单据数为"3"，单击【保存】按钮，系统弹出"保存成功！"提示框，如图4-29所示。

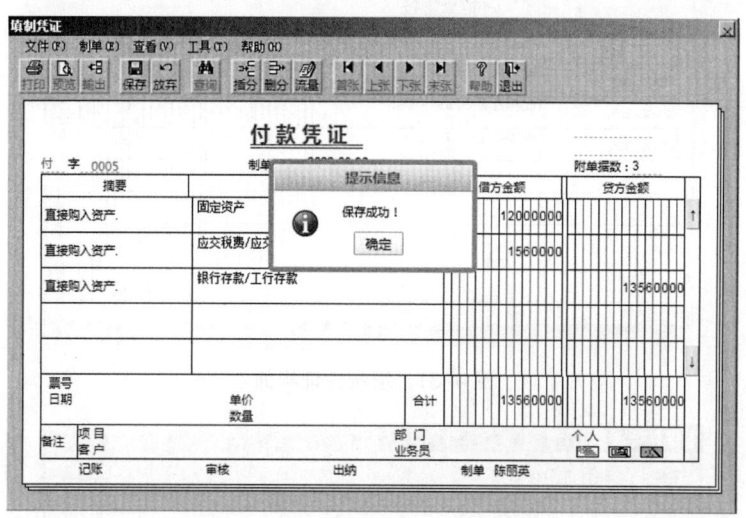

图4-29　保存成功

（4）单击【确定】按钮，完成后如图4-30所示，左上角显示"已生成"字样。

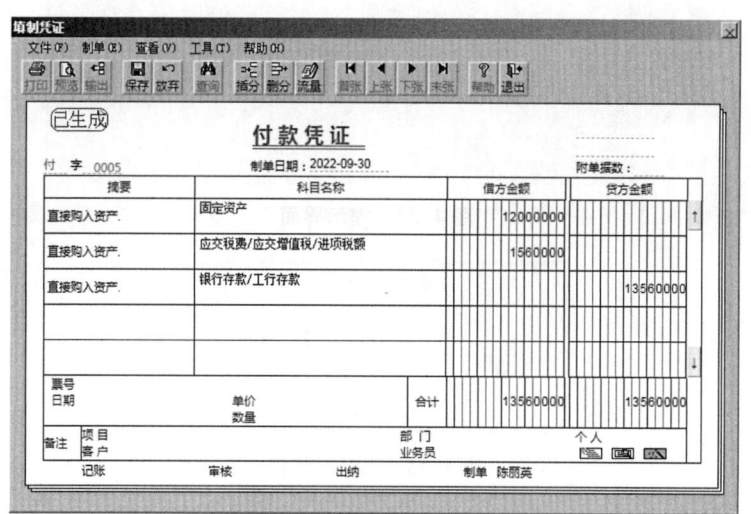

图4-30　保存后的凭证

（5）单击【退出】按钮，退出对话框。

（6）参照第(3)步，输入第二台机床卡片，单击【保存】按钮，系统自动弹出"填制凭证"对话框，如图4-31所示。

（7）单击【退出】按钮，弹出"未保存凭证提"对话框，如图4-32所示。

（8）单击【确定】按钮，系统提示"还有没保存凭证，是否退出？"，单击【确定】按钮，退出对话框，如图4-33所示。

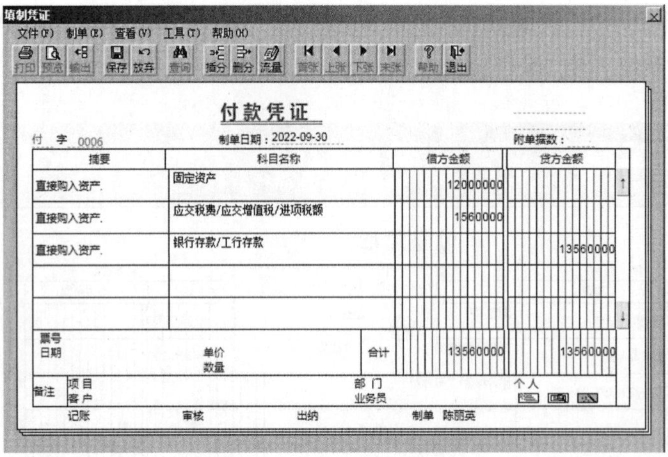

图 4-31 填制凭证界面

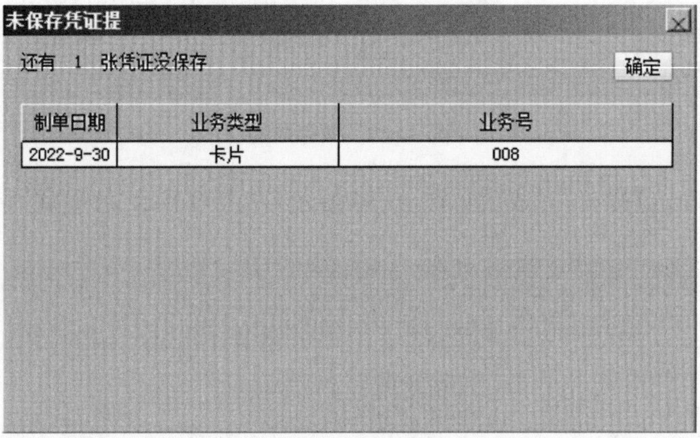

图 4-32 提示界面

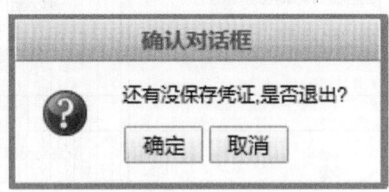

图 4-33 确认对话框

(9) 资产增加另外一台专用机床,可通过以下操作方式:依次单击【固定资产】→【处理】→【批量制单】按钮或直接点击"批量制单"图标,打开"批量制单"对话框,单击【全选】按钮或在新增资产的"制单"栏空白处双击,出现"Y",代表选中,如图 4-34 所示。

(10) 单击【制单设置】按钮,在合并处打"√",如图 4-35 所示,在左上角"合并号"的下拉键中可以看到"008 卡片"。单击【制单】按钮。

(11) 打开"填制凭证"对话框,输入"附单据数"为"3",单击【保存】按钮,提示"保存成功!",单击【确定】按钮。完成后,如图 4-36 所示,左上角显示"已生成"字样,单击【退出】按钮,退出"填制凭证"对话框。

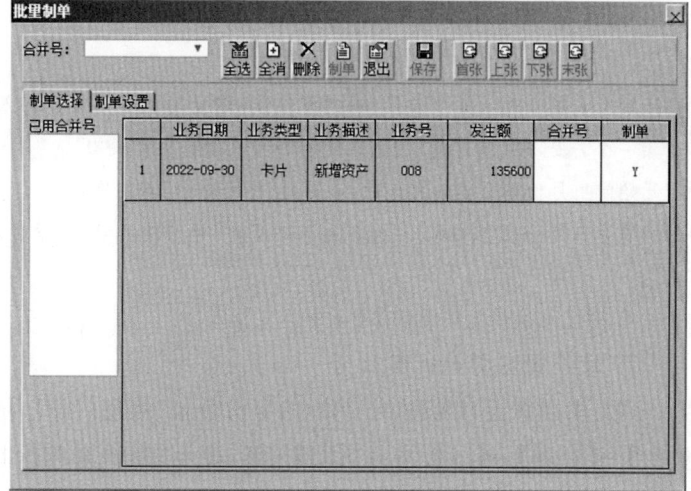

图 4-34 制单选择

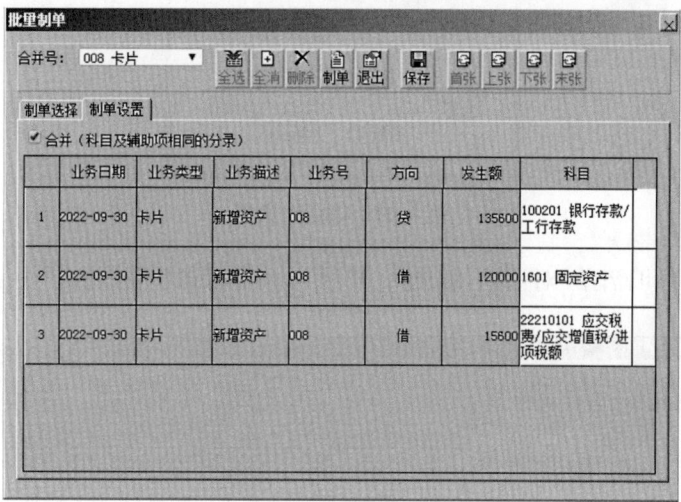

图 4-35 批量制单设置

图 4-36 第二台资产增加

(12) 单击【退出】按钮,退出"批量制单"对话框。

> 💡 **注意:**
> ◎ 每项固定资产对应一张卡片。其中卡片中的"原值"一定要输入固定资产的入账价值,否则会计算错误;新的卡片第一个月是不提折旧的,因此累计折旧可不填或者录入"0"。
> ◎ 当固定资产开始使用月份等于输入月份时,应通过"资产增加"功能完成。
> ◎ 新资产的开始使用日期必须在本月,因此修改卡片里的"开始使用日期"项目,只能修改"日",不能修改"年"和"月"。
> ◎ 修改新增卡片后,原已生成的记账凭证需要重新生成。

4-7 计提固定资产折旧

2. 计提固定资产折旧

(1) 由总账会计陈丽英(202)的身份登录"信息门户",依次单击【固定资产】→【处理】→【计提本月折旧】按钮,提示"是否查看折旧清单?",单击【确定】按钮,如图 4-37 所示。

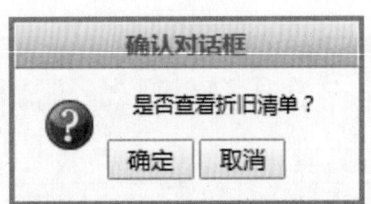

图 4-37 确认对话框

(2) 打开"折旧清单"对话框,如图 4-38 所示,单击【退出】按钮。

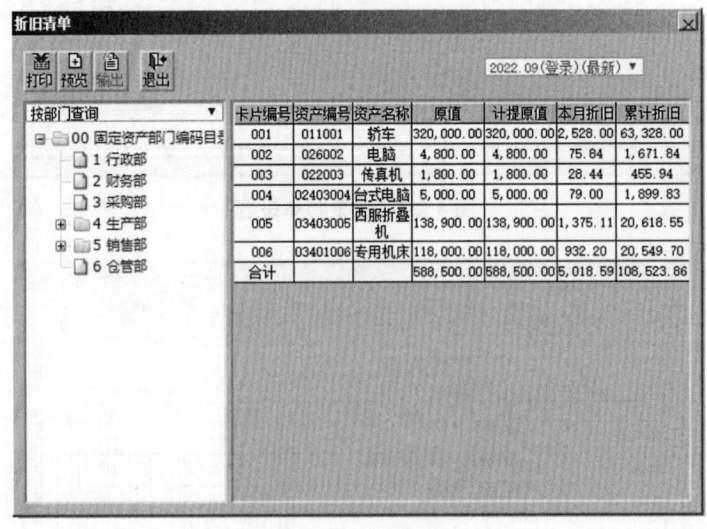

图 4-38 折旧清单

(3) 进入"折旧分配表"对话框,如图 4-39 所示,单击【凭证】按钮,进入"填制凭证"对话框,如图 4-40 所示。因自动生成凭证没有合并同类项科目,所以单击【退出】按钮,弹出"未保存凭证"提示界面,再单击【退出】按钮,退出"填制凭证"对话框。

本月第一次进行折旧分配操作时，在"折旧清单"对话框单击【退出】按钮，进入"折旧分配表"对话框；而同一个月内以后再进行折旧计提操作时，就不会出现"折旧分配表"对话框，直接跳到下面第（5）步了。

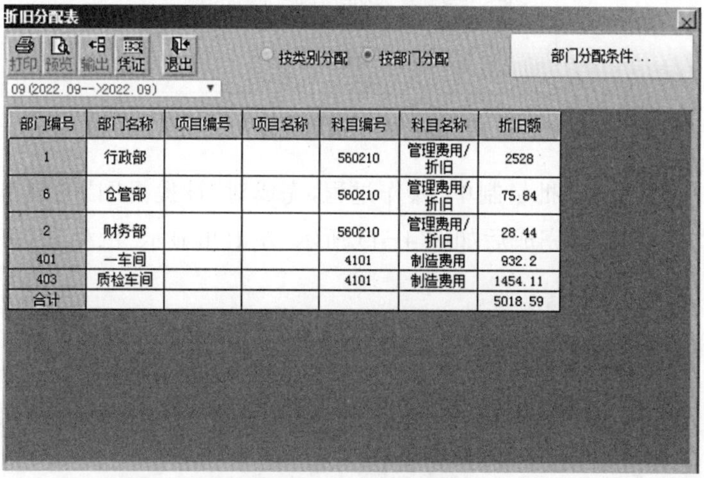

图 4-39　折旧分配表

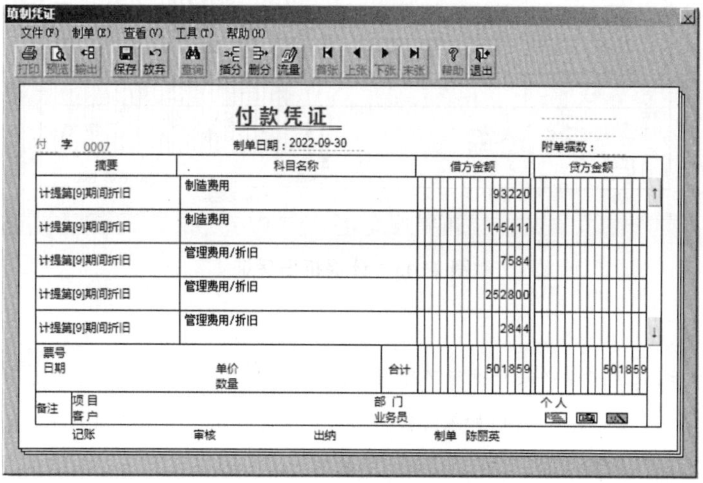

图 4-40　自动生成的凭证

（4）单击【确定】按钮，系统提示"还有没保存凭证，是否退出？"，如图 4-41 所示，单击【确定】按钮，打开"折旧分配表"对话框，单击【退出】按钮，退出对话框。

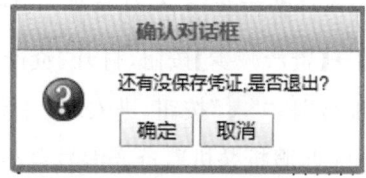

图 4-41　确认对话框

(5) 系统弹出"计提折旧完成!"提示信息,如图 4-42 所示,单击【确定】按钮。

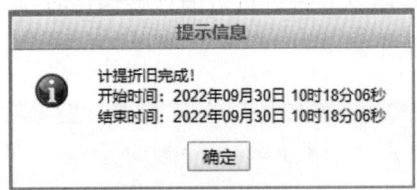

图 4-42　提示信息

(6) 参考[业务 4-1]"批量制单"操作过程,完成对"计提折旧"的制单,合并制单打"√",修改为"转"字凭证,完成后如图 4-43 所示,左上角显示"已生成"字样,最后单击【退出】按钮。

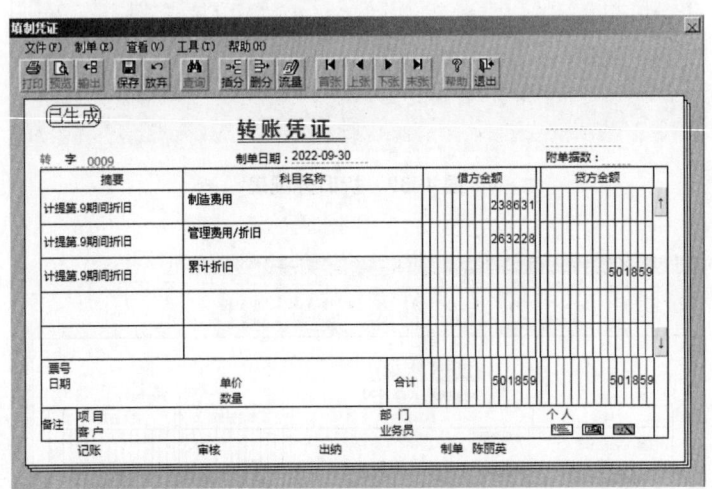

图 4-43　计提折旧凭证

💡 注意:

◎ 计提折旧后,对固定资产卡片进行了删除、增加或修改等操作,如果影响折旧计算或分配结果,则必须重新计提折旧,否则不能结账;如果计提折旧的记账凭证已传递到总账系统,则必须删除该凭证才能重新计提折旧。

◎ 重新计提本月折旧后,如果系统不能自动生成凭证,可以通过"批量制单"的途径手动制单。

◎ 计提本月折旧,如果发现生成的记账凭证有错误,比如部门对应折旧科目设置错误,可以返回设置中对初始化内容重新修改。

3. 固定资产减少业务

(1) 以总账会计陈丽英(202)的身份登录"信息门户",依次单击【固定资产】→【卡片】→【资产减少】按钮,打开"资产减少"对话框,如图 4-44 所示,单击"卡片编号"栏 🔍 按钮,进入"卡片参照"框,如图 4-45 所示,选择卡片编号"005 西服折叠机",资产编号自动显示"03403005"。

4-8　固定资产减少

图 4-44　资产减少

图 4-45　卡片参照

（2）单击【增加】按钮，内容框中显示西服折叠机的信息栏，如图 4-46 所示，"减少日期"选"2022-09-30"，"减少方式"选"报废"，输入清理原因为"经过维修，已无法正常使用"，单击【确定】按钮。

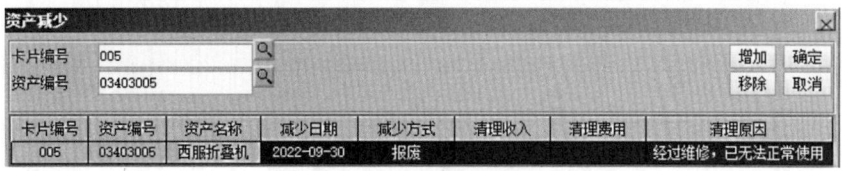

图 4-46　资产减少

（3）系统自动进入"填制凭证"对话框，如图 4-47 所示，修改凭证类别为"转"字，输入附单据数为"1"，单击【保存】按钮，提示"保存成功！"，单击【确定】按钮，如图 4-48 所示，左上角显示"已生成"字样，单击【退出】按钮。若系统没有自动弹出，则进入"批量制单"对话框，参照[业务 4-1]的操作。

💡 注意：

◎ 固定资产减少的操作，应该在计提本月折旧后进行。

◎ 在固定资产减少的操作中，若遇到系统不能自动生成凭证，可通过"批量制单"途径进行手动制单，同时传递到总账系统中。

◎ 减少固定资产的两种方式：若减少的固定资产较少或者没有共同点，通过录入资产编号或者卡片编号，单击【增加】按钮，将固定资产添加到资产减少中；若减少的固定资产较多并且具有共同点，通过

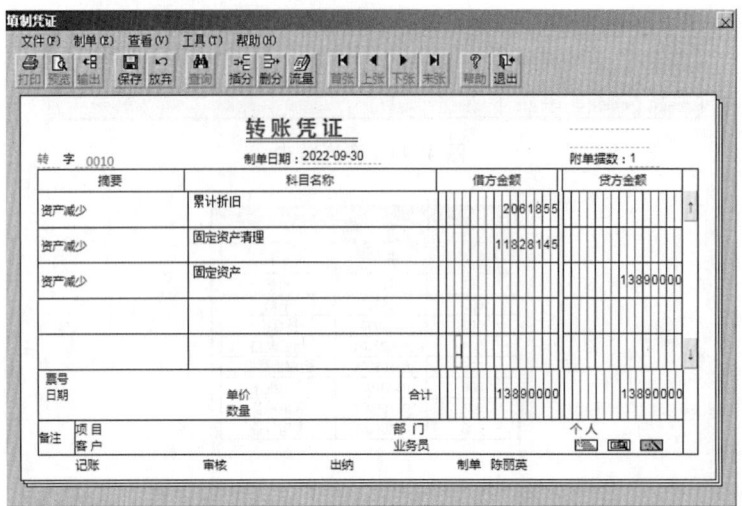

图 4-47 自动生成凭证的界面

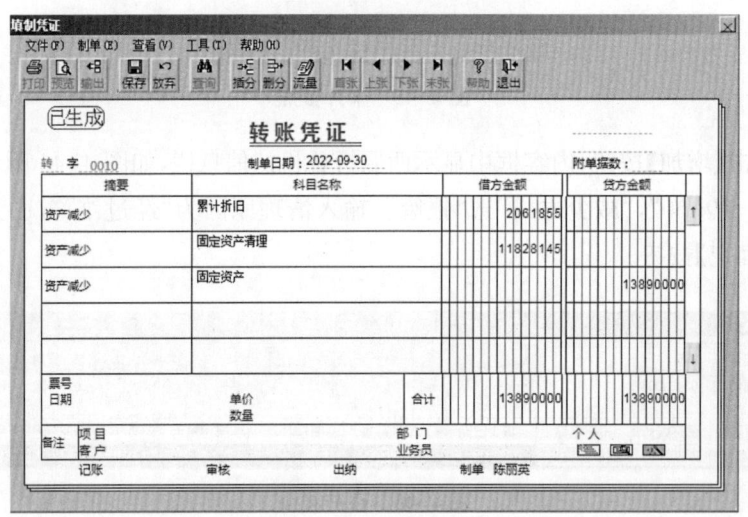

图 4-48 资产减少

单击【条件】按钮,录入一些查询条件,将符合条件的固定资产挑选出来进行批量制单操作。

4. 删除固定资产系统的凭证

(1) 以总账会计陈丽英(202)的身份登录"信息门户",依次单击【固定资产】→【处理】→【凭证查询】按钮,打开"凭证查询"对话框,如图 4-49 所示,选中"折旧计提"业务的凭证,单击【删除】按钮。

(2) 系统提示"确定删除吗?删除后不可恢复!",如图 4-50 所示,单击【确定】按钮,即删除了"折旧计提"凭证,单击【退出】按钮。

(3) 以总账会计陈丽英(202)的身份登录"总账系统",进入"填制凭证"对话框,如图 4-51 所示,在"转字 0009 计提折旧"凭证的左上角出现"作废"字样。

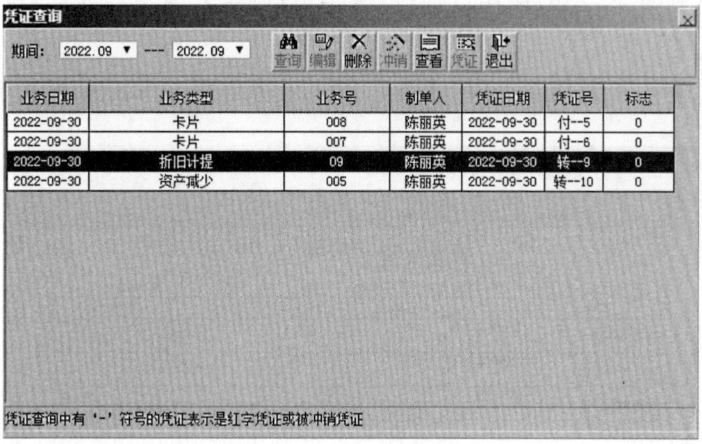

图 4-49 选中凭证

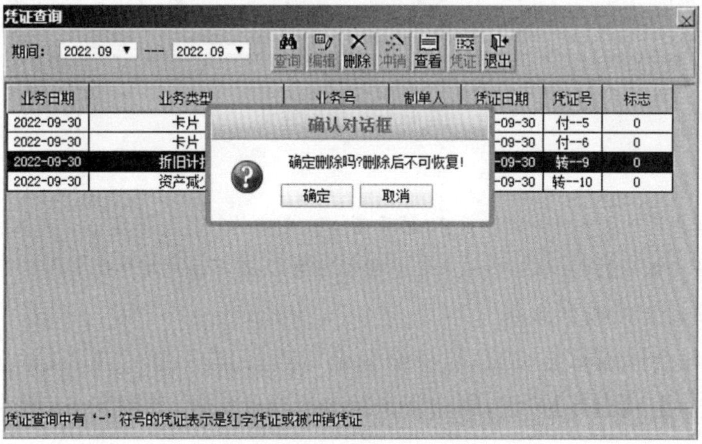

图 4-50 系统提示

图 4-51 作废的凭证

(4) 参照[业务3-9]的操作过程,依次单击【制单】→【整理凭证】按钮,彻底删除凭证。

(5) 参照[业务4-2]重新完成"计提折旧"的业务处理,完成后如图4-52所示。

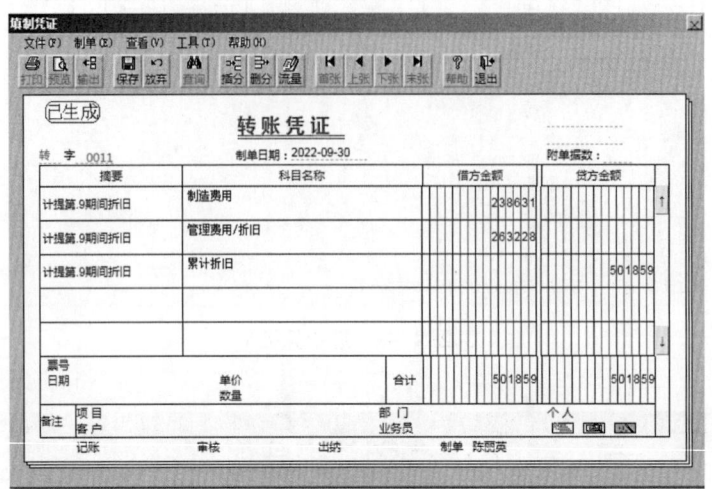

图 4-52 填制凭证

💡 注意:

◎ 删除原生成的计提折旧的记账凭证,再重新生成正确的计提折旧凭证。可以通过【固定资产】→【处理】→【折旧分配表】途径,直接生成新的计提折旧凭证,而不用重新计提本月折旧。

5. 撤销固定资产减少业务

(1) 以总账会计陈丽英(202)的身份登录"信息门户",依次单击【固定资产】→【处理】→【凭证查询】→【删除】按钮,删除资产减少的会计凭证,如图4-53所示。

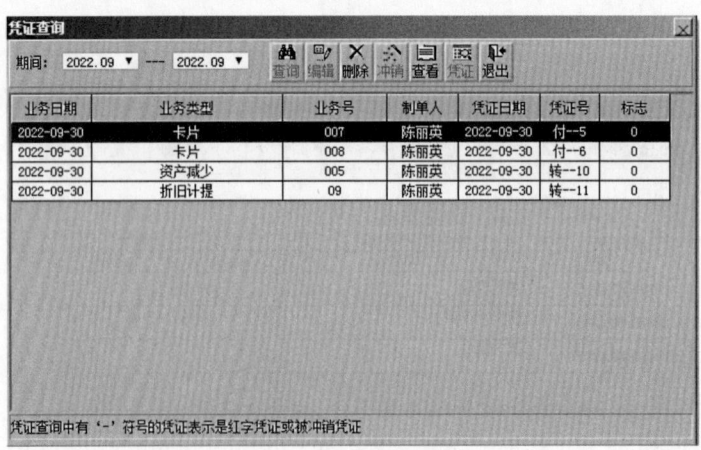

图 4-53 凭证查询

(2) 单击【卡片管理】按钮,打开"卡片管理"对话框,在下拉键选择"已减少资产",选中对应的卡片编号,单击红字【撤销】按钮,如图4-54所示。

图 4-54　选中已减少资产

(3) 系统弹出"确实要恢复[005]号卡片的资产吗?"确认对话框,单击【确定】按钮,恢复相应的固定资产卡片,如图 4-55 所示。

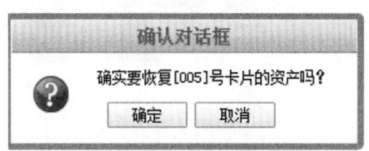

图 4-55　确认对话框

(4) 重新填写报废原因,账务处理参照[业务 4-3]的操作过程。

任务五　进行固定资产的月末结账

4-9　固定资产的月末结账

【工作任务】

进行固定资产的月末结账。

【知识储备】

当固定资产系统完成了本月所有制单业务后,就可以进行月末结账。固定资产系统月末结账工作,只有在总账系统中完成凭证的出纳签字、审核凭证、记账等操作,且固定资产价值和总账系统中的"固定资产"科目的数值"对账平衡"才能进行。

每月进行一次月末结账,结账后当期数据不能修改。若有错误,可以先通过系统的"恢复月末结账前状态"功能反结账,再进行修改。

按以下顺序完成出纳签字、审核、记账、月末结账等操作:

(1) 出纳完成总账中的出纳签字操作。

(2) 会计主管完成总账中的审核凭证操作。

(3) 会计完成总账中的记账操作。

(4) 进行固定资产的月末结账。

【任务资料】

(1) 2022 年 9 月 30 日,完成固定资产的月末结账。

(2) 固定资产反结账,再月末结账。

【工作步骤】

1. 2022 年 9 月 30 日,完成固定资产月末结账

(1) 以总账会计陈丽英(202)的身份登录"信息门户",依次单击【固定资产】→【处理】→【月末结账】按钮或直接单击"月末结账"图标,如图 4-56 所示。

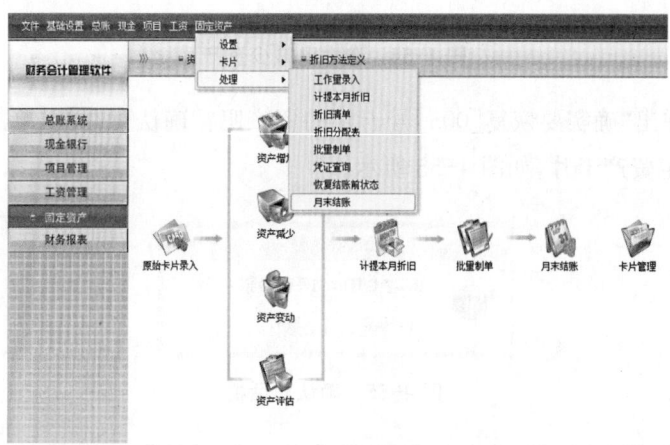

图 4-56 操作路径

(2) 打开"月末结账"窗口,如图 4-57 所示,单击【开始结账】按钮。

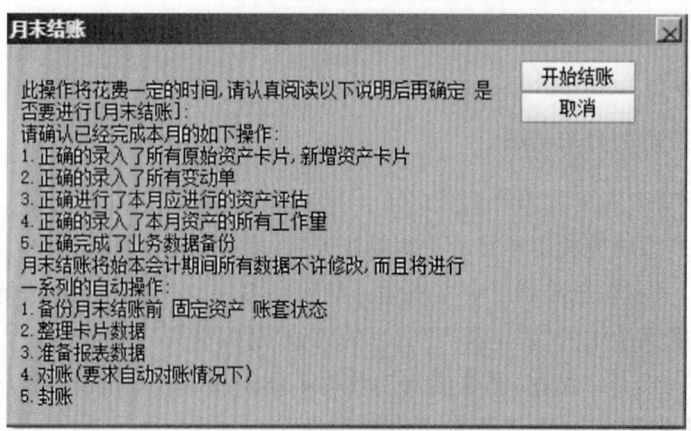

图 4-57 月末结账界面

(3) 系统弹出"与账务对账结果"的提示信息,如图 4-58 所示,结果为"平衡",单击【确定】按钮。

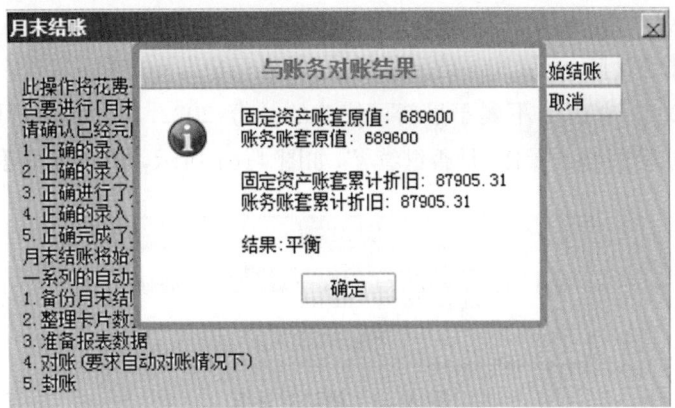

图 4-58 与账务对账结果

（4）系统弹出"月末结账成功完成！"的提示信息，如图 4-59 所示，单击【确定】按钮。

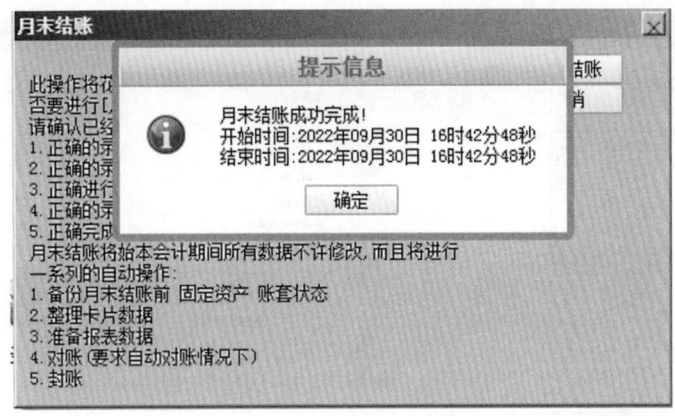

图 4-59 月末结账完成

（5）如果对账不平衡，提示"结账中断"，如图 4-60 所示；需查找原因更正至对账平衡，才能完成月末结账工作。

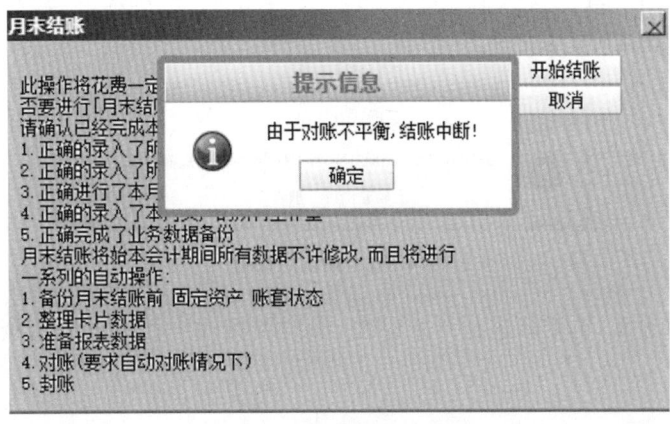

图 4-60 结账中断的提示信息

2. 固定资产反结账,再月末结账

(1) 以总账会计陈丽英(202)的身份登录"信息门户",单击【固定资产】按钮,系统提示"登录日期:2022-09-30 不属于最新可修改的月份:2022.10！以此日期登录,将不能进行任何对本账套的修改操作,是否继续?",如图 4-61 所示,单击【确定】按钮。

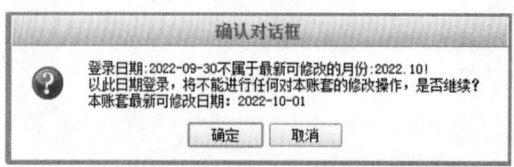

图 4-61　确认对话框

(2) 进入固定资产主界面,如图 4-62 所示,依次单击【固定资产】→【处理】→【恢复结账前状态】按钮。

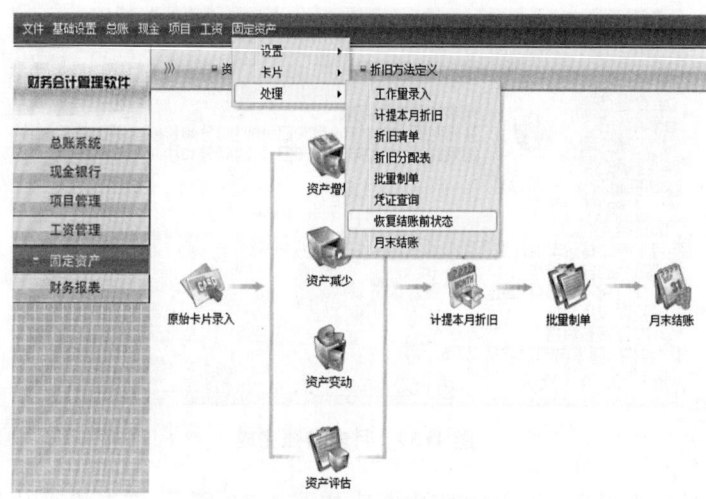

图 4-62　操作路径

(3) 系统提示"当前可反结账的日期为 2022 年 9 月,确定要进行反结账吗?",如图 4-63 所示,单击【确定】按钮。

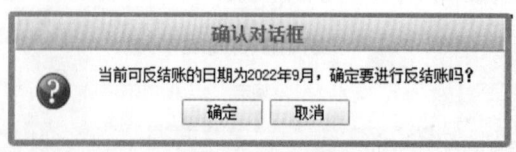

图 4-63　确认对话框

(4) 回到主界面,再重新进行月末结账,参照项目四中任务五固定资产月末结账的操作过程。

💡 注意:

◎ 固定资产系统中期末结账一般由账套主管进行操作,或有固定资产管理权限的会计人员进行操作。

◎ 一般要求,固定资产系统与账务对账结果保持平衡,才可以进行期末结账;若在设置选项中勾选了"在对账不平情况下允许固定资产月末结账",那么当与账务对账不平衡时,固定资产系统也可以进行期末结账。

◎ 只有固定资产等系统进行了月末结账后,才可以进行总账系统的期末结账。

◎ 当出现对账不平衡的时候,原因可能是生成的记账凭证在总账系统中没有记账。如果账务处理正确,记账后,总账系统中的"固定资产"和"累计折旧"的余额就会和固定资产系统中的两个余额相同。

知识地图

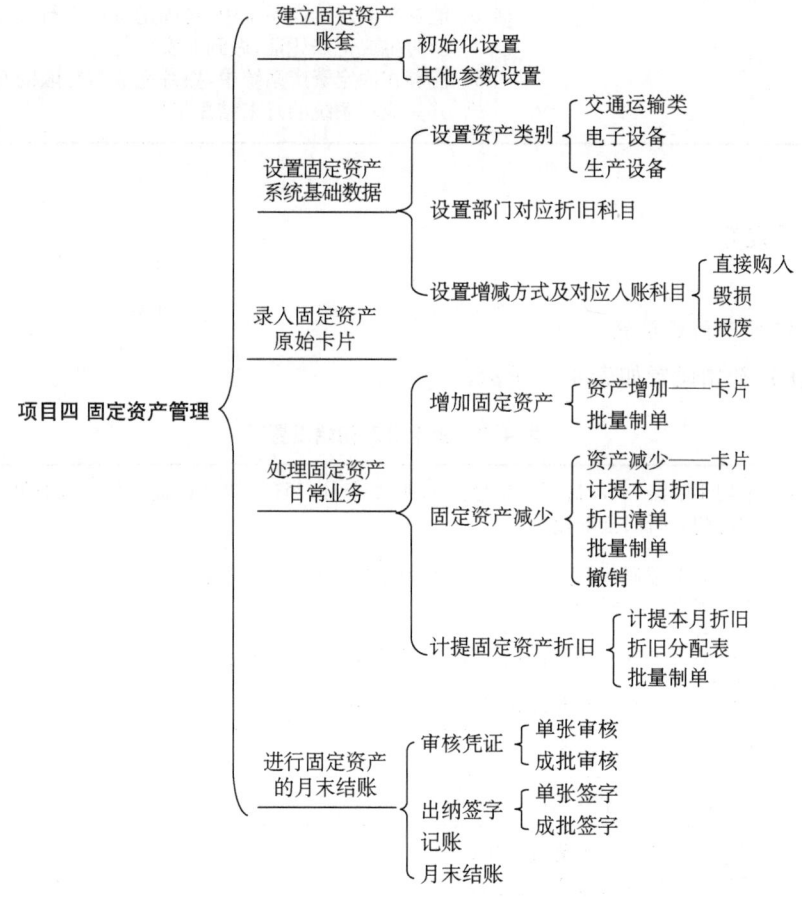

考证导航

CIIT 会计信息化操作员职业技术水平证书标准,如表 4-6 所示。

表 4-6　CIIT 会计信息化操作员职业技术水平证书标准

项目	任务	职业技能要求
项目四 固定资产管理	1. 建立固定资产账套 2. 设置资产类别 3. 设置部门对应折旧科目 4. 设置增减方式及对应入账科目 5. 录入固定资产原始卡片 6. 增加固定资产 7. 报废固定资产 8. 计提固定资产折旧 9. 月末结账	1. 能够依据资料,在固定资产系统中,熟练建立固定资产账套,并能正确进行固定资产账套中的基础设置 2. 能够依据资料,在固定资产系统中,熟练录入固定资产的原始卡片 3. 能够依据企业固定资产增加情况,在固定资产系统中进行固定资产增加业务处理,并生成记账凭证,做到财务业务数据一致 4. 能够在固定资产系统中,对固定资产进行原值增减、使用部门调整等变更业务处理,并按需要生成凭证,做到账实相符 5. 能够在固定资产系统中,对固定资产折旧,并能进行单张或批量生成记账凭证 6. 能够在固定资产系统中,对固定资产进行减少处理,并及时生成记账凭证,做到账实相符 7. 能够在固定资产系统中,熟练完成与总账的对账工作,并完成本系统的月末结账工作

课后提升

1. 固定资产初始设置

固定资产初始设置如表 4-7 所示。

表 4-7　固定资产初始设置

固定资产	平均年限法(一);折旧汇总分配周期:1 个月;当(月初已计提月份＝可使用月份－1)时将剩余折旧全部提足
	资产类别编码规则:2-1-1-2;固定资产编码方式:自动编码;部门编码＋类别编码＋序号;序号长度:3
	与账务系统进行对账;固定资产对账科目:1601;累计折旧对账科目:1602
	对账不平情况下不允许固定资产月末结账
	业务发生后立即制单
	纳税调整的增加方式:直接购入
	固定资产缺省入账科目:1601 累计折旧缺省入账科目:1602 可抵扣税额入账科目:22210101

2. 固定资产基础设置

(1) 资产类别如表 4-8 所示。

表 4-8 资产类别

类别编码	类别名称	使用年限	净残值率
01	电子设备	5	10%
02	运输设备	10	
03	其他	15	

（2）部门对应折旧科目如表 4-9 所示。

表 4-9 折旧科目

部门编码	部门名称	科目编码
01	总经理室	560210,管理费用/折旧
02	销售部	560108,销售费用/折旧
03	采购部	560210,管理费用/折旧
04	仓储部	560210,管理费用/折旧
05	财务部	560210,管理费用/折旧
06	研发部	
0601	研发一部	4301,研发支出
0602	研发二部	4301,研发支出
07	生产部	4101,制造费用

（3）原始卡片录入。以下所有设备都于 2021 年 3 月 15 日统一直接采购入账，并处于正在使用中，2022 年 9 月 1 日期初余额如表 4-10 所示。

表 4-10 原始卡片

使用部门	类型	固定资产名称	原值	预计净残值率	折旧年限	累计折旧
总经理室	电子设备	电脑	109 694.00	0.10	5	27 971.97
仓储部	运输设备	小汽车	368 712.00	0.10	10	47 010.78
财务部	电子设备	电脑	78 745.00	0.10	5	20 079.98
采购部	电子设备	电脑	128 914.00	0.10	5	32 873.07
生产部	电子设备	电脑	56 124.00	0.10	5	14 311.62
生产部	其他	生产线	1 093 923.00	0.10	15	92 983.46
销售部	电子设备	电脑	128 345.00	0.10	5	32 727.96
销售部	运输设备	大卡车	287 456.00	0.10	10	36 650.64
研发一部	电子设备	科研机器人	296 342.00	0.10	5.00	75 567.21
研发二部	电子设备	电脑	38 245.00	0.10	5.00	9 752.48
合计			2 586 500.00			389 929.17

3. 日常业务处理

（1）购买装配线，取得原始凭证如凭证 4-6 至凭证 4-8 所示。

凭证 4-6　购买发票（抵扣联）

凭证 4-7　购买发票（发票联）

凭证 4-8　固定资产验收单

(2) 计提固定资产折旧。

巩 固 提 高

一、单选题

1. 固定资产系统和(　　)系统有接口。
   A. 总账　　　　　　　　　　　　B. 薪资管理
   C. 应收款管理　　　　　　　　　D. 存货核算
2. 固定资产系统初始化中的"固定资产对账科目"选择要对账的数据是(　　)。
   A. 全部资产的账面价值　　　　　B. 全部资产的原值
   C. "使用状态"资产的账面价值　　D. "使用状态"资产的原值
3. 在固定资产系统初始化时,可以(　　)启用日期。
   A. 修改　　　　　　　　　　　　B. 查看
   C. 以上都可以　　　　　　　　　D. 以上都不可以
4. 固定资产系统的开始使用期间不得(　　)系统管理中的该套建账的期间。
   A. 小于　　　　B. 等于　　　　C. 大于　　　　D. 没有关系
5. 固定资产编号是为了方便管理给固定资产确定的(　　)标识。
   A. 唯一的　　　B. 可识别的　　C. 可重复编号　D. 以上都对
6. 固定资产系统中,一个固定资产使用的部门最多可以有(　　)个。
   A. 12　　　　　B. 15　　　　　C. 20　　　　　D. 25
7. 固定资产系统在一个期间可以多次计提折旧,并且将计提的折旧累加到(　　)的折旧。
   A. 月初　　　　　　　　　　　　B. 月末
   C. 下月　　　　　　　　　　　　D. 以上说法都不对
8. 资产在使用过程中,除发生(　　)情况外,否则价值不得任意变动。
   A. 增加新设备
   B. 根据国家规定对固定资产重新估价
   C. 将固定资产的全部拆除
   D. 根据暂估价值调整为实际价值
9. 下列各项中,属于固定资产系统原值变动的是(　　)。
   A. 原值增加和原值减少　　　　　B. 资产增加和资产减少
   C. 资产变动和资产评估　　　　　D. 资产盘点
10. 单位新购入一部手机,2022 年 9 月 1 日开始使用,录入系统时间是 2022 年 9 月 15 日,则该卡片需通过(　　)。

A. 资产增加录入 B. 原始卡片录入
C. 资产变更录入 D. 资产评估录入

二、多选题

1. 非本月录入的卡片,可以直接在卡片管理下修改的有(　　)。
   A. 使用年限 B. 存放地点
   C. 资产名称 D. 规格型号

2. 下列各项中,属于生成记账凭证的业务有(　　)。
   A. 计提折旧 B. 输入原始卡片
   C. 变更计提折旧方法 D. 资产增加

3. 建立固定资产账套需要设置的内容主要包括(　　)。
   A. 编码方式 B. 财务接口
   C. 启用月份 D. 折旧信息

4. 输入固定资产原始卡片与资产增加时输入固定资产卡片操作界面一样,下列说法正确的有(　　)。
   A. 资产增加需生产记账凭证
   B. 原始卡片不生成记账凭证
   C. 资产增加时不输入累计折旧
   D. 原始卡片不输入累计折旧

5. 下列说法正确的有(　　)。
   A. 当月减少的资产当月不提折旧
   B. 折旧分配表有部门折旧分配表和类别折旧分配表两种类型
   C. 当企业中有固定资产按工作量法计提折旧时,在计提折旧之前,需输入该固定资产当期的工作量
   D. 如果在一个期间内多次计提折旧,每次计提折旧后,只是将计提的折旧累加到月初的累计折旧上,不会重复累计

6. 下列关于固定资产编码方案的说法中,正确的有(　　)。
   A. 分为手动编码和自动编码两种方式
   B. 本系统类别编码最多可设8级、20位
   C. 每一个账套中资产的自动编码方式只能是一种,一经设定,该自动编码方式不得修改
   D. 编码方式设定以后,一旦某一级设置了类别,则该级的长度不能修改,未设置可以修改

7. 固定资产系统初始设置功能有(　　)。
   A. 设置部门折旧科目 B. 部门转移

C. 设置资产类别　　　　　　　　D. 输入原始卡片

8. 资产增加的方式包括(　　)。
   A. 资产增加　　　　　　　　　B. 录入原始卡片
   C. 原值增加　　　　　　　　　D. 卡片增加

9. 下列关于固定资产的描述中,错误的有(　　)。
   A. 当月录入的变动单一旦保存就不能修改,只能删除
   B. 固定资产反结账到上个月后,本月的操作还将保留
   C. 当月减少的资产卡片,可以撤销减少
   D. 制单下的制单信息删除将不能生产凭证,使用操作要慎重

10. 对于已经到期,折旧已经提完但尚未做资产减少的卡片,如果需要做原值减少的变动,系统会提示"净残值不能大于净值",为解决这个问题,在做原值减少之前,应先进行(　　)。
    A. 使用状态变动,将此资产的使用状态改为未使用或不需用
    B. 使用年限调整,调大
    C. 净残率调整,调小
    D. 累计折旧调整,调小

三、判断题

1. 固定资产系统允许在卡片管理界面中联查资产的图片,包括各类图形文件。(　　)
2. 折旧分配表是生成折旧凭证的依据。(　　)
3. 业务发生后,需立即制单,否则将无法生成记账凭证。(　　)
4. 首次使用固定资产系统时,应先选择对账套进行初始化。(　　)
5. 行政事业单位的固定资产不提折旧,故固定资产系统不适用。(　　)
6. 对固定资产进行分配时,只能实现单部门进行分配。(　　)
7. 固定资产卡片样式是固定的、不能修改的。(　　)
8. 固定资产系统中,没有完成期初登账业务的,第一个月肯定不能结账。(　　)
9. 固定资产系统是一套只能用于企业单位进行固定资产核算和管理的软件。(　　)
10. 固定资产系统中,与总账对账不平衡的情况下肯定不能结账。(　　)

项目五　工资管理

※知识目标

1. 掌握工资账套的建立。
2. 掌握工资类别、人员类别及人员档案等基础设置。
3. 掌握工资项目设置、工资项目公式设置。
4. 掌握工资日常业务的处理。

※技能目标

1. 能够正确、熟练建立工资账套。
2. 能够正确、熟练设置工资类别、人员类别及录入人员档案。
3. 能够正确、熟练设置工资项目和工资公式。
4. 能够熟练处理工资日常业务。

※素质目标

1. 培养学生实事求是、严谨细致的工作习惯。
2. 培养学生理实一体、刻苦钻研的学习态度。

工资是企业职工薪酬的重要组成部分,也是企业产品成本的计算内容、各种费用的计算基础。信息化时代,计算机平台软件的使用保证了会计人员在工资核算时的准确性和效率性。工资管理系统核算以职工个人的工资原始数据为基础,计算应发工资、扣款和实发合计、工资分摊等,编制工资结算单,按部门和人员进行汇总,进行个人所得税计算;提供对数据的查询功能和分析功能,可自动生成工资分配的业务处理。

该项目包括工资类别管理、人员档案管理、工资变动管理、工资分摊管理等综合内容。其中,工资项目的设置、计算公式设置和工资分摊设置是重难点。

任务一　建立工资账套

5-1　建立工资账套

【工作任务】

建立工资账套。

【知识储备】

要将工资管理系统建立成适合本企业实际需求的专用系统,就要在首次启动工资账套时对工资系统的参数进行设置。参数设置决定了工资核算的准确性和及时性,主要包括四个步骤:参数设置、扣税设置、扣零设置和人员编码设置。

1. 参数设置

参数设置主要设置"工资类别个数"和"币种"。

工资类别个数有"单个"和"多个"两种选择,如果单位中所有人员的工资项目和计算公式全部相同,则工资类别个数选"单个";如果单位按周或者一个月多次发放工资,又或者多个不同类别部门的人员,发放项目不同而且计算公式亦不同,又需统一进行核算管理,那么工资类别个数就应选"多个"。

若选择账套本位币以外的其他币种,则还需在"工资类别"参数中设置汇率,经过一次工资数据处理后就不能再修改。

2. 扣税设置

扣税设置是主要用于选择在工资计算中是否自动进行扣税处理,如选择代扣个人所得税,系统将自动生成工资项目"代扣税",并自动进行代扣税款的计算。

3. 扣零设置

扣零设置是指每次发放工资时将零头扣下,积累取整,于下次工资发放时补上。但在银行代发工资的情况下,扣零处理没有意义。

扣零类型包括"扣零至元""扣零至角""扣零至分"三种。选择扣零设置后,系统自动生成"本月扣零"和"上月扣零"工资项目;扣零的计算公式由系统自动定义,但"应发合计"中不包括"上月扣零","扣款合计"中不包括"本月扣零"。

4. 人员编码设置

人员编码设置主要包括人员编码长度设置和账套启用日期设置。工资核算中每个职工都有一个唯一的编码,人员编码长度应结合企业部门设置和人员数量自行定义,但总长度不能超过系统提供的最高位数。

【任务资料】

工资初始设置,如表 5-1 所示。

表 5-1 工资初始设置

项目	设置要求
参数设置	工资类别:单个 币别:人民币(RMB)
扣税设置	从工资中代扣个人所得税

(续表)

项目	设置要求
扣零设置	不扣零
人员编码设置	人员编码长度:4 账套启用日期:2022-09-01

【工作步骤】

(1) 以总账会计陈丽英(202)的身份登录"信息门户",进入畅捷通云平台用户主界面,单击【工资管理】按钮。

(2) 打开"建立工作账套"对话框,如图 5-1 所示,包括四个设置内容:参数设置、扣税设置、扣零设置和人员编码。在"1 参数设置"中,工资类别个数选"单个",币别名称选"人民币 RMB",单击【下一步】按钮。

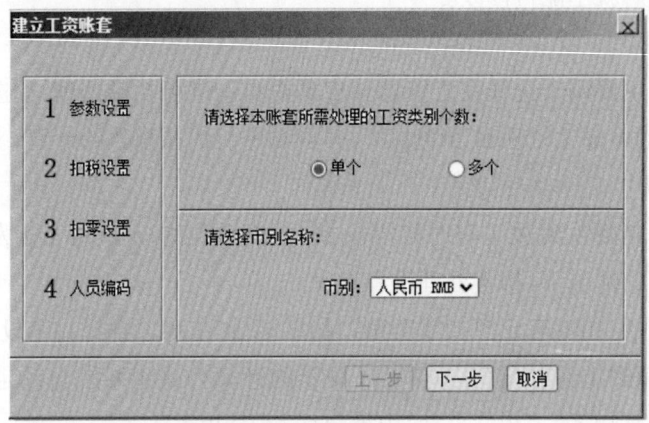

图 5-1　参数设置

(3) 进入"2 扣税设置",如图 5-2 所示,在"是否从工资中代扣个人所得税"前打"√",单击【下一步】按钮。

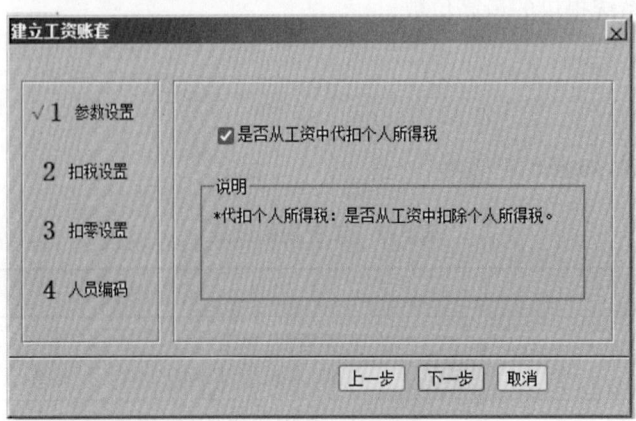

图 5-2　扣税设置

（4）进入"3 扣零设置"，如图 5-3 所示，不扣零，所以"扣零"前不用打"√"，直接单击【下一步】按钮。

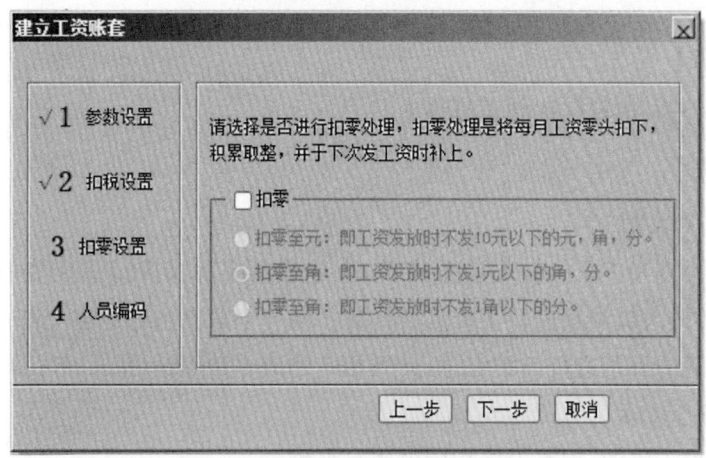

图 5-3　扣零设置

（5）进入"4 人员编码"，如图 5-4 所示，"人员编码长度"设置为"4"，"本账套启用日期"设置为"2020-09-01"，单击【完成】按钮。

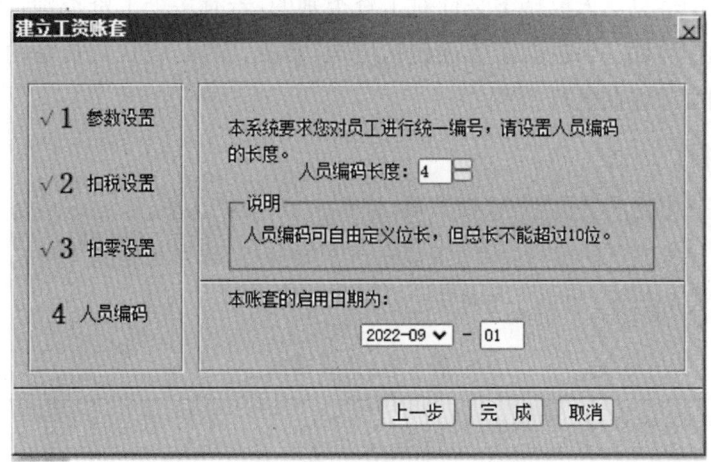

图 5-4　人员编码

💡 **注意：**

◎ 工资管理系统的启用会计期间必须晚于或等于企业账套的启用日期。也就是说，企业建立账套的日期为"2022-09-01"，总账系统的启用日期也为"2022-09-01"，工资账套的启用日期不能早于"2022-09-01"，可以等于或晚于这个日期。

◎ 若企业不设置代扣个人所得税项目，在使用过程中可以在"设置/选项"中设置。

◎ 人员编码长度中不含所属部门编码在内，工资系统中人员编码的设置必须符合人员编码规定。部分参数设置也可以在工资管理系统的"设置/选项"中设置或进行更改。

任务二 设置工资基础数据

【工作任务】

设置人员类别、银行名称和人员档案。

【知识储备】

1. 设置人员类别

设置人员类别和工资的分配业务有关,企业根据实际情况设置工资核算的人员类别,以方便企业按人员类别进行工资汇总计算。同一个账套内跨越各个部门和单位的人员可以根据设置的类别进行归类汇总,计入相应的成本费用科目。

2. 设置银行名称

由银行代发工资的,均需设置相应的银行名称。

3. 设置人员档案

工资管理中的人员档案内容包括职员编号、职员姓名、所属部门、人员类别、账号、是否计税等信息。工资管理中的人员档案可以从"基础设置"中的职员档案批量获取,并补充和工资相关的信息。人员档案是针对工资类别的,若有多个工资类别,要先打开相应的工资类别操作界面。人员档案管理包括增加、修改、删除、查找人员等内容,如果人员有增减变动则必须在此进行设置。

【任务资料】

(1) 设置公司的人员类别:管理人员、销售人员、生产人员。

(2) 设置代发工资的银行:中国工商银行宁波分行,账号长度为 11 位。

(3) 设置人员档案,如表 5-2 所示。

表 5-2 人员档案

职员编号	职员姓名	所属部门	人员类别	账号	是否计税
1001	林希望	行政部	管理人员	40240010001	是
1002	王谦	行政部	管理人员	40240010002	是
2001	朱子涯	财务部	管理人员	40240010003	是
2002	陈丽英	财务部	管理人员	40240010004	是
2003	王灵	财务部	管理人员	40240010005	是
3001	何武云	采购部	管理人员	40240010006	是
3002	江前能	采购部	管理人员	40240010007	是
4001	李亦如	一车间	生产人员	40240010008	是
4002	王颖	一车间	生产人员	40240010009	是

(续表)

职员编号	职员姓名	所属部门	人员类别	账号	是否计税
4003	方璐	二车间	生产人员	40240010010	是
4004	杨俊	质检车间	生产人员	40240010011	是
5001	郭涵尚	本地销售部	销售人员	40240010012	是
5002	黄丰强	本地销售部	销售人员	40240010013	是
5003	徐宇皓	外地销售部	销售人员	40240010014	是
6001	王浩宇	仓管部	管理人员	40240010015	是
6002	朱笑玮	仓管部	管理人员	40240010016	是

【工作步骤】

1. 设置公司的人员类别

(1) 以总账会计陈丽英(202)的身份登录"信息门户",依次单击【工资】→【设置】→【人员类别设置】按钮或直接单击编辑栏中的"人员类别设置"。

5-2 增加人员类别

(2) 打开"人员类别设置"对话框,如图 5-5 所示,在"类别"栏输入"管理人员",单击【增加】按钮。

(3) 以同样方式增加"销售人员"和"生产人员",如图 5-6 所示。

图 5-5 设置界面

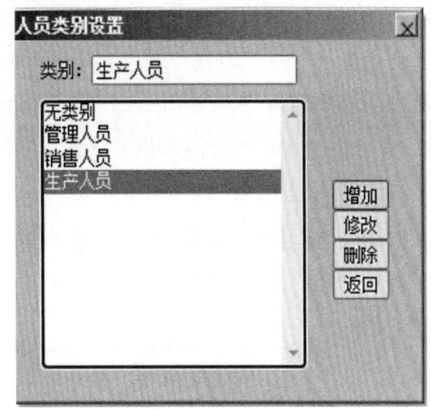

图 5-6 增加人员类别

(4) 选中"无类别"字样,单击【删除】按钮,提示"你确定删除吗?",依次单击【确定】→【返回】按钮。

💡 注意:

◎ 设置人员类别后,工资费用将按不同人员类别分配,并进行相应的会计处理。

◎ 当出现人员类别错误时,可以选中后直接修改;或者选中后单击【删除】,再重新增加正确的人员类别。

◎ 每一个人员类别增加后,系统会自动保存。

2. 设置代发工资的银行

5-3 增加银行

(1) 单击【工资】→【设置】→【银行名称设置】或直接单击编辑栏中的"银行名称"。

(2) 打开"银行名称设置"对话框,如图5-7所示,单击【增加】按钮,在"银行名称"栏输入"中国工商银行宁波分行",默认账号长度为"11",如图5-8所示,单击【返回】按钮。

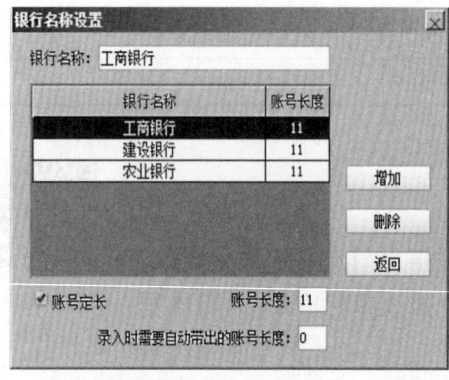

图5-7 银行名称设置

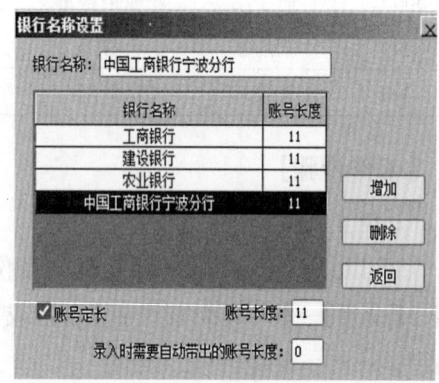

图5-8 增加银行名称

☀ 注意:

◎ 银行名称长度不得超过10个汉字或20位字符。

◎ 删除银行名称时,与该银行有关的所有设置将一并删除,包括银行的代发文件的设置、磁盘输出格式的设置,以及人员档案中涉及此人员的银行名称和账号等。

◎ 当出现错误时,选中银行名称进行修改或者直接删除,再重新添加新的银行名称。

◎ 每增加一个银行名称,系统都将自动保存。

3. 设置人员档案

(1) 依次单击【工资】→【设置】→【人员档案】按钮或直接单击编辑栏中的"人员档案",打开"人员档案"窗口,如图5-9所示。

5-4 人员档案

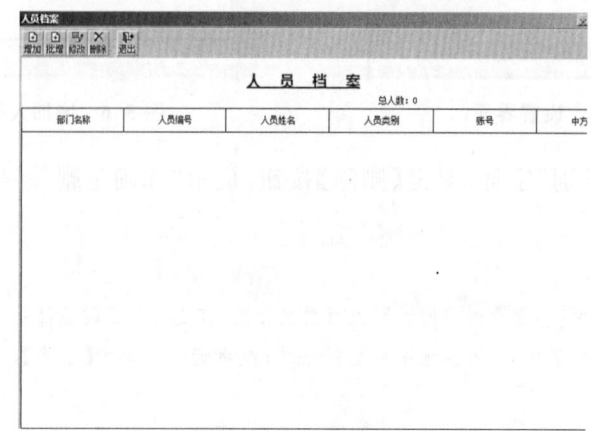

图5-9 人员档案

(2) 单击【增加】按钮,打开"增加"对话框,如图 5-10 所示,输入人员编号为"1001",选择人员姓名为"林希望"、部门编码为"1"、部门名称为"行政部"、人员类别为"管理人员"、银行名称为"中国工商银行宁波分行",输入银行账号为"40240010001",在"计税"前打"√",其他采用默认设置,单击【确认】按钮。

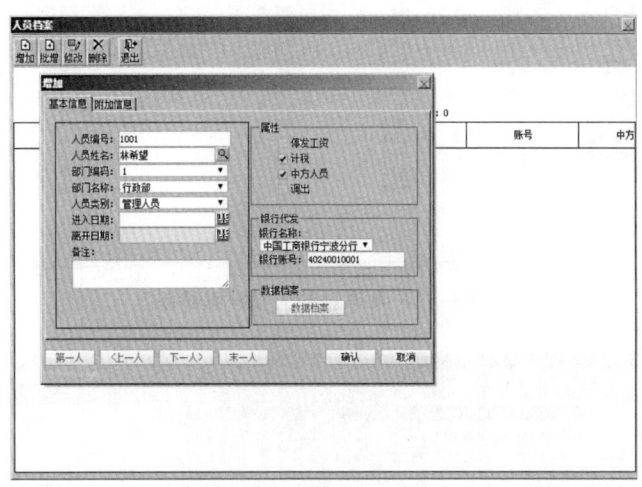

图 5-10　增加人员档案

(3) 采用相同操作,继续增加其他人员档案,也可以通过批量增加功能增加人员档案信息。单击【批增】按钮,打开"人员批量增加"对话框,如图 5-11 所示,在所有部门的"选择"前打"√","1001 林希望"对话框前不打"√",单击【确定】按钮。

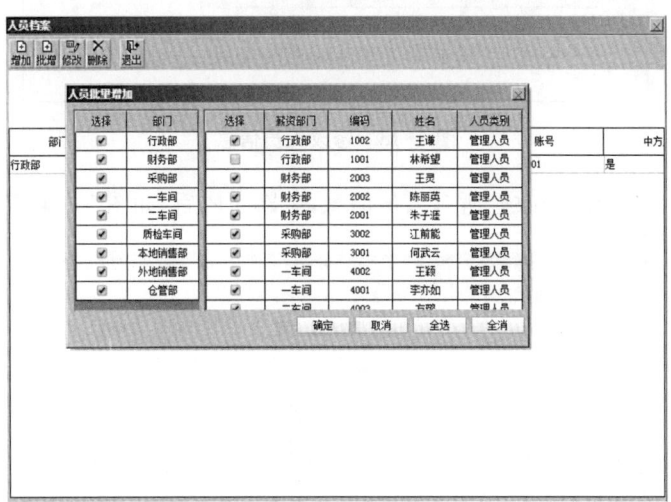

图 5-11　人员批量增加

(4) 返回到"人员档案"窗口,如图 5-12 所示,可以看到批量增加的所有人员信息列表。

(5) 选中"1002 王谦",单击【修改】按钮,核对信息无误,选择银行名称为"中国工商银行宁波分行",输入银行账号为"40240010002",如图 5-13 所示,单击【确定】按钮。

图 5-12 批增后的人员档案界面

图 5-13 修改人员信息

（6）采用相同操作，修改好所有人员信息，全部完成后，如图 5-14 所示。

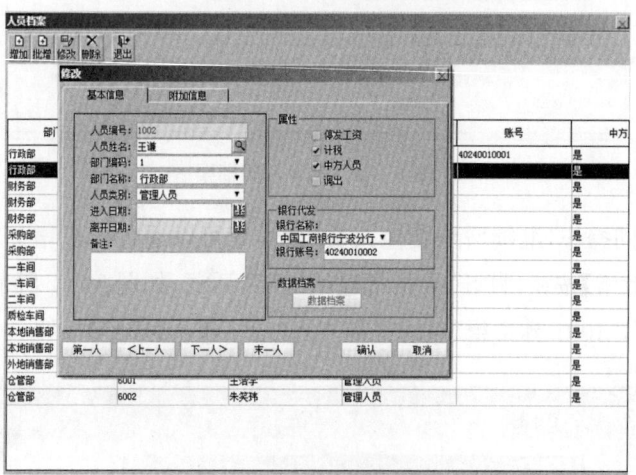

图 5-14 增加人员档案

> **注意:**
> ◎ 为了便于日后人员在部门之间进行工作上的调动,人员编码不能重复。
> ◎ 可以单击【增加】按钮一个个增加,也可以单击【批增】按钮批量导入再修改相关信息。
> ◎ 当人员信息出现错误时,可以直接修改,或者删除后重新增加。

任务三 设置工资项目及其公式

【工作任务】

(1) 设置工资项目。

(2) 设置工资项目公式。

【知识储备】

1. 工资项目设置

"工资项目设置"针对所有工资类别。单个工资类别的,只需完成工资项目设置即可;多个工资类别的,工资项目设置完后,需为每一个工资类别选择合适的工资项目。工资项目设置内容包括定义工资项目的名称、类型、长度、小数、增减项。

工资项目既包括手工核算时"工资结算单"上所列的各个项目,还包括与计算这些项目有关的原始项目和中间过渡项目。有些工资项目是必须的,是系统中预先设置好的一些必备的工资项目,工资计算时各企业都有,比如应发合计、扣款合计、实发合计等,这些项目不能删除和重命名;有些项目则根据企业实际情况自行定义或参照增加,如基本工资、奖励工资、请假天数等。

从数据的变化来说,有些项目的数据长期不变,属于固定项目,比如基本工资确定后,一般较长时间内是不会变化的;有的每月都有变动,属于变动项目,比如请假天数、应发合计、扣款合计等。

2. 工资项目公式设置

"工资项目公式设置"是定义各有关工资项目的计算公式和工资项目之间的运算关系,可直观表达工资项目的实际运算过程。其中,应发合计、扣款合计、实发合计可以不设置计算公式,系统会自动产生数据。公式设置的方法有直接输入、参照输入和函数向导输入,公式由工资项目、运算符、关系符、函数等组合完成。

工资项目公式输入时应注意:计算公式要符合逻辑;工资项目在公式设置界面要注意排列的先后顺序,应根据数据间的逻辑关系通过"上下箭头"调整公式顺序,否则就无法计算出正确的工资数据。

【任务资料】

(1) 公司职工工资项目,如表5-3所示。

表 5-3 公司职工工资项目

工资项目名称	类型	长度	小数	增减项
基本工资	数字	8	2	增项
岗位工资	数字	8	2	增项
奖金	数字	8	2	增项
应发合计	数字	10	2	增项
养老保险	数字	8	2	减项
医疗保险	数字	8	2	减项
失业保险	数字	8	2	减项
住房公积金	数字	8	2	减项
代扣税	数字	10	2	减项
其他扣款	数字	8	2	减项
扣款合计	数字	10	2	减项
请假天数	数字	8	2	其他
实发合计	数字	8	2	增项

（2）工资项目公式设置，如表 5-4 所示。

表 5-4 工资项目公式设置

工资项目名称	定义公式
岗位工资	管理、销售人员的岗位工资 1 000 元，生产人员的岗位工资为 500 元
应发合计	基本工资+岗位工资+奖金
养老保险	应发合计*14%
医疗保险	应发合计*11.5%
失业保险	应发合计*1%
住房公积金	应发合计*12%
其他扣款	请假天数*50
扣款合计	代扣税+其他扣款+住房公积金+失业保险+医疗保险+养老保险
实发合计	应发合计-扣款合计

5-5 工资项目设置

【工作步骤】

1. 公司职工工资项目

（1）依次单击【工资】→【设置】→【工资项目设置】按钮或直接单击编辑栏中的"工资项目"。

（2）打开"工资项目设置"对话框，单击【增加】按钮，新增一行，双击新增行"工资项目名称"栏,并输入"基本工资";或直接单击右上角"名称参照"的下拉键,如图 5-15 所示,选"基本工资"。

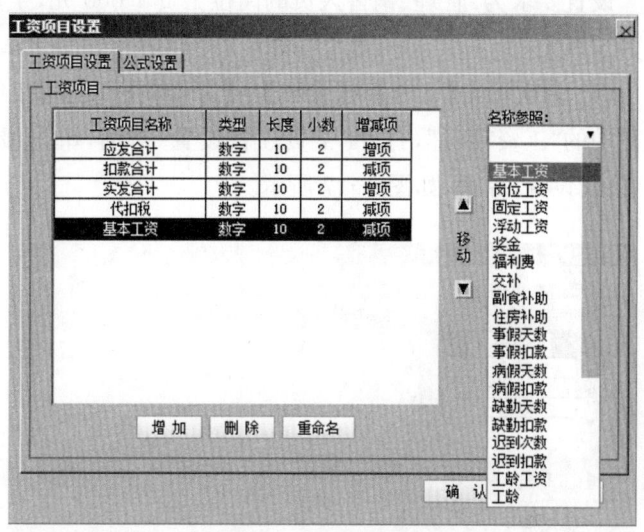

图 5-15　增加工资项目

（3）根据资料,设置基本工资的类型为"数字"、长度为"8"、"小数"为"2"、"增减项"为"增项"。

（4）同样设置好其他工资项目,如图 5-16 所示,单击【确认】按钮,关闭对话框。

图 5-16　工资项目设置

注意：
◎ 设置工资项目可以直接输入内容,也可以选用系统提供的名称参数。
◎ 工资项目类型若为字符型,小数位不可用,增减项为"其他",即不直接参与应发合计与扣款合计。
◎ 必须将所有工资类别所涉及的工资项目全部设置完毕,它将形成各个工资类别中工资项目的设置选项。

5-6 工资项目公式

2. 设置"岗位工资"

设置要求为"管理、销售人员的岗位工资 1 000 元,生产人员的岗位工资为 500 元"。

(1) 依次单击【工资】→【设置】→【工资项目设置】按钮或直接单击编辑栏中的"工资项目",打开"工资项目设置"对话,单击最上面的【公式设置】选项卡,进入"公式设置"界面,如图 5-17 所示。

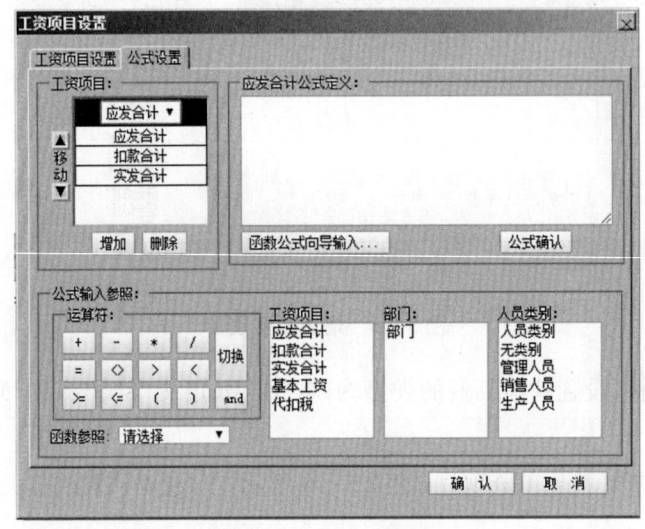

图 5-17 公式设置

(2) 单击【增加】按钮,在"工资项目"列表中出现新的一栏,如图 5-18 所示,点击下拉键,选择"岗位工资"选项。采用相同操作,依次选入需要设定公式的所有工资项目。

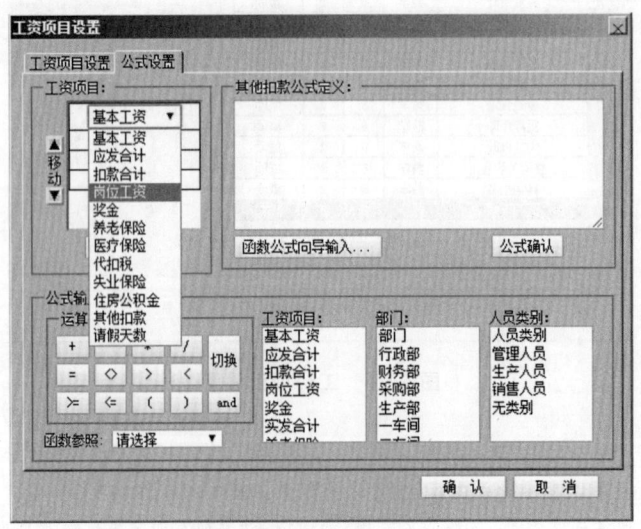

图 5-18 岗位工资

(3) 单击【函数公式向导输入】按钮,打开"函数向导"对话框,如图 5-20 所示,选择函数名"iff",单击【下一步】按钮。

(4) 打开函数向导的"逻辑表达式"界面,如图 5-21 所示,单击"逻辑表达式"栏的"🔍"按钮。

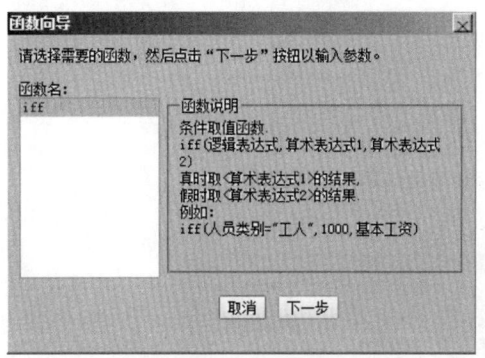
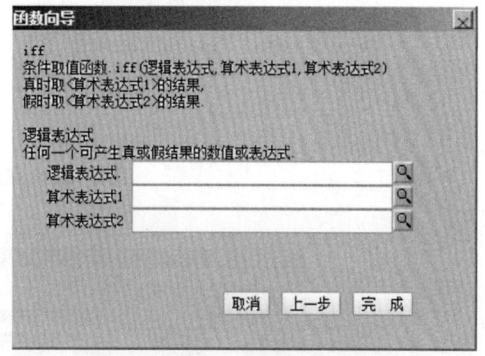

图 5-19 函数向导界面　　　　　　图 5-20 iff 函数向导界面

(5) 打开"参照"对话框,单击下拉键,在"参照列表"中选"人员类别",如图 5-21 所示,单击【确认】按钮。

(6) 选择人员类别中的"生产人员",单击【确认】按钮,如图 5-22 所示。

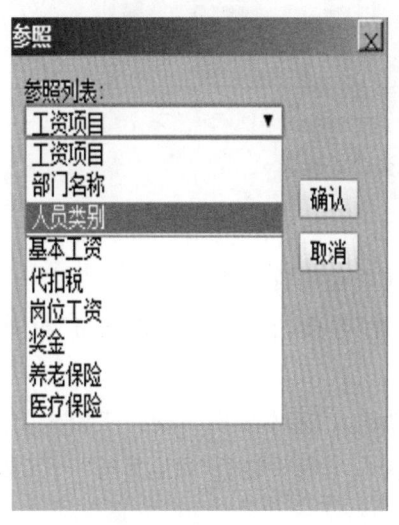
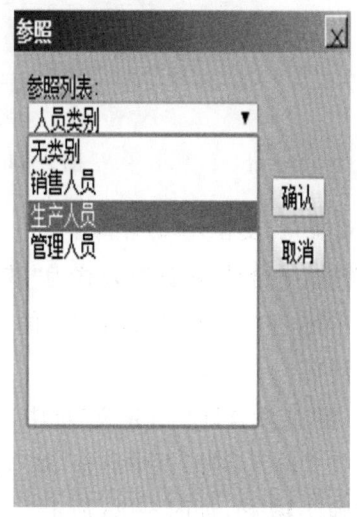

图 5-21 人员类别　　　　　　图 5-22 生产人员

(7) 返回"函数向导"对话框,如图 5-23 所示,在"算术表达式 1"中输入"500",在"算术表达式 2"中输入"1000",单击【完成】按钮。

(8) 返回"工资项目设置"下的"公式设置"界面,单击【公式确认】按钮,如图 5-24 所示。

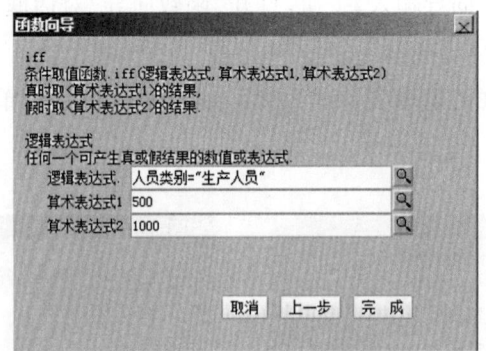

图 5-23 完成后的函数向导

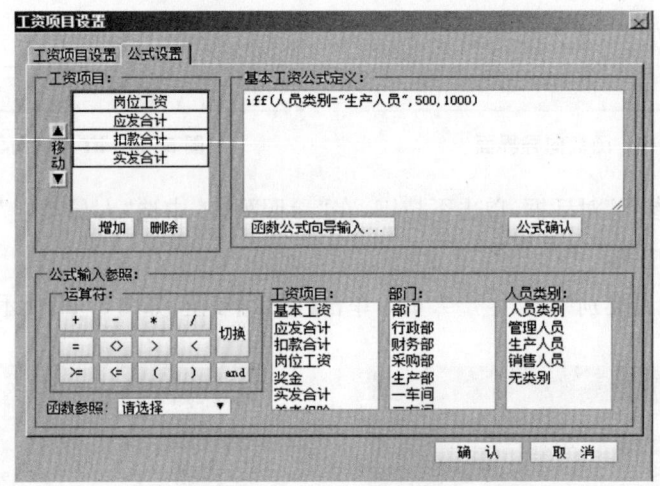

图 5-24 岗位工资公式确认

3. 设置"应发合计"的计算公式

设置"应发合计"的计算公式为"基本工资+岗位工资+奖金"。

(1) 同样在"工资项目设置"下的"公式设置"界面,在左侧"工资项目"框单击选中"应发合计"。

(2) 在"应发合计公式定义"框中,直接手动输入"基本工资+岗位工资+奖金"或用鼠标在"公式输入参照"框中点选"基本工资""岗位工资""奖金"和运算符"+"(加号),单击【公式确认】按钮,如图 5-25 所示。

4. 设置其他计算公式

养老保险的计算公式为"应发合计*14%"、医疗保险的计算公式为"应发合计*11.5%"、失业保险的计算公式为"应发合计*1%"、住房公积金的计算公式为"应发合计*12%",其他扣款的计算公式为"请假天数*50"、扣款合计的计算公式为"代扣税+其他扣款+住房公积金+失业保险+医疗保险+养老保险"、实发合计的计算公式为"应发合计-扣款合计"。

(1) 同样在"工资项目设置"下的"公式设置"界面,在"工资项目"框单击选中"养老保险"。

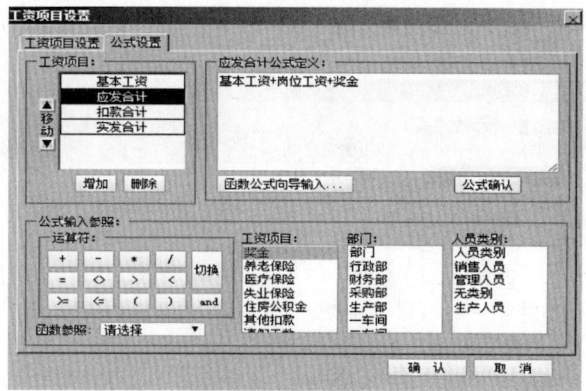

图 5-25　应发合计

（2）在"养老保险公式定义"框中输入公式"应发合计*0.14"，单击【公式确认】按钮，如图 5-26 所示。

图 5-26　养老保险

（3）同样选中"医疗保险"，输入公式"应发合计*0.115"，单击【公式确认】按钮，如图 5-27 所示。

图 5-27　医疗保险

（4）选中"失业保险"，输入公式"应发合计*0.01"，单击【公式确认】按钮，如图5-28所示。

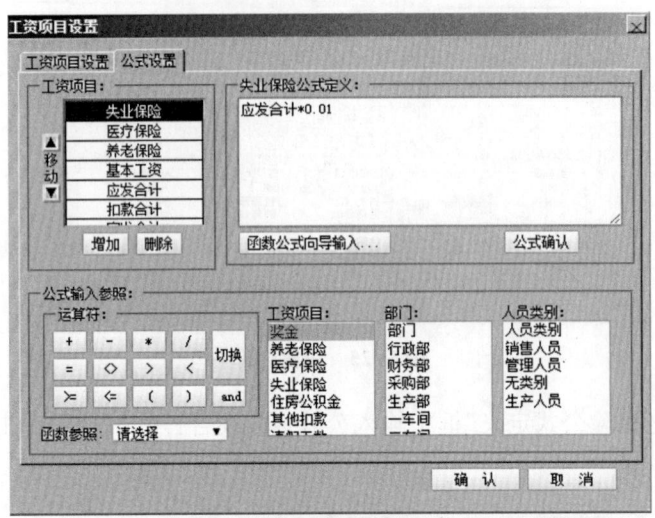

图 5-28　失业保险

（5）选中"住房公积金"，输入公式"应发合计*0.12"，单击【公式确认】按钮，如图 5-29 所示。

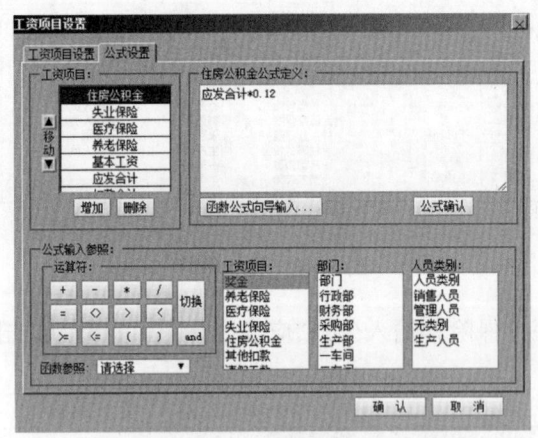

图 5-29　住房公积金

（6）选中"其他扣款"，输入公式"请假天数*50"，单击【公式确认】按钮，如图 5-30 所示。

（7）选中"扣款合计"，输入公式"代扣税＋其他扣款＋住房公积金＋失业保险＋医疗保险＋养老保险"，单击【公式确认】按钮，如图 5-31 所示。

（8）"实发合计＝应发合计－扣款合计"为系统默认公式，不需要另外输入。

（9）单击"工资项目"栏左侧"▲"或"▼"移动按钮，将全部工资项目按计算逻辑关系重新排列，从上到下的排列顺序如图 5-32 所示，单击【确认】按钮，关闭对话框。

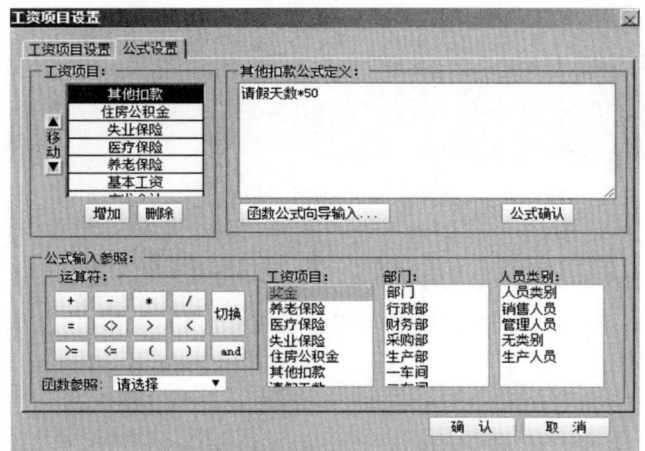

图 5-30　其他扣款

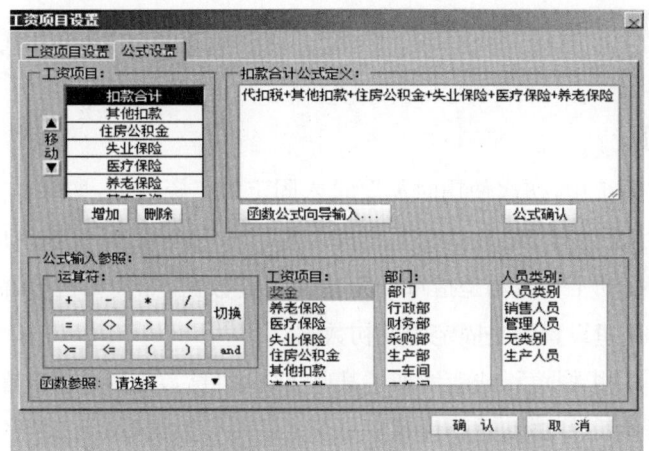

图 5-31　扣款合计

图 5-32　工资项目顺序

> **注意：**
> ◎ 设置工资公式中的标点符号应为英文状态下。
> ◎ 为避免差错，应先设置工资项目，再定义工资计算公式，还要进行顺序调整，项目排列顺序决定系统执行工资计算的先后顺序以及数据的正确性。
> ◎ 每设置完成一个计算公式，必须单击"公式确认"按钮，进行语法检查，以保证公式正确。执行"公式确认"后，公式并未保存，必须单击"确认"按钮才能保存。
> ◎ 可单击公式设置中的"函数公式向导输入…"按钮或者选择"函数参照"，引导输入计算公式。
> ◎ 系统预置的工资项目可以通过"名称参照"引入，没有预置的工资项目名称可直接输入，如"养老保险""医疗保险"等。

任务四　设置期初数据

5-7　初期数据

【工作任务】

设置期初数据。

【知识储备】

在工资管理系统中，初次使用时需要录入固定的工资数据，如基本工资、岗位工资、奖金津贴等，每月固定不变的数据在系统投入使用中一次输入，长期使用时只需修改相应变化部分。而变动工资数据是指每月变化的工资数据，如代扣税等，需要每月处理时进行编辑修改。这里设置的是固定的期初数据。

在修改好了某些数据后，或者增加了某些工资项目后，或者重新设置了计算公式后，必须执行计算或者汇总功能，重新计算汇总个人的工资数据，保证工资数据的准确性。

【任务资料】

设置期初数据，如表5-5所示。

表 5-5　期初数据　　　　　　　　　　　　　　单位：元

姓名	基本工资	奖金
林希望	16 000	500
王谦	14 000	300
朱子涯	8 000	300
陈丽英	6 000	200
王灵	6 500	300
何武云	5 500	200
江前能	5 800	300
李亦如	4 800	300

（续表）

姓名	基本工资	奖金
王　颖	4 500	300
方　璐	5 000	300
杨　俊	5 500	200
郭涵尚	6 000	200
黄丰强	5 000	200
徐宇皓	5 000	200
王浩宇	6 500	500
朱笑玮	5 500	500

【工作步骤】

（1）依次单击【工资】→【业务处理】→【工资变动】按钮，打开“工资变动”窗口，如图 5-33 所示。

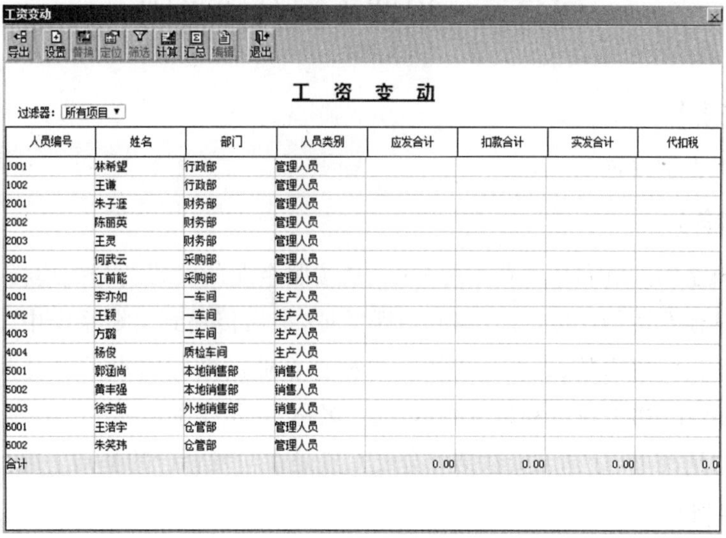

人员编号	姓名	部门	人员类别	应发合计	扣款合计	实发合计	代扣税
1001	林希望	行政部	管理人员				
1002	王谦	行政部	管理人员				
2001	朱子涯	财务部	管理人员				
2002	陈丽英	财务部	管理人员				
2003	王灵	财务部	管理人员				
3001	何武云	采购部	管理人员				
3002	江前能	采购部	管理人员				
4001	李亦如	一车间	生产人员				
4002	王颖	一车间	生产人员				
4003	方璐	二车间	生产人员				
4004	杨俊	质检车间	生产人员				
5001	郭涵尚	本地销售部	销售人员				
5002	黄丰强	本地销售部	销售人员				
5003	徐宇皓	外地销售部	销售人员				
6001	王浩宇	仓管部	管理人员				
6002	朱笑玮	仓管部	管理人员				
合计				0.00	0.00	0.00	0.0

图 5-33　工资变动

（2）按资料输入“基本工资”和“奖金”的期初数据，如图 5-34 所示。

（3）输入完成后，单击【汇总】按钮，重新计算数据，单击【退出】按钮，关闭窗口。

注意：

◎ 只需要输入没有设置过公式定义的项目，如基本工资、请假天数等，其余项目系统会根据计算公式自动计算汇总。

◎ 当出现错误修改后，需重新进行计算，刷新数据。

◎ 系统提供的申报仅适用于对工资所得征收个人所得税，其他不考虑。

◎ 可以设置个人所得税参数，系统会自动根据本月工资计算应纳税额。

人员类别	应发合计	扣款合计	实发合计	代扣税	基本工资	岗位工资	奖金
管理人员					16000.00	0.00	500
管理人员					14000.00	0.00	300
管理人员					8000.00	0.00	300
管理人员					6000.00	0.00	200
管理人员					6500.00	0.00	300
管理人员					5500.00	0.00	200
管理人员					5800.00	0.00	300
生产人员					4800.00	0.00	300
生产人员					4500.00	0.00	300
生产人员					5000.00	0.00	300
生产人员					5500.00	0.00	200
销售人员					6000.00	0.00	200
销售人员					5000.00	0.00	200
销售人员					5000.00	0.00	200
管理人员					6500.00	0.00	500
管理人员					5500.00	0.00	500
	0.00	0.00	0.00	109600.00	0.00	4800

图 5-34　输入期初数据

任务五　设置工资分摊类别

5-8　工资分摊

【工作任务】

工资分摊类别设置。

【知识储备】

工资分摊是指工资和相关费用的分配,是按照企业所设置的分配模板,对工资费用分配和各种其他费用的计提,并且编制转账凭证,最后传递到总账系统中。传递到总账系统中的凭证仍需要审核、记账。工资分摊根据企业的实际需求可以设置多个分摊内容,在设置过程中,借方科目和贷方科目,部门名称、人员类别需要一一对应,否则容易出现错误。一般情况下,计算工资数据和分配工资是在应发合计的基础上进行的。

【任务资料】

工资分摊类别设置,如表 5-6 所示。

表 5-6　工资分摊类别设置　　　　　　　　　　　　　金额单位:元

部门		工资分摊			
		应付工资		应付福利费(14%)	
		借方	贷方	借方	贷方
行政部、财务部、采购部、仓管部	管理人员	560 209	221 101	560 209	221 103
销售部	销售人员	560 107	221 101	560 107	221 103
生产部	生产人员	400 102	221 101	400 102	221 103

公司应付工资总额等于工资项目"应发合计",应付福利费以此为计提基数。

【工作步骤】

(1) 依次单击【工资】→【业务处理】→【工资分摊】按钮或单击"工资分摊"图标,打开"工资分摊"对话框,如图 5-35 所示。

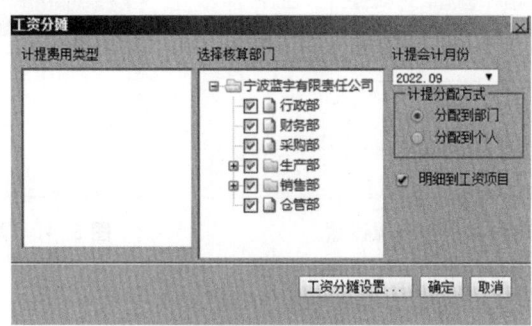

图 5-35　工资分摊

(2) 单击【工资分摊设置】按钮,打开"分摊类型设置"对话框,如图 5-36 所示。

(3) 单击【增加】按钮,打开"分摊构成设置"对话框。输入计提类型名称"应付工资",分摊计提比例"100%",默认不变,如图 5-37 所示。

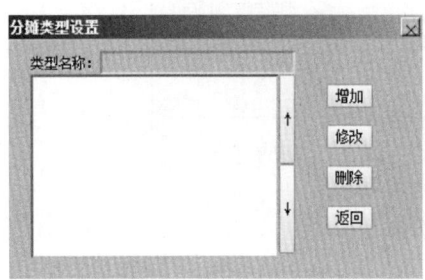

图 5-36　分摊类型设置

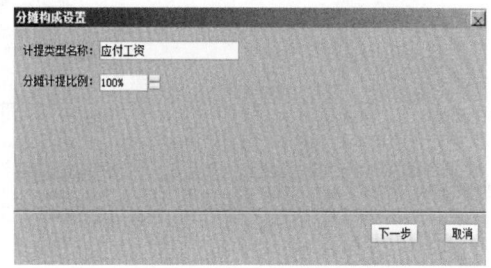

图 5-37　分摊构成设置

(4) 单击【下一步】按钮,打开详细的"分摊构成设置"对话框,根据资料,输入或者选择部门名称、人员类别、项目、借方科目、贷方科目等,如图 5-38 所示。全部输入完成后,单击【完成】按钮,如图 5-39 所示。

图 5-38　应付工资分摊设置

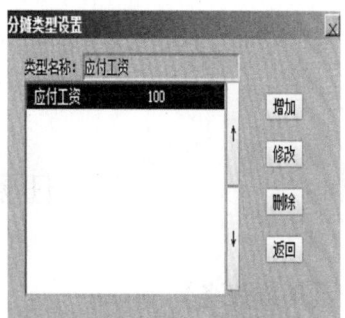

图 5-39　完成后界面

（5）按上述操作继续增加应付福利费的工资分摊设置内容，如图5-40所示。全部输入完成后，单击【完成】按钮，可增加、修改、删除操作，如图5-41所示。

图5-40 应付福利费分摊设置

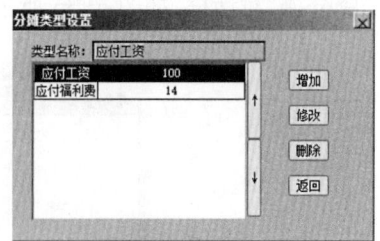

图5-41 两种分摊类型设置

（6）单击【返回】按钮，回到"工资分摊"对话框，如图5-42所示。

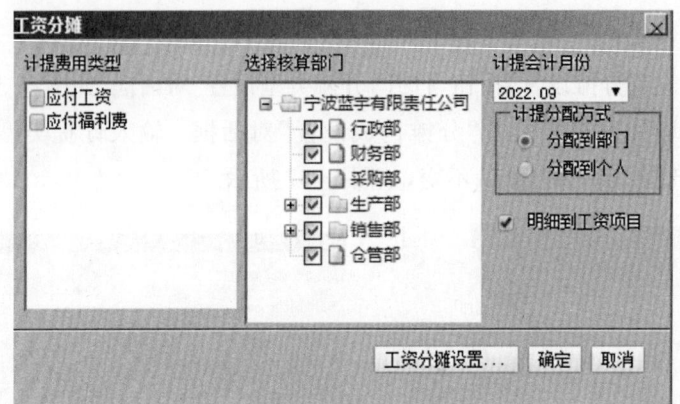

图5-42 工资分摊

（7）最后，单击【确定】按钮，关闭对话框。

💡 注意：

◎ 设置工资分摊时，科目必须是一一对应的，比如行政部管理人员借方科目计入"560209管理费用/员工工资"。

◎ 在设置时，分摊名称和分摊计提比例必须严格按照比例录入。

◎ 设置工资分摊时，不要遗漏部门的设置和人员类别的设置，否则会导致在生成凭证时遗漏相关职工的工资数据。

任务六 分摊工资费用

5-9 分摊业务

【工作任务】

工资费用分摊业务处理。

【知识储备】

工资费用分摊设置完成后，工资管理系统会自动生成转账凭证，并传递到总账系统，会计人员需要对此进行审核、记账。月末，企业要对各部门、各类人员的工资费用进行分配核算，通过工资管理系统灵活设置各项费用计提基数，并自动生成转账凭证，供总账系统审核、记账之用。

1. 设置工资分摊和费用计提基数

工资总额就是企业在一定时期内支付给职工的劳动报酬总额。企业在月内发生的全部工资，不论是否在当月领取，都应当按照工资的用途进行分配。不同的企业会选择不同工资总额的计算方法进行分配，因此应事先设置工资分摊和费用的计提基数。

2. 工资分摊与费用计提

如果工资管理系统与总账系统结合应用，完成以上设置后，即可以自动生成转账凭证。

【任务资料】

2022年9月30日，本月考勤情况：林希望请假1天，王灵请假2天。请计算本月工资，并分配本月工资费用。要求如下：

（1）录入基本工资数据并进行工资计算。

（2）进行工资费用分摊。计提分配方式：分配到个人；明细到工资项目；核算部门：所有部门；计提会计月份：2022.09；制单时合并科目相同、辅助项相同的分录。

（3）计提福利费。

【工作步骤】

（1）单击【工资】→【业务处理】→【工资变动】或单击"工资分摊"图标，打开"工资变动"窗口，如图5-43所示。

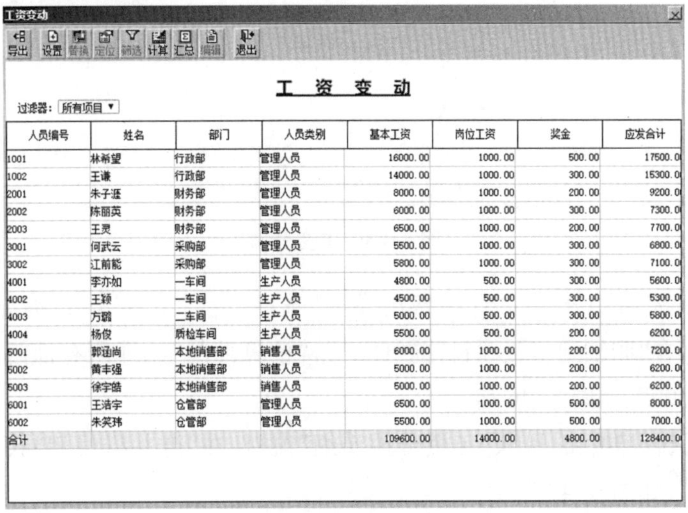

人员编号	姓名	部门	人员类别	基本工资	岗位工资	奖金	应发合计
1001	林希望	行政部	管理人员	16000.00	1000.00	500.00	17500.00
1002	王谦	行政部	管理人员	14000.00	1000.00	300.00	15300.00
2001	朱子涯	财务部	管理人员	8000.00	1000.00	200.00	9200.00
2002	陈丽英	财务部	管理人员	6000.00	1000.00	300.00	7300.00
2003	王灵	财务部	管理人员	6500.00	1000.00	200.00	7700.00
3001	何武云	采购部	管理人员	5500.00	1000.00	300.00	6800.00
3002	江前能	采购部	管理人员	5800.00	1000.00	300.00	7100.00
4001	李亦如	一车间	生产人员	4800.00	500.00	300.00	5600.00
4002	王颖	一车间	生产人员	4500.00	500.00	300.00	5300.00
4003	方鹤	二车间	生产人员	5000.00	500.00	300.00	5800.00
4004	杨俊	质检车间	生产人员	5500.00	500.00	200.00	6200.00
5001	郭逗尚	本地销售部	销售人员	6000.00	1000.00	200.00	7200.00
5002	黄丰强	本地销售部	销售人员	5000.00	1000.00	200.00	6200.00
5003	徐宇皓	本地销售部	销售人员	5000.00	1000.00	200.00	6200.00
6001	王浩宇	仓管部	管理人员	6500.00	1000.00	500.00	8000.00
6002	朱笑玮	仓管部	管理人员	5500.00	1000.00	500.00	7000.00
合计				109600.00	14000.00	4800.00	128400.00

图5-43 "工资变动"窗口

(2) 在"请假天数"栏,输入本月考勤情况:林希望请假天数"1",王灵请假天数"2";单击【汇总】按钮,重新计算扣款合计金额,如图 5-44 所示。单击【退出】按钮,退出窗口。

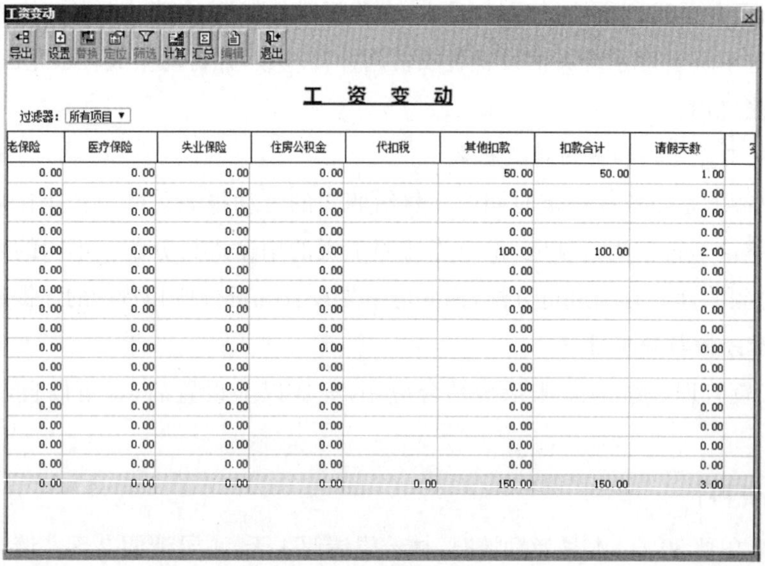

养老保险	医疗保险	失业保险	住房公积金	代扣税	其他扣款	扣款合计	请假天数
0.00	0.00	0.00	0.00		50.00	50.00	1.00
0.00	0.00	0.00	0.00		0.00	0.00	0.00
0.00	0.00	0.00	0.00		0.00	0.00	0.00
0.00	0.00	0.00	0.00		100.00	100.00	2.00
0.00	0.00	0.00	0.00		0.00	0.00	0.00
0.00	0.00	0.00	0.00		0.00	0.00	0.00
0.00	0.00	0.00	0.00		0.00	0.00	0.00
0.00	0.00	0.00	0.00		0.00	0.00	0.00
0.00	0.00	0.00	0.00	0.00	150.00	150.00	3.00

图 5-44 扣款合计

(3) 依次单击【工资】→【业务处理】→【工资分摊】按钮或单击"工资分摊"图标,打开"工资分摊"对话框,如图 5-45 所示。

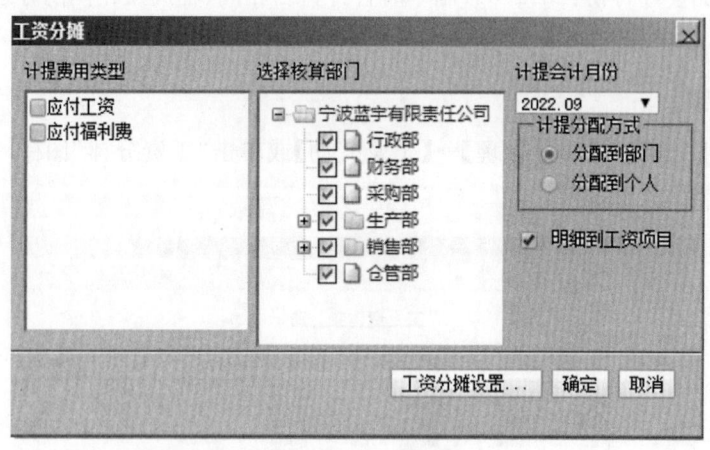

图 5-45 工资分摊

(4) 进行工资费用分摊。"计提费用类型"选择"应付工资","计提分配方式"选择"分配到个人",在"明细到工资项目"前打"√","核算部门"选择所有部门,"计提会计月份"选择"2022.09",如图 5-46 所示。

(5) 单击【确定】按钮,进入"工资分摊明细"窗口,在"合并科目相同、辅助项相同的分录"前打"√",如图 5-47 所示。

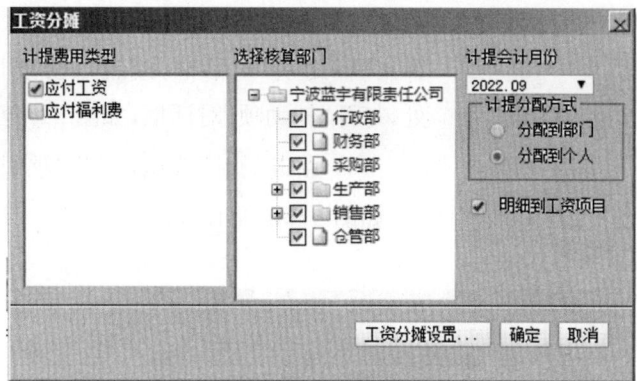

图 5-46 应付工资分摊

图 5-47 工资分摊明细

（6）单击【制单】按钮，打开"填制凭证"窗口，选择凭证类型为"转"字，如图 5-48 所示。

图 5-48 选择凭证类型为"转"字

图 5-49　辅助项

（7）单击选中"生产成本/直接人工"科目，系统弹出"辅助项"对话框，或者双击项目客户处的空白处，打开"辅助项"对话框，如图 5-49 所示。

（8）点击" "按钮，打开"项目档案参照"对话框，如图 5-50 所示。

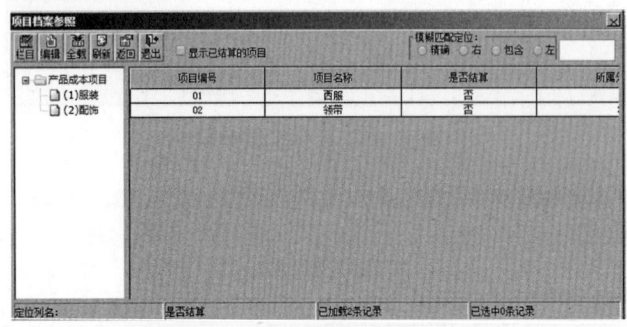

图 5-50　项目档案参照

（9）选中"01 西服"，使其变成蓝色，如图 5-51 所示。

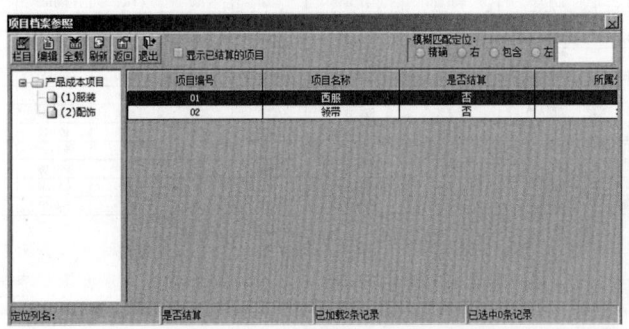

图 5-51　选中"01 西服"

（10）双击"01 西服"，回到"辅助项"对话框，如图 5-52 所示。单击【确认】按钮，退出对话框。

图 5-52　确认退出

（11）采用相同操作，将另外两个也录入项目辅助核算科目，全部完成后，单击【保存】按钮，系统弹出"保存成功！"提示框，如图 5-53 所示。单击【确定】按钮，再单击【退出】按钮,退出窗口。

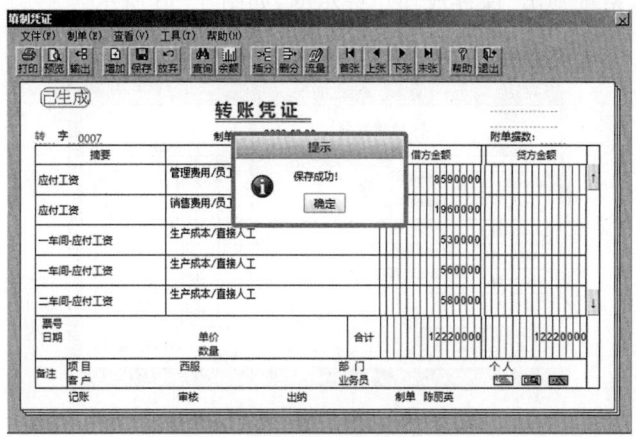

图 5-53 保存成功

(12) 打开"工资分摊"对话框,计提费用类型选择"应付福利费",计提分配方式选择"分配到个人",在"明细到工资项目"前打"√",选择所有核算部门,选择计提会计月份为"2022.09",如图 5-54 所示。

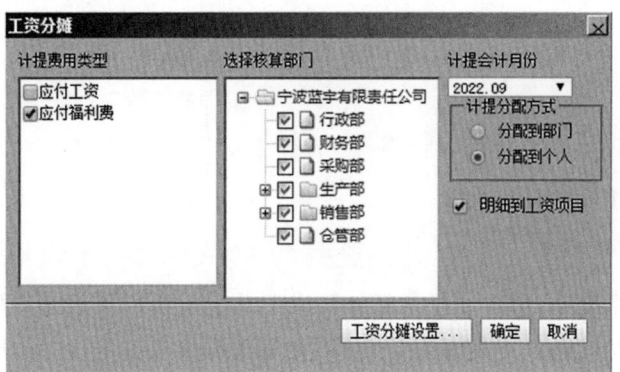

图 5-54 应付福利费

(13) 打开"工资分摊明细"窗口,如图 5-55 所示。

图 5-55 应付福利费

(14) 单击【制单】按钮,选择凭证类型"转"字,录入项目辅助核算科目,全部完成后,单击【保存】按钮,系统弹出"保存成功!"提示框,如图 5-56 所示。

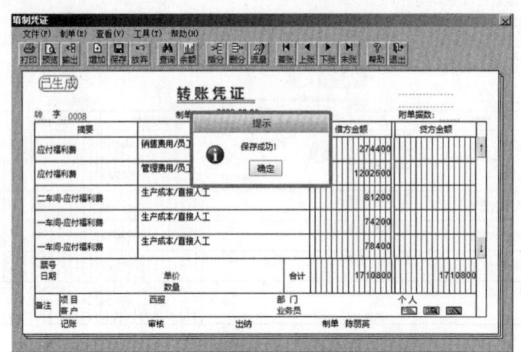

图 5-56　应付福利费凭证保存

(15) 最后,单击【确定】按钮,再单击【退出】按钮,退出窗口。

注意:
◎ 生成的记账凭证会自动传递到总账系统中,需要会计人员在总账中进行审核和记账。
◎ 单击【工资】→【统计分析】→【凭证查询】,可以查询或者删除凭证。

任务七　计提职工代扣代缴工资款项

5-10　代扣代缴

【工作任务】

计提职工代扣代缴工资款项。

【知识储备】

在工资管理系统中,可以通过重新计算或汇总个人所得税表来获取数据,再根据数据计提为职工代扣代缴的工资款项,直接在总账系统中编制会计分录,填制记账凭证。代扣代缴工资款项内容包括应交的个人所得税、社会保险费、住房公积金等。

【任务资料】

9 月 30 日,计提各种企业为职工代扣代缴的工资款项。

要求:在总账中生成凭证。

【工作步骤】

(1) 单击【工资】→【业务处理】→【工资变动】或直接单击"工资变动"图标,打开"工资变动"窗口,单击【计算】或者【汇总】按钮,重新刷新数据,如图 5-57 所示。

(2) 单击【工资】→【业务处理】→【扣缴所得税】或直接单击"扣缴个人所得税"图标,打开"扣缴个人所得税—栏目选择"对话框,如图 5-58 所示。

(3) 单击【确认】按钮,系统弹出"是否重算数据?"提示框,如图 5-59 所示,单击【确定】按钮。

奖金	应发合计	养老保险	医疗保险	失业保险	住房公积金	代扣税	其他扣款
500.00	17000.00	2380.00	1955.00	170.00	2040.00	330.50	50.
300.00	14800.00	2072.00	1702.00	148.00	1776.00	200.20	0.
200.00	8700.00	1218.00	1000.50	87.00	1044.00	10.52	0.
300.00	6800.00	952.00	782.00	68.00	816.00		0.
200.00	7200.00	1008.00	828.00	72.00	864.00		100.
300.00	6300.00	882.00	724.50	63.00	756.00		0.
300.00	6600.00	924.00	759.00	66.00	792.00		0.
300.00	6100.00	854.00	701.50	61.00	732.00		0.
300.00	5800.00	812.00	667.00	58.00	696.00		0.
300.00	6300.00	882.00	724.50	63.00	756.00		0.
200.00	6700.00	938.00	770.50	67.00	804.00		0.
200.00	7200.00	1008.00	828.00	72.00	864.00		0.
200.00	6200.00	868.00	713.00	62.00	744.00		0.
200.00	6200.00	868.00	713.00	62.00	744.00		0.
500.00	7500.00	1050.00	862.50	75.00	900.00		0.
500.00	6500.00	910.00	747.50	65.00	780.00		0.
4800.00	125900.00	17626.00	14478.50	1259.00	15108.00	541.22	150.

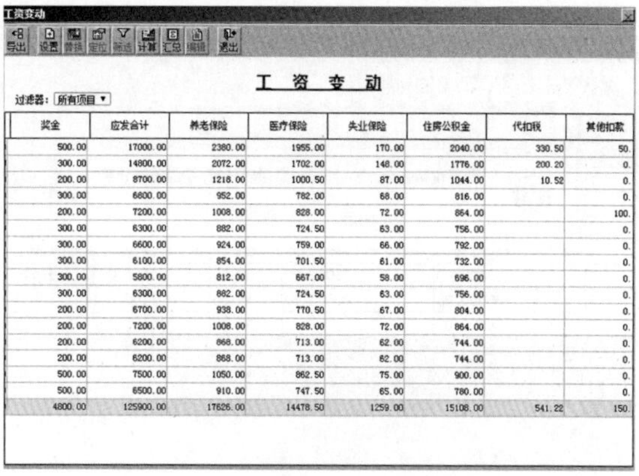

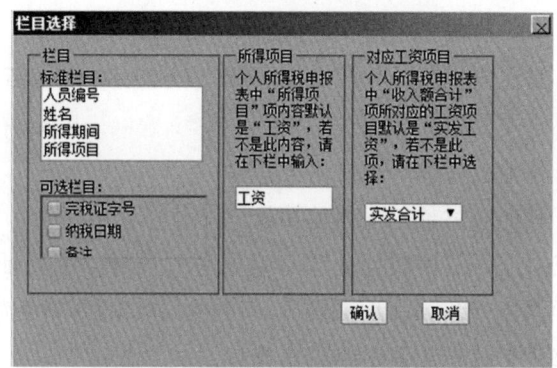

图 5-57　刷新数据后的工资变动

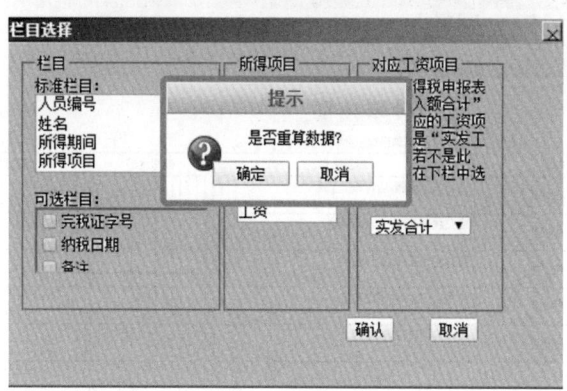

图 5-58　扣缴个人所得税—栏目选择

图 5-59　提示界面

（4）打开“个人所得税”窗口，单击【税率】按钮，进入“税率表”界面，默认基数为“5000”，单击【确认】按钮，系统提示“调整税率表后，个人所得税需重新计算，是否重新计算？”，如图 5-60 所示，依次单击【确定】→【退出】按钮。

（5）参照图 5-57，记录下各账户的金额，并确定“计提职工代扣代缴工资款项”分录如下：

借：221101 应付职工薪酬——应付职工工资　　49 162.72

图 5-60 个人所得税扣缴申报表

    贷：222112 应交税费——应交个人所得税   541.22
      224101 其他应付款——社会保险费(17 626.00 + 14 478.50 + 1 259.00)
                          33 363.50
      224102 其他应付款——住房公积金   15108.00
      224103 其他应付款——其他扣款   150.00

（6）在总账系统中，打开"填制凭证"窗口，填写一张"转"字凭证，摘要为"代扣代缴工资款项"，其他参照第（5）步，填完后如图 5-61 所示，单击【保存】按钮，系统提示"保存成功！"，依次单击【确定】→【退出】按钮，退出窗口。

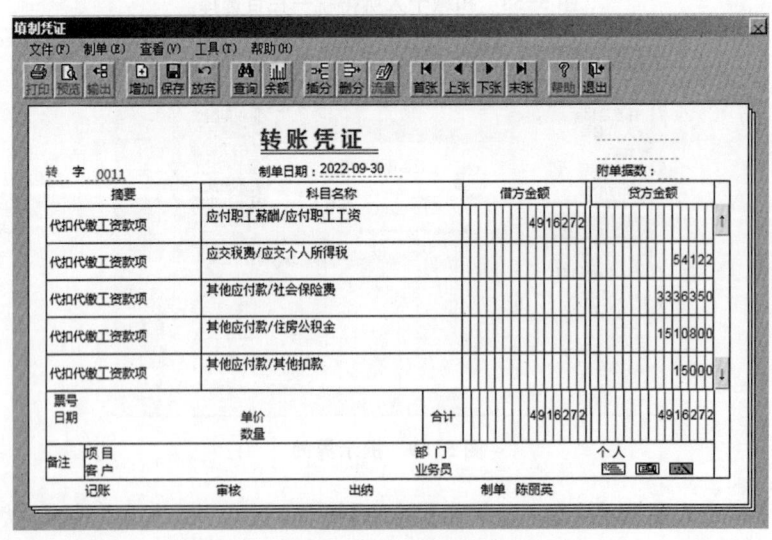

图 5-61 保存成功

> 💡 **注意：**
> ◎ 在查询数据时，一定要重新计算或者汇总，刷新数据，更准确。
> ◎ 如查询"工资变动"时没有出现数据，可能是"工资项目"的顺序有问题，需要先到工资项目的"公式设置"中重新调整，再到"工资变动"中计算或者汇总。

◎ 代扣代缴业务处理中的数据来源于工资管理系统,因此编制的凭证有错误,说明工资信息有错误。

任务八 月末处理和反结账

5-11 月末处理

【工作任务】

(1) 月末处理。

(2) 反结账。

【知识储备】

工资月末处理是指每月的月末处理,是将当月数据经过处理后结转到下个月。每月的工资数据处理完成后均可以进行月末结转。注意:若是处理多个工资类别,则应按照工资类别分别进行月末处理,先汇总工资数据,再进行月末处理。工资管理系统月末处理后,当月的数据不允许变动。

结账当月不能反结账,应于下月初登录账套才能反结账。

【任务资料】

(1) 月末处理。

(2) 反结账。

【工作步骤】

1. 月末处理

(1) 依次单击【工资】→【业务处理】→【工资变动】→【月末处理】按钮或直接单击"月末处理"图标,打开"月末处理"对话框,如图5-62所示。

(2) 单击【确认】按钮,打开"选择清零项目"对话框,如图5-63所示。

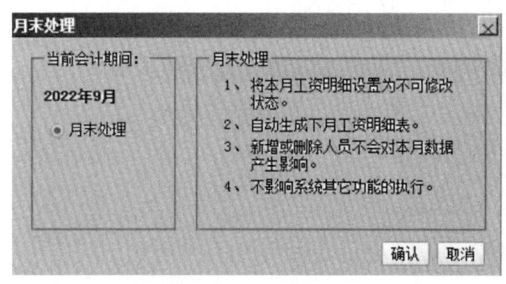

图 5-62 月末处理

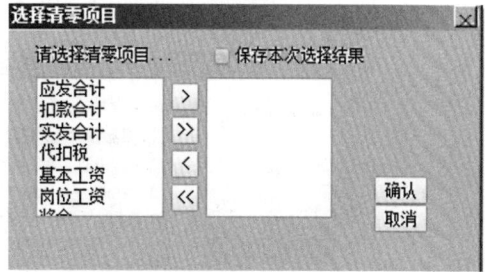

图 5-63 选择清零项目

(3) 单击选择"请假天数""请假扣款""养老保险",单击【>】按钮,将所选择项目移动到右侧空白处,如图5-64所示。

(4) 单击【确认】按钮,系统弹出"工资类别月末处理成功!"提示框,如图5-65所示。

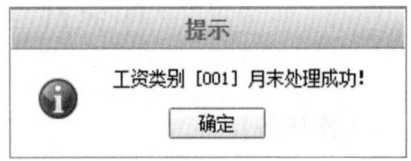

图 5-64　选择清零项目　　　　　图 5-65　月末处理成功

(5) 单击【确定】按钮,退出对话框。

2. 反结账

(1) 以总账会计陈丽英(202)的身份登录"信息门户",注意登录时间是 2022 年 10 月 1 日,依次单击【工资】→【业务处理】→【反结账】按钮。

(2) 进入"反结账"对话框,单击【确定】按钮,如图 5-66 所示。

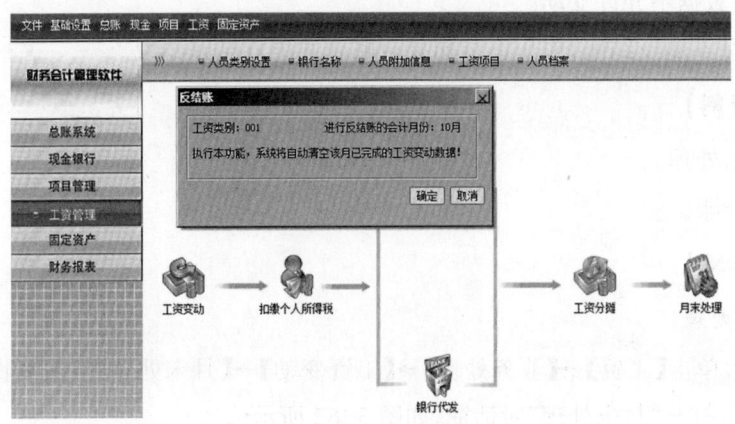

图 5-66　反结账

(3) 提示"反结账成功",单击【确定】按钮,如图 5-67 所示。

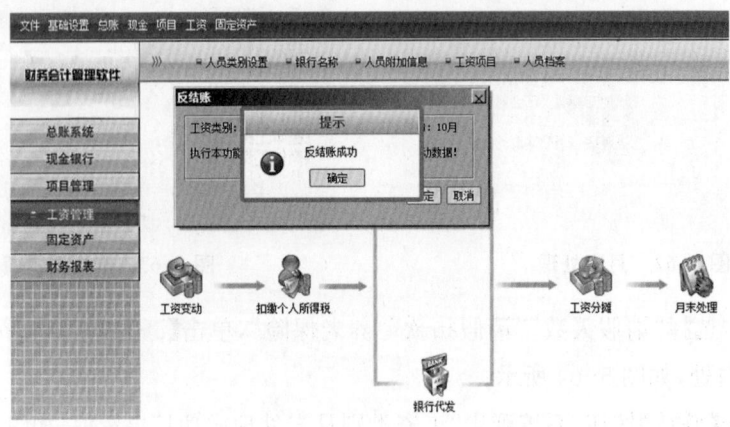

图 5-67　反结账成功

💡 **注意：**

◎ 月末处理之前，要保证本月工资数据变动完毕。

◎ 每月处理完毕工资数据后均需进行月末结转。

◎ 工资管理系统期末结账只能由账套主管或工资类别主管来执行。

◎ 工资管理系统期末结账后，才可以进行总账系统的期末结账。

◎ 结账时，应进行清零处理，这是因为在工资项目中，有的项目是变动的，即每月的数据均不同，在每月工资处理时，均需将其数据清零，而后输入当月的数据，此类项目即为清零项目。

◎ 结账后，本月工资明细表为不可修改状态，同时自动生成下月工资明细账，新增或删除人员将不会对本月数据产生影响。

◎ 反结账登录的时间应为结账月份的下月初，否则不予操作。

 **知识地图**

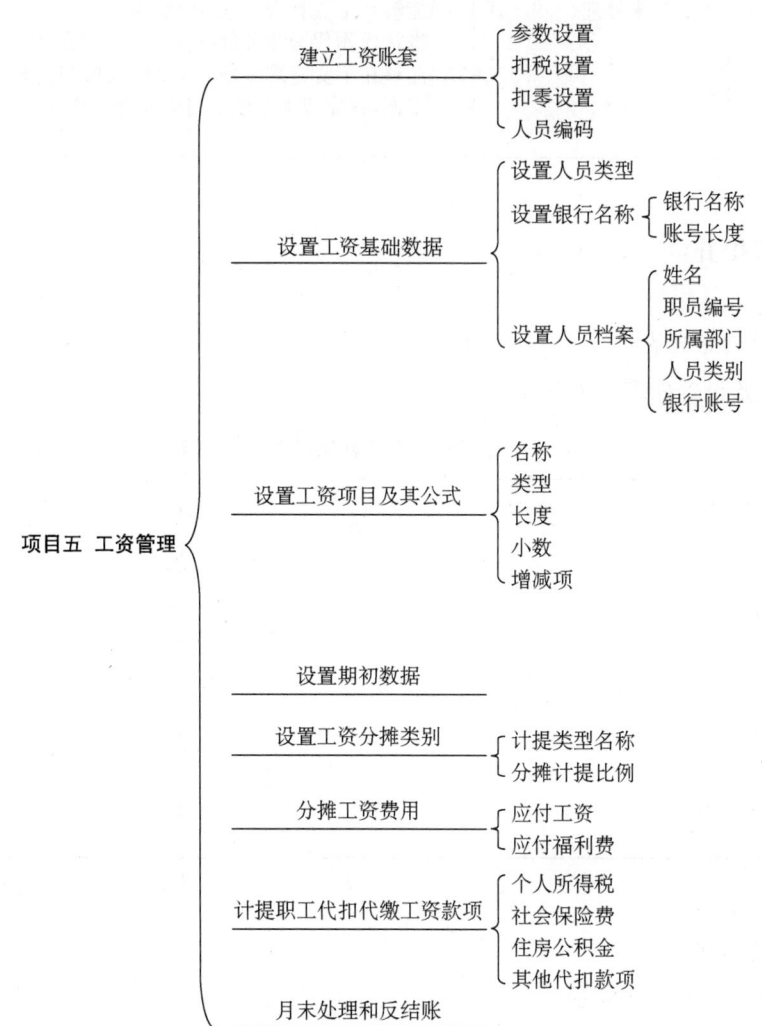

考证导航

项目	任务	职业技能要求
项目五 工资管理	1. 建立工资账套 2. 设置人员类型 3. 设置银行名称 4. 设置人员档案 5. 设置工资项目 6. 设置工资项目公式 7. 设置期初数据 8. 设置工资分摊类别 9. 分摊工资费用 10. 计提职工代扣代缴工资款项 11. 月末处理	1. 能够依据资料,在工资管理系统中,熟练、准确地建立工资账套,并能正确进行工资管理账套中的基础设置 2. 能够在工资管理系统中,调整扣税基数和税率,确保符合个人所得税的要求 3. 能够在工资管理系统中,调整工资项目,设置工资分摊公式 4. 能够在工资管理系统中,熟练、准确地进行工资计算处理 5. 能够在工资管理系统中,正确生成本月工资计提的凭证 6. 能够在工资管理系统中,熟练完成个人所得税计算并进行代扣代缴业务处理 7. 能够在工资管理系统中,熟练完成与总账系统的对账工作,并完成本系统的月末结账工作

 课后提升

1. 工资初始设置

工资初始设置如表 5-6 所示。

表 5-6 工资初始设置

设置项目	设置要求
参数设置	工资类别:单个
	币别:人民币
扣税设置	从工资中代扣个人所得税
扣零设置	不扣零
人员编码	人员编码长度:5 位
	启用日期 2022-09-01

2. 工资基础设置

1) 人员类别

人员类别如表 5-7 所示。

表 5-7 人员类别

部门编码	部门名称	人员类别
01	总经理室	管理人员
02	销售部	销售人员
03	采购部	管理人员
04	仓储部	管理人员
05	财务部	管理人员
06	研发部	研发人员
0601	研发一部	
0602	研发二部	
07	生产部	生产人员

2）开户银行

开户银行如表 5-8 所示。

表 5-8 开户银行

编码	开户银行	银行账号
1	中国工商银行宁波分行	39013219000191989

3）人员档案

人员档案如表 5-9 所示。

表 5-9 人员档案

职员编码	职员姓名	所属部门	人员类别	账号	是否计税
01001	周甬洪	总经理室	管理人员	30310010001	是
02001	王文	销售部	销售人员	30310010002	是
02002	杨道康	销售部	销售人员	30310010003	是
03001	戴立	采购部	管理人员	30310010004	是
03002	向兰	采购部	管理人员	30310010005	是
04001	李欣	仓储部	管理人员	30310010006	是
04002	郑剑	仓储部	管理人员	30310010007	是
05001	冯峥嵘	财务部	管理人员	30310010008	是
05002	赖送天	财务部	管理人员	30310010009	是
05003	胡天一	财务部	管理人员	30310010010	是

(续表)

职员编码	职员姓名	所属部门	人员类别	账号	是否计税
06001	王雨林	研发一部	研发人员	30310010011	是
06002	李佳	研发二部	研发人员	30310010012	是
07001	张修	生产部	生产人员	30310010013	是
07002	张欣	生产部	生产人员	30310010014	是

4）工资项目设置

工资项目设置如表 5-10 所示。

表 5-10　工资项目设置

工资项目名称	类型	长度	小数	增减项	公式设置
基本工资	数字	10	2	增项	
岗位津贴	数字	10	2	增项	
奖金	数字	10	2	增项	
交通补贴	数字	10	2	增项	管理、销售人员的交通补贴 800 元，研发人员的交通补贴 500 元，生产人员的交通补贴 300 元
应扣工资	数字	10	2	减项	
应发合计	数字	10	2	增项	基本工资 + 岗位津贴 + 奖金 + 交通补贴 - 应扣工资
养老保险	数字	10	2	减项	应发合计 * 8%
医疗保险	数字	10	2	减项	应发合计 * 2%
失业保险	数字	10	2	减项	应发合计 * 1%
住房公积金	数字	10	2	减项	应发合计 * 12%
代扣税	数字	10	2	减项	
扣款合计	数字	10	2	减项	代扣税 + 养老保险 + 医疗保险 + 失业保险 + 住房公积金
实发合计	数字	10	2	增项	应发合计 - 扣款合计

5）期初数据

期初数据如表 5-11 所示。

表 5-11 期初数据

姓名	基本工资	岗位津贴	奖金	应扣工资
周甬洪	10 000.00	3 000.00	2 500.00	
王文	8 000.00	1 500.00	1 500.00	
杨道康	7 500.00	1 500.00	1 500.00	100.00
戴立	5 000.00	700.00	500.00	
向兰	6 900.00	1 500.00	1 500.00	
李欣	3 500.00	250.00	150.00	
郑剑	3 000.00	300.00	200.00	200.00
冯峥嵘	4 500.00	500.00	750.00	
赖送天	7 500.00	1 500.00	1 500.00	
胡天一	6 000.00	1 000.00	650.00	
王雨林	5 000.00	500.00	1 500.00	
李佳	7 000.00	1 000.00	1 000.00	150.00
张修	7 000.00	1 000.00	800.00	
张欣	5 500.00	1 000.00	1 000.00	
合计	86 400.00	15 250.00	15 050.00	450.00

3. 工资日常业务

1) 计提工资(企业本月只生产一种产品 KT-30 机床)

进行工资费用分摊。计提分配方式:分配到个人;明细到工资项目;核算部门:所有部门;计提会计月份:2022.09;制单时合并科目相同、辅助项相同的分录。计提工资费用分摊如表 5-12 所示。

表 5-12 计提工资费用分摊　　　　　　　　单位:元

部门		应付工资	
		借方	贷方
总经理室、采购部、仓管部、财务部	管理人员	560 209	221 101
销售部	销售人员	560 107	221 101
生产部	生产人员	400 102	221 101
研发部	研发人员	4 301	221 101

2) 教育经费、工会经费、计提福利费

计提教育经费、工会经费和福利费如表 5-13 所示。

表 5-13　计提教育经费、工会经费、福利费　　　　　　　单位:元

部门		工资分摊					
		应付教育经费(8%)		应付工会经费(2%)		应付福利费(14%)	
		借方	贷方	借方	贷方	借方	贷方
总经理室、财务部、采购部、仓储部	管理人员	560 209	560 209	560 209	221 106	560 209	221 103
销售部	销售人员	560 107	560 107	560 107	221 106	560 107	221 103
生产部	生产人员	400 102	400 102	400 102	221 106	400 102	221 103
研发部	研发人员	4 301	4 301	4 301	221 106	4 301	221 103

巩固提高

一、单选题

1. 下列关于工资管理系统的描述中,不正确的是(　　)。
   A. 自动生成的记账凭证在账务处理系统可以修改
   B. 可以自动生成计提工资的记账凭证
   C. 可以自动进行工资费用的分配
   D. 工资分摊的记账凭证自动传递到账务处理系统

2. 下列各项中,不属于工资管理系统初始化工作的是(　　)。
   A. 设置工资类别　　　　　　　　B. 设置工资项目
   C. 个人所得税计算　　　　　　　D. 录入工资原始数据

3. 系统默认以(　　)作为扣税基数。
   A. 应发合计　　　　　　　　　　B. 基本工资
   C. 代扣税　　　　　　　　　　　D. 实发合计

4. 下列各项中,不属于工资管理系统期末处理的是(　　)。
   A. 工资分摊　　　　　　　　　　B. 工资表输出
   C. 工资表查询　　　　　　　　　D. 期末结账

5. 对于辅助工资数据计算的工资项目,如"病假天数"是辅助计算"病假工资"的,这类工资项目的属性应设置为(　　)。
   A. 增项　　　　B. 减项　　　　C. 其他　　　　D. 辅助

6. 若在建立账套时选择了"扣税设置",则在工资项目中自动生成(　　)。
   A. 基本工资　　　　　　　　　　B. 奖金

C. 代扣税 D. 实发合计

7. 人员类别设置的主要目的是便于( )。
   A. 计算工资 B. 工资发放
   C. 工资数据统计 D. 工资费用分配

8. 下列功能不属于工资管理系统的是( )。
   A. 输入各种工资数据 B. 工资计算和发放
   C. 工资费用汇总和分配 D. 成本计算

9. 下列不属于工资管理系统基本设置内容的是( )。
   A. 基本选项 B. 人员档案
   C. 工资 D. 工资类别

10. 下列各项中,与总账系统之间存在传递关系的是( )。
    A. 工资管理 B. 报表
    C. 总账 D. 基础设置

二、多选题

1. 下列各项中,属于会计核算软件的有( )。
   A. 工资管理系统 B. 销售核算系统
   C. 人事管理系统 D. 固定资产管理系统

2. 下列功能系统中,属于会计核算软件的功能系统的有( )。
   A. 账务处理 B. 工资核算
   C. 销售核算 D. 成本核算

3. 工资管理系统日常处理的事项有( )。
   A. 工资计算 B. 个人所得税计算
   C. 工资分摊 D. 生成记账凭证

4. 在工资项目设置界面的"公式设置"中,设置工资项目计算公式的方法包括( )。
   A. 在公式定义文本框中直接输入计算公式
   B. 单击"函数公式向导参照"按钮,利用向导定义公式设置计算公式
   C. 使用界面下方的公式输入参照逐步定义计算公式
   D. 以上说法都对

5. 下列关于工资管理系统反结账正确的有( )。
   A. 总账系统已经结账,不允许反结账
   B. 成本核算系统已经结账,不允许反结账
   C. 汇总工资类别的会计月份=反结账会计月份,包括需要反结账的工资类别,不允许反结账
   D. 只有账套主管才能使用反结账功能

6. 在工资分摊构成设置中,需要设置(　　)等内容。
   A. 人员类别　　　　　　　　　　B. 工资项目
   C. 科目　　　　　　　　　　　　D. 部门

7. 在工资管理系统中,复制人员信息的前提条件有(　　)。
   A. 工资币种必须一致　　　　　　B. 工资项目设置必须一致
   C. 多工资类别　　　　　　　　　D. 人员编号长度一致

8. 在进行工资分摊时,需要选择的内容包括(　　)。
   A. 计提分配方式　　　　　　　　B. 计提会计月份
   C. 计提费用类型　　　　　　　　D. 选择核算部门

9. 下列操作必须在打开工资类别情况下才能进行的有(　　)。
   A. 增加人员档案　　　　　　　　B. 增加人员类别
   C. 增加部门　　　　　　　　　　D. 关闭工资类别

10. 工资系统正常使用之前必须做好(　　)。
    A. 部门设置　　　　　　　　　　B. 人员类别设置
    C. 项目大类设置　　　　　　　　D. 收发类别设置

三、判断题

1. 在工资管理系统中选择某个类别的工资项目,工资项目的类型、长度、小数位等可以更改。(　　)
2. 在多类别工资核算的前提下,部门设置和工资项目设置只能在关闭工资类别的情况下进行设置。(　　)
3. 工资项目名称必须唯一,一经使用,数据类型不允许修改。(　　)
4. 工资类别的启用日期确定后不能修改,同个部门可以设置多个工资类别。(　　)
5. 所有操作员都可以删除工资类别,也可以进行反结账操作。(　　)
6. 所有工资项目及其设置的计算公式在不需用时都可以删除。(　　)
7. 在工资管理系统中删除凭证与账务处理系统删除凭证都是直接从本系统中删除。(　　)
8. 在工资管理系统中进行月末处理时,若处理多个工资类别,则应打开该工资类别,分别进行月末结转。(　　)
9. 工资管理系统中,进行期末处理后,当月数据允许变动。(　　)
10. 工资管理系统一般不提供工资费用分配的功能。(　　)

项目六　总账期末管理

※**知识目标**

1. 掌握总账系统自动转账的设置与凭证生成。
2. 掌握总账系统月末结账的操作过程及注意事项。

※**技能目标**

1. 能够熟练、正确地设置和生成总账系统对应结转、自定义转账、期间损益结转凭证。
2. 在熟练掌握总账系统月末结账工作的基础上，对于对账和试算平衡出现的不平衡情况，能够快而准地检查和判断，并及时反馈给相关操作员修改更正。

※**素质目标**

1. 培养学生严谨细致、一丝不苟的工作作风。
2. 培养学生分析问题、处理问题、解决问题的能力，提高专业技能水平。
3. 培养学生与不同操作员之间合作交流的工作能力。

总账系统期末转账业务的凭证可以直接填制凭证，也可以由总账系统内部自动转账生成。该工作都是在"信息门户"的"总账系统"中操作，其中总账系统内部自动转账包括设置自动转账分录（转账定义）和生成转账凭证（转账生成）两个阶段的工作。在本实训中，会计主管负责完成自动转账分录的设置，总账会计负责完成转账凭证的生成。

任务一　期末转账业务

【**工作任务**】

（1）设置自动转账分录。
（2）编制期末转账业务凭证和生成自动转账凭证。

【**知识储备**】

1. 转账定义

企业期末的转账业务是业务量多、计算量大的工作，包括各类成本费用的分摊结转、税费的计提、损益类科目的结转等业务。总账系统内部自动转账大大降低了财务人员的工作量和难度,完成一次转账定义设置后,可以长期使用,每月月末只需执行转账生成功能即可快速生成转账凭证。只有在设置的转账内容发生变化时,才需要修改转账定义。

"转账定义"的设置,在第一次使用总账系统完成数据初始化设置后,到期末结账前,随时都可以进行。

"转账定义"设置包括对应转账设置、销售成本结转设置、汇兑损益结转设置、自定义转账设置和期间损益结转设置五种功能。本项目主要介绍以下三种:

对应转账一般针对资产、成本或费用类科目,且只结转期末余额。对应结转是将某科目的余额按一定比例转入一个或多个科目;借贷科目可以为任何一级科目之间的结转,比如将"制造费用"总账科目转入"生产成本——制造费用"明细账科目;转入科目可以定义多个,比如将制造费用分配转入A、B两种产品的生成成本中;但如转出科目定义辅助项,则转入科目辅助项不能为空。

自定义转账是指由用户自己定义转账凭证模板。由于自定义转账的应用范围广、使用灵活,大部分的转账业务都能用自定义转账来处理,极大地提高了总账系统的使用效率,但设置时规则复杂、函数多样,不易理解,操作有难度。所以,一般在系统运行初期,可不使用或少使用自定义转账功能,随着对系统的深入了解,再逐步增加自定义转账的设置。

期间损益结转用于在一个会计期间终了时,将损益类科目的余额结转到"本年利润"科目中,用来反映企业利润的盈亏情况。

2. 转账生成

凭证模板定义好以后,每个月发生相关经济业务就不必再通过手工录入凭证,直接调用已定义好的凭证模板来自动生成凭证就可以了。在生成和处理的顺序上,要把期间损益结转凭证放在其他转账凭证录入或生成之后。定义的同一张凭证模板,在一个期间内可多次生成,但通常情况下每一期间只需结转一次。

6-1 结转制造成本

【任务资料】

【业务6-1】9月30日,结转制造费用,全部转入西服成本。期末对应结转,结转制造费用如表6-1所示。

表6-1 结转制造费用

编号	凭证类型	摘要	分录设置	结转系数
001	转账凭证	结转制造费用	借:生产成本——制造费用　400 103 贷:制造费用　　　　　　　　4 101	1

【业务6-2】9月30日,假设当期无其他产品出入库,本月西服完工390套,月末无在产品。

【业务6-3】9月30日,结转本月已销产品成本。本月共销售西服1 000套,采用先进先出法。

【业务6-4】9月30日,计提本期短期借款利息,按照短期借款期末余额计算,年利息率为2%。自定义转账,计提短期借款利息如表6-2所示。

表6-2 计提短期借款利息

转账序号	转账说明	凭证类型	公式设置	
01	计提短期借款利息	转账凭证	借:财务费用[JG()] 贷:应付利息[QM(2001,月,贷,,,,,2)*0.02/12]	560 301 2 231

【业务6-5】分别将损益类账户中收入类和费用类账户结转到本年利润。(期间损益结转)

【工作步骤】

1. 对应转账

(1)以会计主管(201)的身份登录"信息门户",进行自动转账分录设置。依次单击【总账】→【期末】→【转账定义】→【对应转账】按钮,进入"对应转账设置"对话框,如图6-1所示。

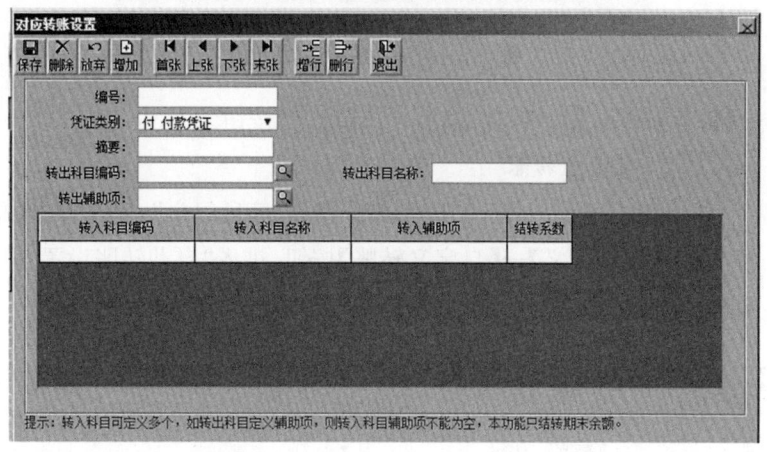

图6-1 "对应转账设置"对话框

(2)在"对应转账设置"对话框中,输入编号为"001";凭证类别下拉键选"转账凭证";输入摘要为"结转制造费用";转出科目编码框直接输入"制造费用"科目的编号为"4101"或者点" "按钮进入"科目参照"对话框,找到"制造费用"科目(编号4101),直接双击或单击选中后点【确定】按钮,转出辅助项为空;转入科目编码空格处用鼠标双击,出现" "按钮进入"科目参照"对话框,选择"生产成本——制造费用"科目(编号400103),转入辅助项为空;结转系数为"1",如图6-2、图6-3所示。

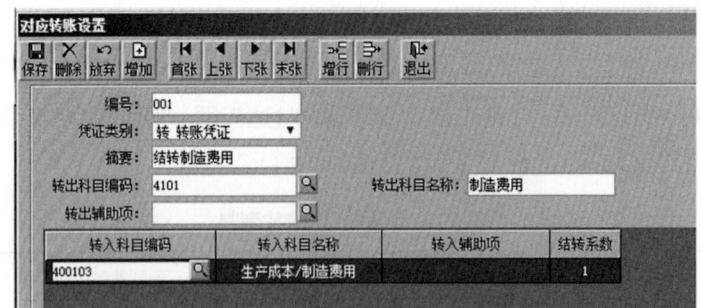

图 6-2 对应转账设置输入信息

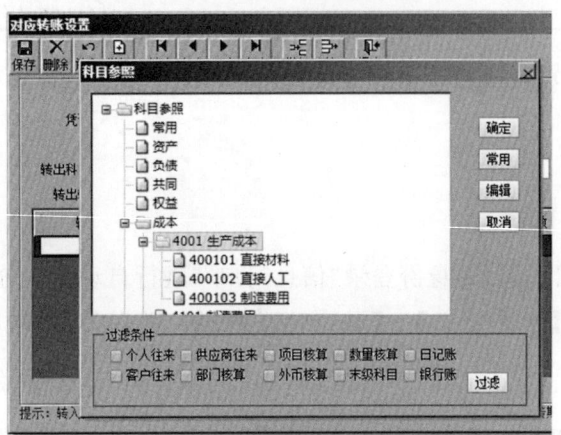

图 6-3 "科目参照"对话框

（3）单击【保存】按钮，提示保存成功，单击【确定】按钮。

2. 自定义转账

6-2 结转利息

（1）以会计主管（201）的身份登录"信息门户"，依次单击【总账】→【期末】→【转账定义】→【自定义转账】按钮，进入"自动转账设置"对话框，如图 6-4 所示。

图 6-4 "自动转账设置"对话框

（2）单击【增加】按钮，打开"转账目录"对话框，输入转账序号为"001"、转账说明为"计提短期借款利息"，选择凭证类别为"转 转账凭证"，单击【确定】按钮，如图 6-5 所示。

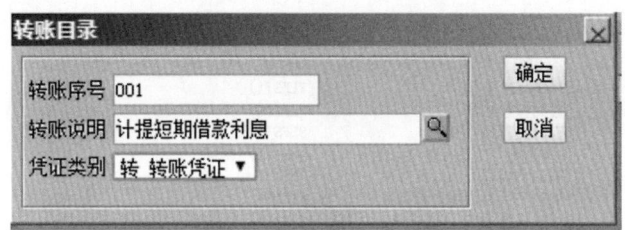

图 6-5 转账目录信息录入

(3) 打开"自动转账设置"对话框,在科目编码空行处双击,出现"🔍"按钮进入"科目参照"对话框,选择"财务费用/利息费用"科目(编号 560301);双击方向栏,出现下拉键,方向选"借"方,如图 6-6 所示。

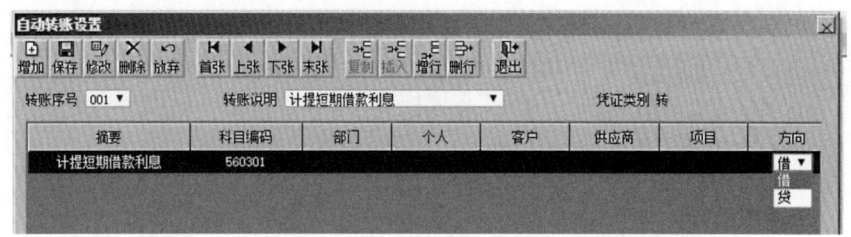

图 6-6 自动转账设置信息录入

(4) 点击灰色区域,按键盘上 ➡ 向右方向键,使编辑行移动出现金额公式栏,如图 6-7 所示。

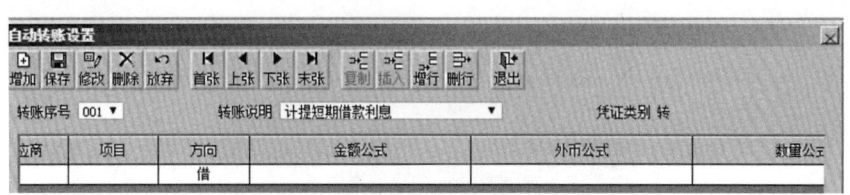

图 6-7 有金额公式栏的对话框

(5) 双击金额公式栏空行处,出现"🔍"按钮进入"公式向导 1"对话框,在公式名称框中滚动鼠标,找到"取对方科目计算结果",单击【下一步】按钮,借方设置完毕,如图 6-8 所示。

(6) 单击【增行】按钮,设置贷方信息,选择科目编码为 2231、方向为"贷"方,双击金额公式栏空行处,出现"🔍"按钮进入"公式向导 1"对话框,如图 6-9 所示,在公式名称框中滚动鼠标,找到"期末余额",单击【下一步】按钮,出现"公式向导 2"对话框,如图 6-10 所示。

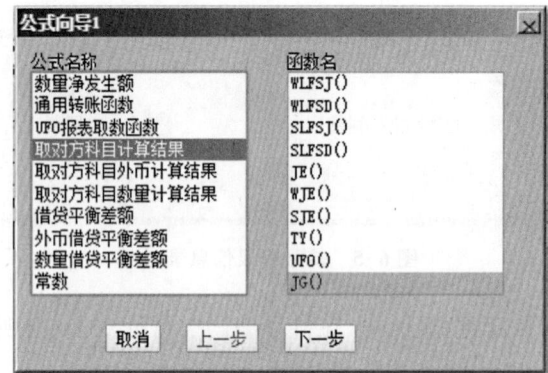

图 6-8 公式向导 1 取对方科目计算结果对话框

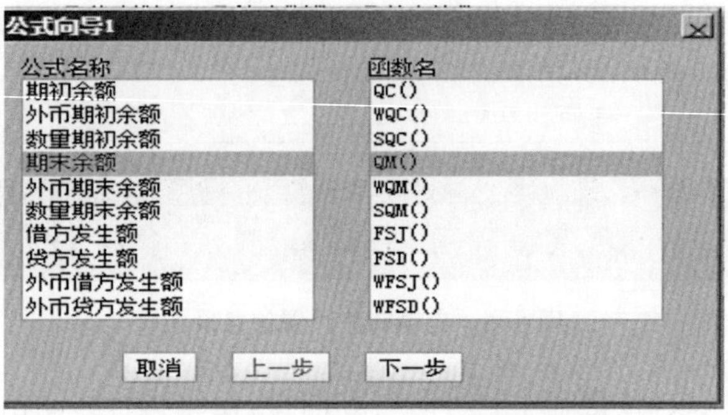

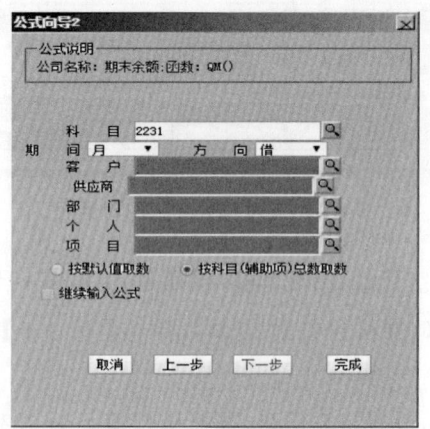

图 6-9 公式向导 1 取期末余额对话框

图 6-10 公式向导 2

(7) 在"公式向导 2"对话框中,选择科目为"短期借款"(编号 2001)、期间为"月"、方向为"贷"方,单击【完成】按钮,如图 6-11 所示。进入"自动转账设置"对话框,如图 6-12 所示,单击【保存】→【退出】按钮。

项目六 总账期末管理 | 217

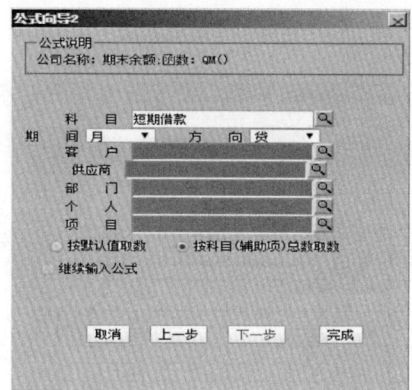

图 6-11 公式向导 2 信息录入

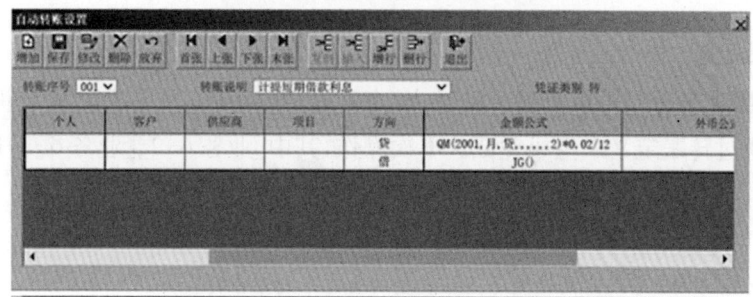

图 6-12 自动转账设置完成

3. 期间损益结转

（1）以会计主管（201）的身份登录"信息门户"，依次单击【总账】→【期末】→【转账定义】→【期间损益】按钮，进入"期间损益结转设置"对话框，如图 6-13 所示。

6-3 结转期间损益

图 6-13 期间损益结转设置

（2）在"期间损益结转设置"对话框中，选择凭证类别为"转账凭证"，"本年利润"科目通过""按钮选择"本年利润"科目（编号 3103），单击【确定】按钮，提示"保存成功"，

单击【确定】按钮,如图 6-14 所示。

图 6-14 期间损益结转设置信息

4. 转账生成

期末转账业务分录可以直接手动录入,也可以转账生成,为了减少工作量、降低工作难度,尽量通过转账定义来生成凭证。本次操作,其中[业务 6-2][业务 6-3]通过填制凭证手动录入,[业务 6-1][业务 6-4][业务 6-5]均为转账生成。

> 💡 注意:
> ◎ 制单时应将电脑系统时间调整为业务发生的当月末或业务发生当日。

1)[业务 6-1]转账生成操作

(1)以总账会计(202)的身份登录"信息门户",依次单击【总账】→【期末】→【转账生成】按钮或直接点击"月末转账"图标,进入"转账生成"对话框,如图 6-15 所示。

6-4 制造成本

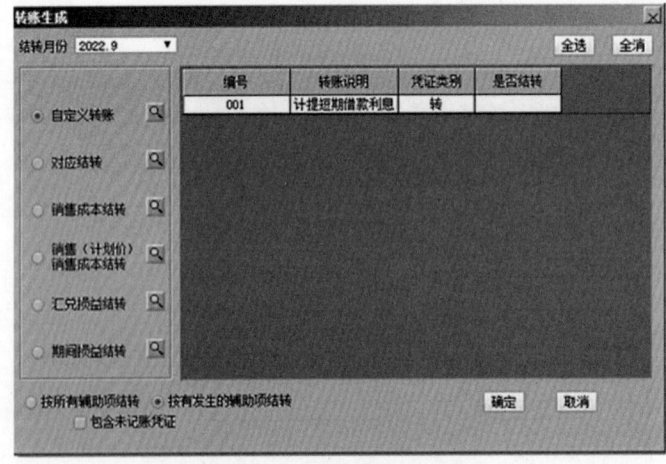

图 6-15 "转账生成"对话框

(2)选择对话框左侧"对应结转",出现已设置好的对应结转项目,双击选中需要转账生成的业务或【全选】按钮,在"包含未记账凭证"前打"√",单击【确定】按钮,如

图6-16所示。

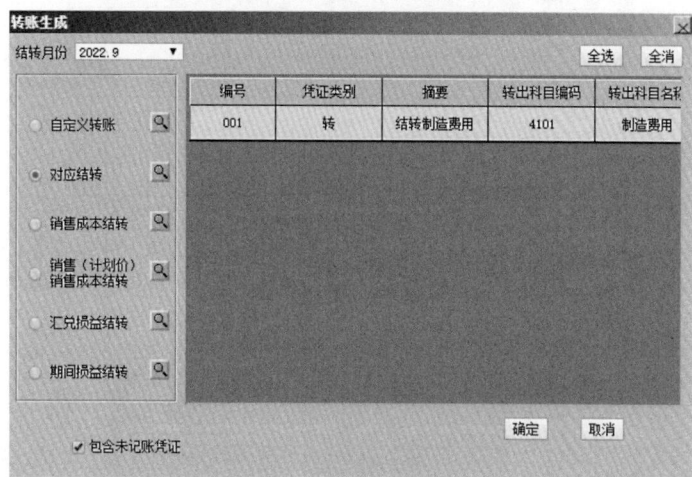

图6-16 对应结转操作

（3）自动生成一张"结转制造费用"转账凭证，单击【保存】按钮，弹出"项目不能为空！"提示框，单击【确定】按钮，如图6-17所示。

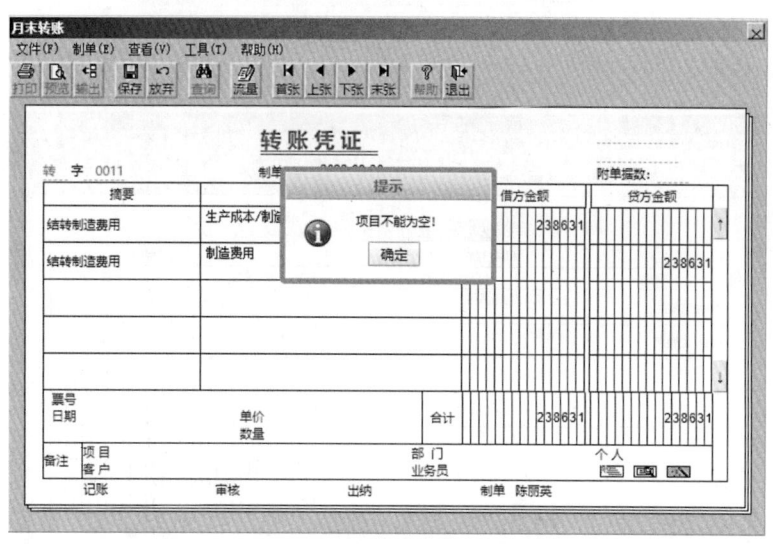

图6-17 项目不能为空提示信息

（4）选中需要录入项目辅助项的"生产成本/制造费用"科目所在行，点凭证右下角 输入图标，出现辅助项"项目"选择框，如图6-18所示；点击" "按钮，进入"项目档案参照"对话框，如图6-19所示；双击"西服"，单击【确认】→【保存】按钮，提示保存成功，单击【确认】按钮，该凭证的左上角出现"已生成"，单击【退出】按钮，如图6-20所示。

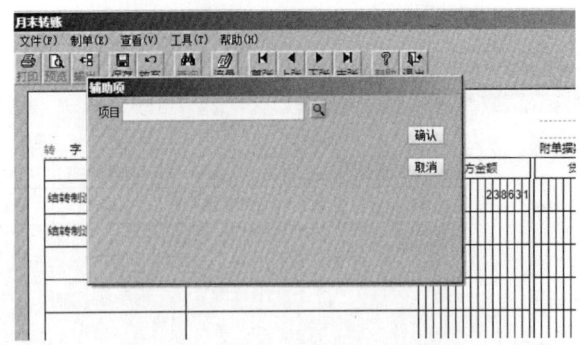

图 6-18 录入项目

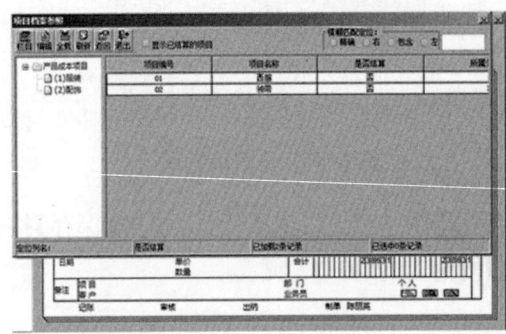

图 6-19 项目档案参照

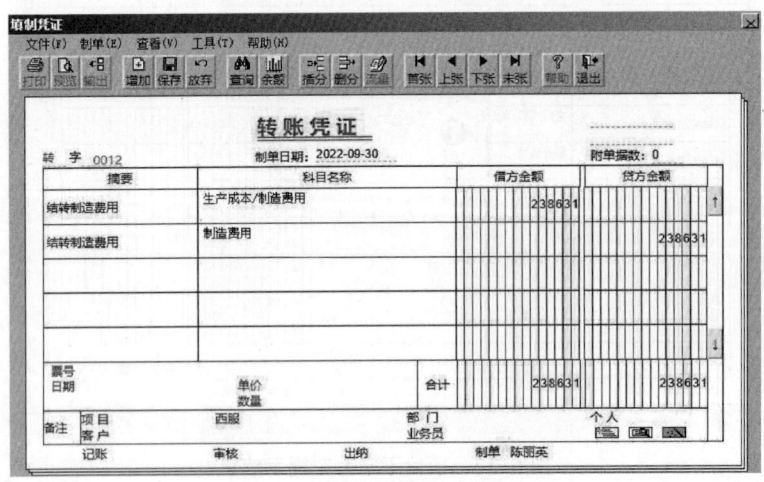

图 6-20 结转制造费用转账凭证

2)[业务 6-2]手动录入操作

(1) 以总账会计(202)的身份登录"信息门户",依次单击【项目】→【账簿】→【项目总账】→【项目总账】按钮或直接点"项目总账"图标,如图 6-21 所示。

6-5 产品完工入库

(2) 打开"项目总账"对话框,如图 6-22 所示,点击"项目大类"下拉

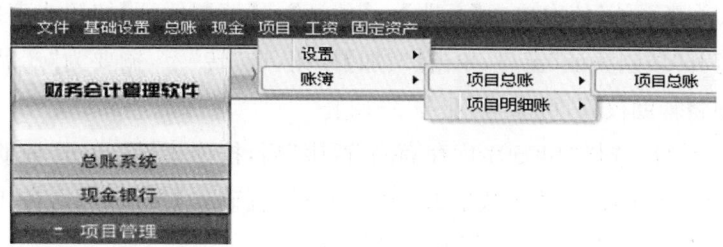

图 6-21 项目总账查询

键,选择"00 产品成本项目",点击项目栏" 🔍 "按钮,进入"项目参照"对话框,如图 6-23 所示,双击"西服"项目所在行;再回到"项目总账"对话框,选择需要查询的月份"2022.09",在"包含未记账凭证"前打"√",单击【确认】按钮。

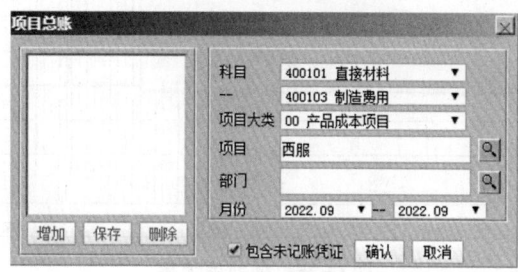

图 6-22 项目总账

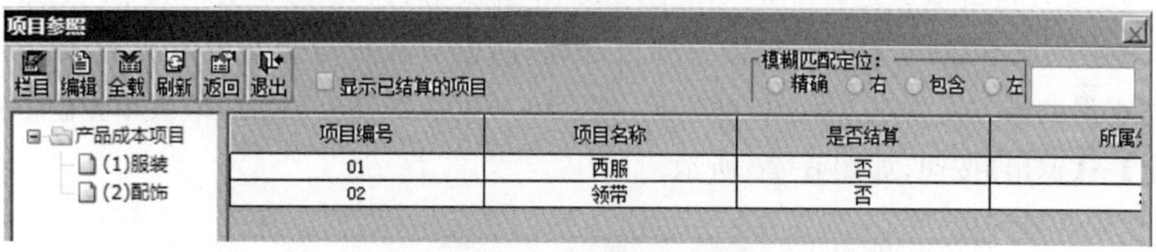

项目编号	项目名称	是否结算	所属
01	西服	否	
02	领带	否	

图 6-23 项目参照

(3) 进入"项目总账"账簿查询界面,如图 6-24 所示,点击左上角项目栏下拉键,选择要查询的"西服"项目,记录下西服 9 月份的直接材料、直接人工、制造费用成本项目的借方发生额及合计数。

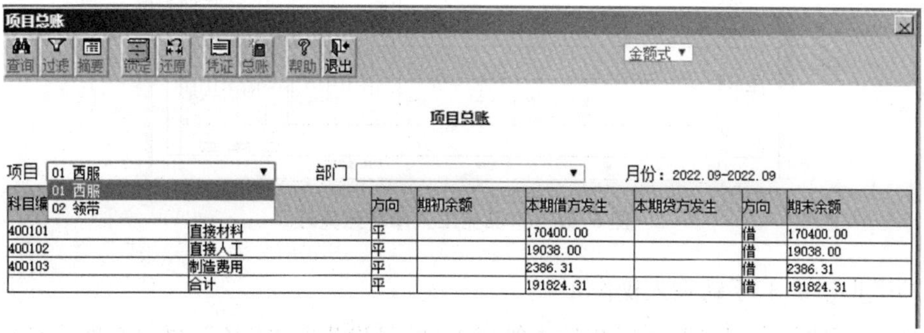

项目总账

项目 01 西服　　部门　　　月份:2022.09-2022.09

科目编号		方向	期初余额	本期借方发生	本期贷方发生	方向	期末余额
400101	直接材料	平		170400.00		借	170400.00
400102	直接人工	平		19038.00		借	19038.00
400103	制造费用	平		2386.31		借	2386.31
	合计	平		191824.31		借	191824.31

图 6-24 西服项目总账账簿

（4）进入总账系统，依次单击【总账】→【凭证】→【填制凭证】按钮或直接点击"填制凭证"图标，打开"填制凭证"窗口，单击【增加】按钮，选"转"字，摘要为"产品完工入库"。该业务涉及项目辅助核算，可参考［业务3-12］。

（5）借方科目栏选择"140501 库存商品/西服"后，按回车键，弹出"辅助项"对话框，如图6-25所示，单价为空，输入数量为"390"套，单击【确认】按钮，然后在凭证借方金额栏录入成本合计数191824.31元；单价自动计算。

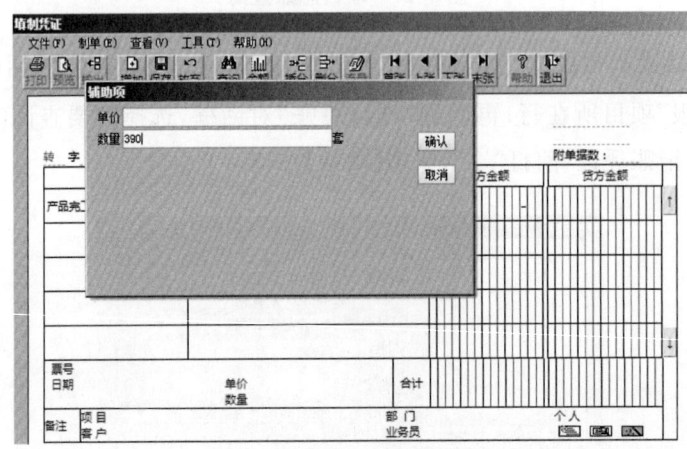

图6-25 辅助项填写

（6）贷方科目依次选择"400101 生产成本/直接材料、400102 生产成本/直接人工、400103 生产成本/制造费用"，辅助项项目都选"西服"；在贷方金额栏依次输入由"项目总账"查得的借方发生额170 400.00元、19 038.00元、2 386.31元；依次单击【保存】→【确定】→【退出】按钮，如图6-26所示。

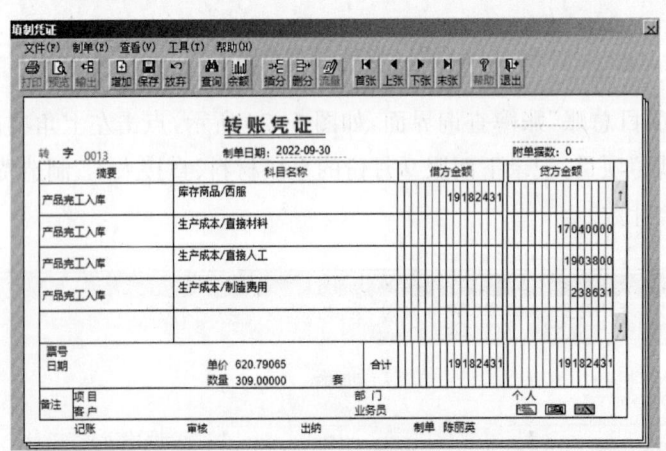

图6-26 产品完工入库转账凭证

3）［业务6-3］手动录入操作

（1）登录"信息门户"，先以会计主管（201）的身份进行"审核"，再以总账会计（202）

的身份进行"记账"。

💡 注意:

◎ 先要保证有关的凭证已经记账,如果没有记账,查找的库存商品"发生额及余额表"中不会显示本期发生额。

◎ 通过账簿查询商品的期初数量、期初余额、本期发生数量和金额,一般选择查询余额表,数量和金额都可以查到。查询总账只有金额,没有数量;查询明细账,期初数量没有显示。

◎ 如查询的是明细科目,"末级科目"前要打"√",否则无信息。

6-6 结转已销产品成本

(2) 由总账会计(202)的身份登录"信息门户",依次单击【总账】→【账簿查询】→【余额表】按钮,如图 6-27 所示。进入"发生金额查询条件"对话框,如图 6-28 所示,在科目栏选择"140501 库存商品/西服","末级科目"前打"√","包含未记账凭证"前打"√",单击【确定】按钮。

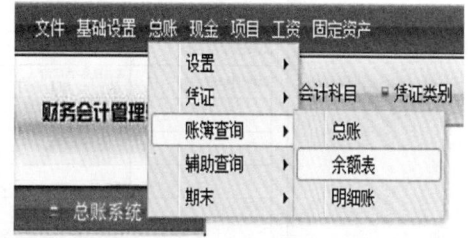

图 6-27 余额表查询途径

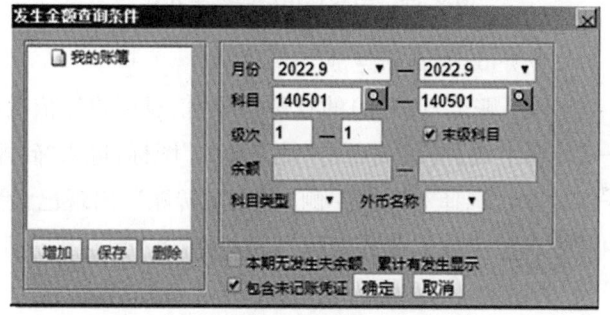

图 6-28 发生金额查询条件

(3) 进入"发生额及余额表"窗口,如图 6-29 所示,点右上角"账页格式"下拉键,选择"数量金额式",查得"库存商品/西服"的期初数量 1 920 套和期初余额 960 000 元,本期入库数量 309 套和金额 191 824.31 元。

科目编码	科目名称	方向	期初余额		本期借方发生		本期贷方发生		方向	期末余额	
			数量	金额	数量	金额	数量	金额		数量	金额
140501	西服	借	1920.00	960000.00	309.00	191824.31			借	2229.00	1151824.31
资产小计		借		960000.00		191824.31			借		1151824.31
合计		借		960000.00		191824.31			借		1151824.31

图 6-29 发生额及余额表

(4) 用先进先出法计算本月 1 000 套西服的销售成本。

本月期初单位成本 = 960 000 ÷ 1 920 = 500(元/套)

本月西服的销售成本 = 500 × 1 000 = 500 000(元)

（5）在总账系统中填制凭证，其中，"库存商品/西服"辅助项，单价为"500"，数量为"1000"套，如图 6-30 所示。填制完成后，依次单击【保存】→【确定】→【退出】按钮。

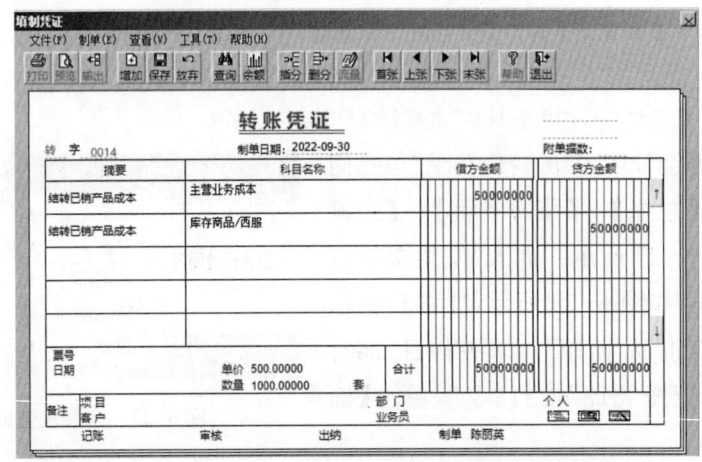

图 6-30　结转已销产品成本凭证

6-7　结转利息

4）[业务 6-4]转账生成

（1）以总账会计（202）的身份登录"信息门户"，依次单击【总账】→【期末】→【转账生成】按钮或点击"月末转账"图标，进入"转账生成"对话框，如图 6-31 所示，选择对话框左侧"自定义转账"，出现已设置好的项目，双击选中需要转账生成的业务或【全选】按钮，在"包含未记账凭证"前打"√"，单击【确定】按钮。

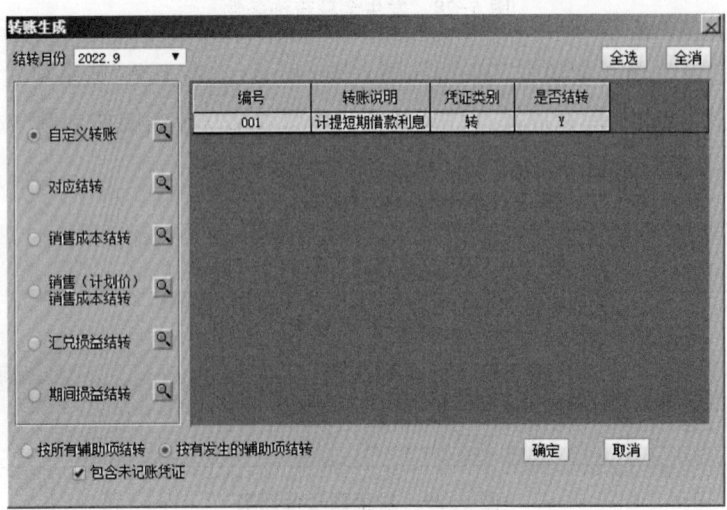

图 6-31　自定义转账操作

如果单击【总账】→【期末】→【转账生成】后,不能进入"转账生成"对话框,而是出现"无法生成凭证"提示,应根据提示进行排查,尤其要查看"公式设置"是否有误,如图 6-32 所示。

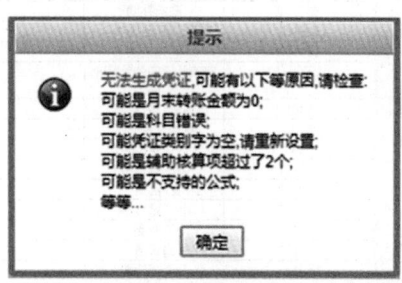

图 6-32　无法生成凭证提示

(2) 自动生成一张计提短期借款利息的凭证,依次单击【保存】→【确认】按钮,凭证的左上角出现"已生成",单击【退出】按钮,如图 6-33 所示。

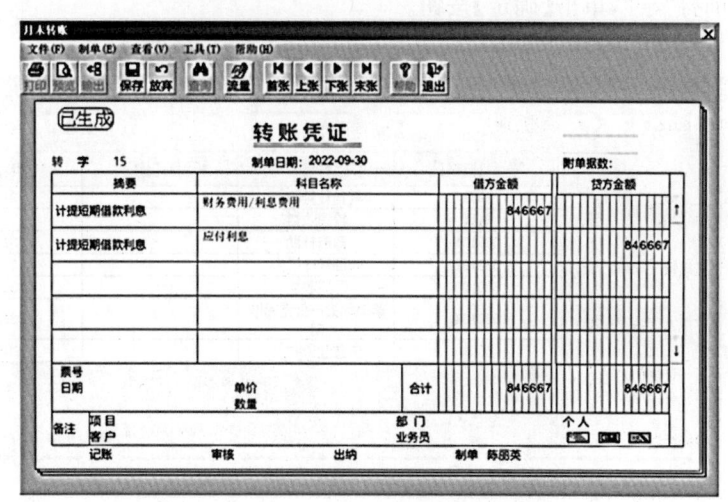

图 6-33　计提短期借款利息凭证

5) [业务 6-5]转账生成操作

💡 注意:
◎ 必须生成和处理好其他转账凭证之后,才能进行期间损益结转。
◎ 结转损益类账户,一般将收入类和费用类分别结转。

6-8　结转期间损益

(1) 以总账会计(202)的身份登录"信息门户",依次单击【总账】→【期末】→【转账生成】按钮,进入"转账生成"对话框,选择对话框左侧"期间损益结转",出现"转账生成"对话框,如图 6-34 所示,选择结转月份"2022.9",点"类型"栏的下拉键,选择"收入"。

图 6-34 转账生成操作

（2）出现只包含"收入类"转账生成界面，如图 6-35 所示，单击【全选】按钮，在"包含未记账凭证"前打"√"，单击【确定】按钮。

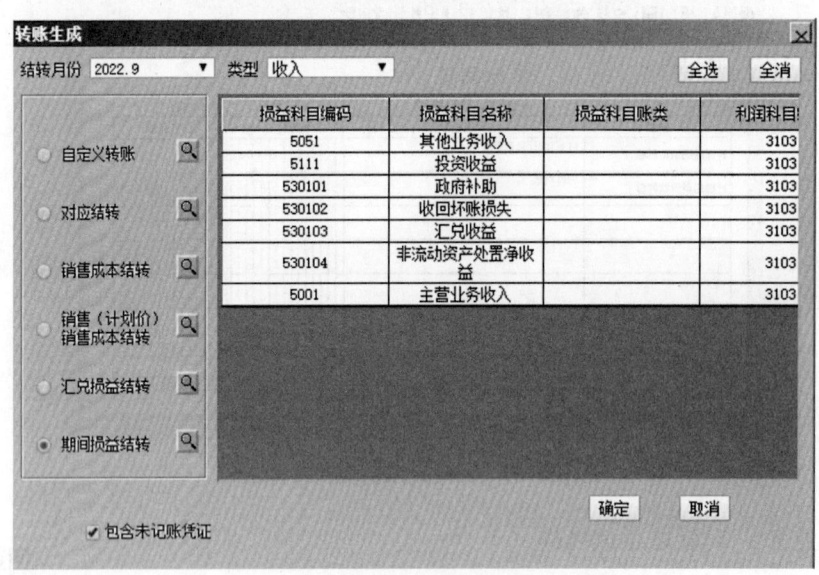

图 6-35 收入类转账生成

（3）自动生成一张收入类科目的期间损益结转凭证，依次单击【保存】→【确认】按钮，凭证的左上角出现"已生成"，单击【退出】按钮，如图 6-36 所示。

（4）重复上述步骤，选择类型为"支出"，完成支出类科目的期间损益结转凭证，如图 6-37 所示。

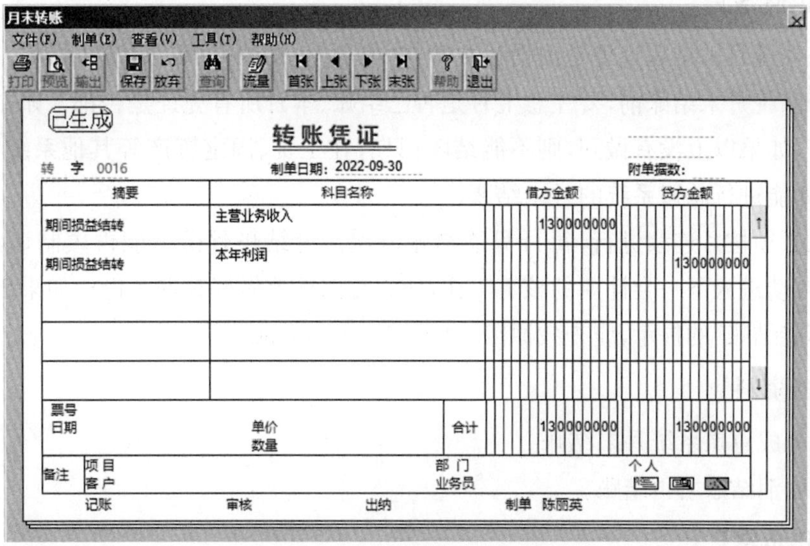

图 6-36　收入类结转凭证

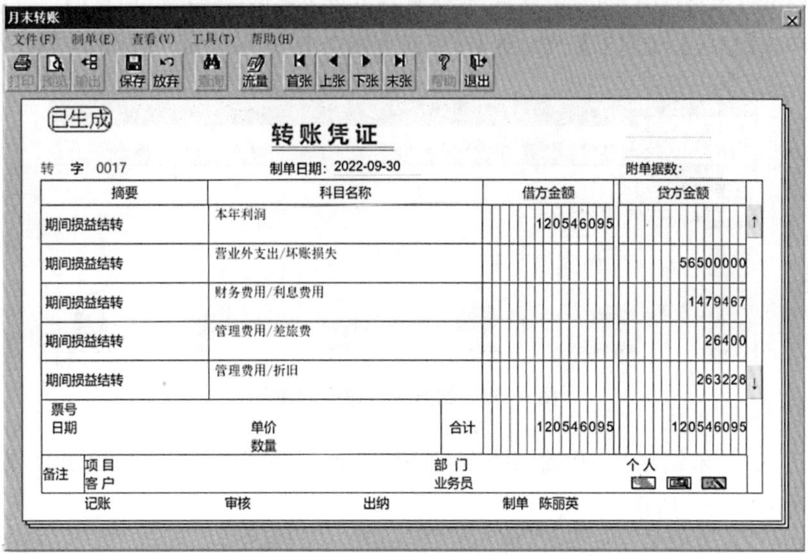

图 6-37　已生成的转账凭证

任务二　期末结账处理

6-9　结账准备

【工作任务】

（1）总账系统期（月）末结账。

（2）取消结账后再结账。

【知识储备】

总账系统月末结账处理是由会计主管在"信息门户"的"总账系统"中操作。

总账系统月末结账前,要注意上月是否已结账、本月所有凭证是否都入账、对账结果是否相符,如果以上没有做到,则不能结账;只有在工资、固定资产等其他系统月末结账完成后,才能进行总账系统的月末结账。

结账必须按月连续进行,每月只能结账一次。已结账月份不能再填制该月份的凭证,系统自动进入下一会计期的核算工作,所以结账前要做好数据备份。如果出现"未通过检查不能结账"的提示,应查找原因,直至结账工作完成。

【任务资料】

(1)完成总账系统月末结账。
(2)取消结账后再结账。

【工作步骤】

1. 总账系统月末结账

(1)以会计主管(201)的身份登录"系统管理",备份数据,再登录"信息门户"进行结账操作。依次单击【总账】→【期末】→【结账】按钮或直接点击"月末结账"图标,如图6-38所示。

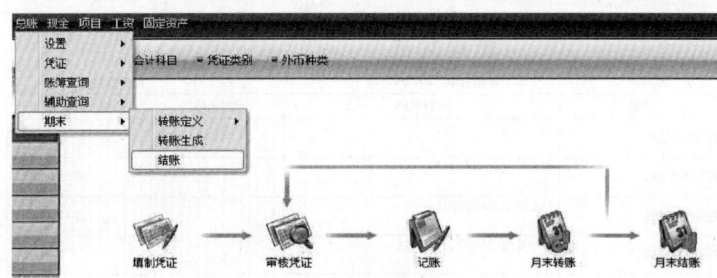

图 6-38 结账进入途径和图标

(2)进入"月末结账/1.开始结账"对话框,选择要结账的月份"2022.09",单击【下一步】按钮,如图6-39所示。

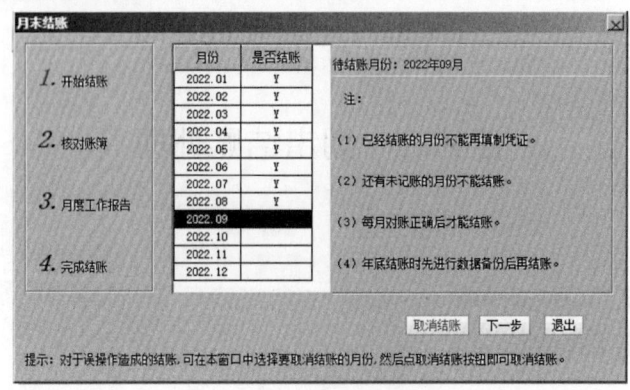

图 6-39 开始结账

(3) 进入"月末结账/2.核对账簿"对话框,如图6-40所示,单击【对账】按钮,提示对账完毕,单击【确定】→【下一步】按钮,进入"月末结账/3.月度工作报告"对话框,如图6-40所示,单击【下一步】→【结账】按钮。

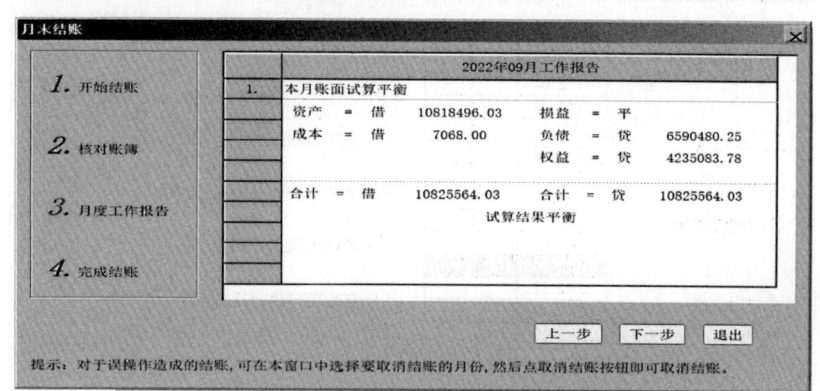

图6-40　月度工作报告界面

(4) 如符合结账要求,系统将完成结账,出现"月末结账/4.完成结账"对话框,提示"你选择的月份数据结账成功!",单击【确定】→【退出】按钮。否则不予结账,如图6-41所示,提示"你选择的会计期间还没有记账,请记账后再进行结账!",所以应先由总账会计(202)记账完毕,再由会计主管(201)完成上述4步的结账工作。

💡 注意：

◎ 记账前先检查一下是否已审核。

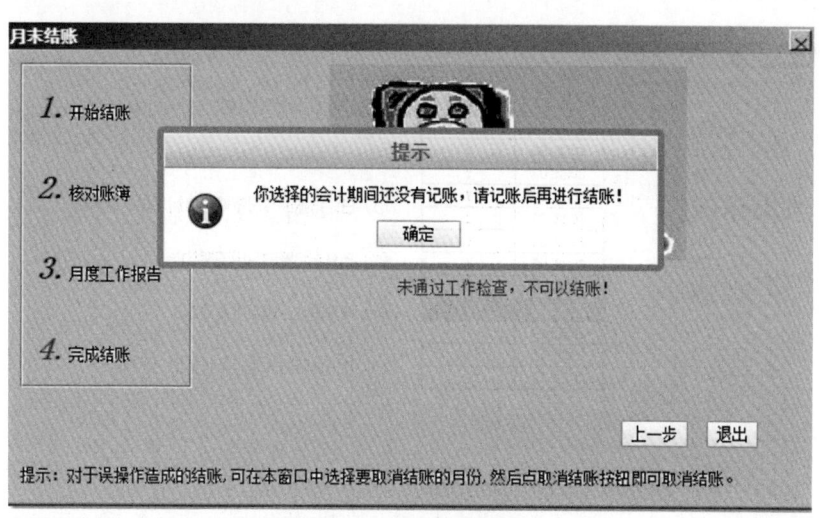

图6-41　不能结账提示

2. 取消结账

(1) 以会计主管(201)的身份登录"信息门户",依次单击【总账】→【期末】→【结账】按钮或直接点击"月末结账"图标,再次进入"月末结账"对话框,如图6-42所示,发现

"2022.09"的"是否结账"栏显示结账标志"Y",表示 9 月份已经结账。现在选中的是没有结账的"2022.10"行,"取消结账"按钮是灰色的,不能使用。

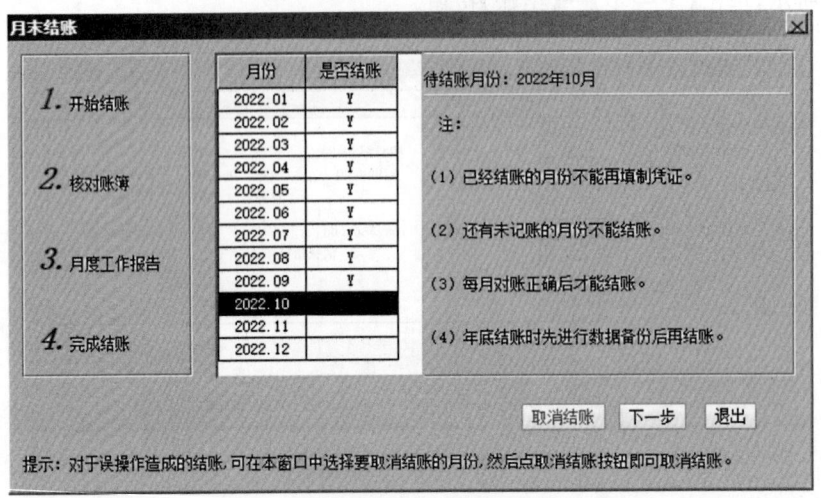

图 6-42　月末结账

(2) 当选中"2022.09"行,"取消结账"变成黑色字体,如图 6-43 所示,单击【取消结账】按钮或者按键盘快捷键"Ctrl + Shift + F6","2022.09"的结账标志"Y"被取消,表示取消结账成功。

💡 注意:

◎ 只能取消最后一个已结账月份的结账标志。

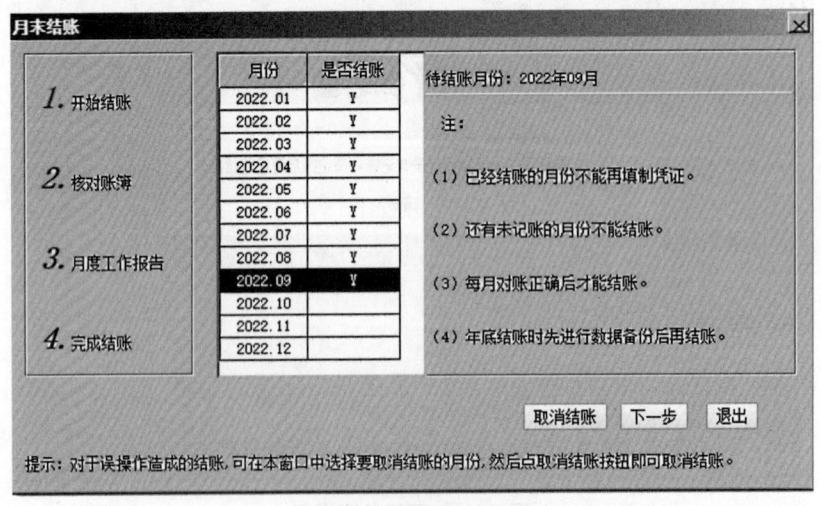

图 6-43　取消结账

(3) 参考"月末结账"步骤再完成结账工作。

 **知识地图**

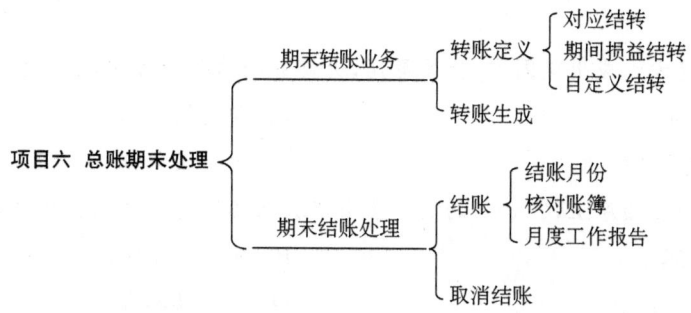

 **考证导航**

表 6-3　CIIT 会计信息化操作员职业技术水平证书标准

项目	任务	职业技能要求
项目六 总账期末处理	1. 期末结账业务 2. 期末结账处理	1. 能够在总账系统中，熟练进行各系统与总账的对账 2. 能够在总账系统中，熟练、准确地定义期末损益结转模板 3. 能够在总账系统中，根据定义的模板生成损益结转的凭证 4. 能够在总账系统中，熟练进行总账与明细账、总账与辅助账的数据核对工作，确保账账相符 5. 能够在总账系统中，熟练完成总账系统月末对账

 课后提升

1. 对应转账。分配制造费用(本月只生产 KT-30 机床)。
2. KT-30 机床完工入库，完工数量为 280 台(全部完工入库，无期末在产品)。
3. 自定义转账。计提短期借款利息(按短期借款期末余额计算，年利率3%)。
4. 结转损益类账户。
5. 出纳签字、审核、记账。
6. 各系统结账。

巩固提高

一、单选题

1. （　　）设置方式应用范围广，使用灵活，大部分的转账业务都能处理。
   A. 对应转账　　　　　　　　　　B. 期间损益结转
   C. 汇兑损益结转　　　　　　　　D. 自定义转账

2. 在生成和处理顺序上，（　　）的凭证生成应放在其他转账凭证生成之后。
   A. 对应转账　　　　　　　　　　B. 期间损益结转
   C. 汇兑损益结转　　　　　　　　D. 自定义转账

3. 结账工作由计算机自动进行数据处理，每月可进行（　　）。
   A. 1次　　　　B. 2次　　　　C. 3次　　　　D. 多次

4. 下列打开对应转账设置的途径正确的是（　　）。
   A.【总账】→【期末】→【转账生成】→【对应转账】
   B.【期末】→【总账】→【转账定义】→【对应转账】
   C.【总账】→【期末】→【转账定义】→【对应转账】
   D.【期末】→【总账】→【转账生成】→【对应转账】

5. 月末结账的核对账簿步骤中，不包括（　　）。
   A. 核对总账与明细账
   B. 核对总账与项目账
   C. 核对总账与个人往来账
   D. 核对客户往来账与供应商往来账

6. 月末结账的月度工作报告界面，显示的是（　　）。
   A. 利润表　　　　　　　　　　　B. 资产负债表
   C. 试算平衡结果　　　　　　　　D. 账簿核对信息

7. 月末结账完成后，在"是否结账"栏显示（　　）标志。
   A. "Y"　　　　　　　　　　　　B. 是
   C. 已结账　　　　　　　　　　　D. 结账完成

8. 为了查找商品的数量和金额，一般选择查询（　　）。
   A. 总账　　　　　　　　　　　　B. 余额表
   C. 明细账　　　　　　　　　　　D. 都可以

9. 在查询明细科目时，（　　）前要打"√"，否则无信息。
   A. 末级科目　　　　　　　　　　B. 二级科目
   C. 包含未记账凭证　　　　　　　D. 账页格式

10. 在总账系统桌面没有进入的桌面图标的是( )。
   A. 填制凭证　　　　　　　　　　B. 记账
   C. 月末转账　　　　　　　　　　D. 出纳签字

二、多选题

1. 自动转账设置方式包括( )。
   A. 对应转账　　　　　　　　　　B. 期间损益结转
   C. 辅助项结转　　　　　　　　　D. 自定义转账

2. 对应转账一般针对( )科目,且只结转期末余额。
   A. 资产　　　　　　　　　　　　B. 成本、费用
   C. 收入　　　　　　　　　　　　D. 损益

3. 下列业务中,可以采用自定义转账设置的有( )。
   A. 计提城市维护建设税
   B. 结转已销产品成本
   C. 计提借款利息
   D. 结转损益类账户

4. 自动转账设置金额公式时,"公式向导1"包括( )内容。
   A. 科目　　　　　　　　　　　　B. 公式名称
   C. 期间　　　　　　　　　　　　D. 函数名

5. 下列关于总账系统结账的描述中,正确的有( )。
   A. 结账前,本月凭证必须都登记入账
   B. 上月没结账,本月也可以结账
   C. 结账前需做好数据备份
   D. 已结账月份不能再填制该月份的凭证

6. 月末结账要经过( )步骤完成结账工作。
   A. 开始结账　　　　　　　　　　B. 月度工作报告
   C. 核对账簿　　　　　　　　　　D. 完成结账

7. 以下情况中,不能结账的有( )。
   A. 本月还有未记账凭证
   B. 总账和明细账对账不符
   C. 工资系统未结账
   D. 上月已结账

8. 转账生成时,无法生成凭证可能的原因有( )。
   A. 可能月末转账金额为0　　　　　B. 可能科目错误
   C. 可能凭证类别字为空　　　　　D. 可能是不支持的公式

9. 下列凭证填完后在左上角会出现"已生成"字样的有( )。
   A. 购买机器设备　　　　　　　　B. 计提福利费
   C. 期间损益结转　　　　　　　　D. 计提折旧
10. 反结账涉及的组合键包括( )。
   A. Ctrl　　　　　B. Alt　　　　　C. Shift　　　　　D. F6

三、判断题

1. 总账系统设置自动转账分录后,可以长期使用,除内容发生变化需要修改外,每月生成凭证时就不需要再重新进行设置。（　）
2. 期间损益结转是将损益类科目的余额结转到利润分配科目中,从而反映企业利润的盈亏情况。（　）
3. 对应转账可以一对一结转,也可以一对多结转,但借贷科目只能是同级科目之间结转。（　）
4. 生成的自动转账凭证不需要审核、记账。（　）
5. 结账前一定要进行数据备份,否则数据一旦丢失,将造成无法挽回的损失。（　）
6. 总账系统的月末结账,必须在其他各子系统结账后才能进行。（　）
7. 凭证只要进行了审核,没有完成记账,也可以完成结账工作。（　）
8. 只能取消最后一个已结账月份的结账标志。（　）
9. 查找库存商品"发生额及余额表"时,只要在"包含未记账凭证"前打"√",就可以查到本期发生额。（　）
10. 通过自动转账生成一张凭证后,凭证的左上角会出现"已生成"字样。（　）

项目七　财务报表管理

※知识目标

1. 了解报表的结构和相关基本概念。
2. 掌握报表模板的调用和修改。
3. 能完成资产负债表和利润表的生成工作。
4. 学会利用自定义功能设计表格和处理报表数据。

※技能目标

1. 能够熟练、正确地修改报表模板中的单元公式。
2. 能够熟练地、准确地利用关键字生成报表。
3. 能够利用自定义功能快速正确地设计表格,并利用它生成报表。

※素质目标

1. 培养学生快速查找错误的业务能力。
2. 培养学生养成严谨细致、严肃认真的工作态度。
3. 培养学生既有继承,又有发扬的创新精神。

财务报表是综合反映企业在某一特定日期的财务状况及某一会计期间的经营成果和现金流量的总括性报告文件。小企业报表主要包括资产负债表、利润表和现金流量表。

财务报表系统将含有数据的报表分为两个部分来处理,即报表格式设计和数据处理工作,这是报表系统的基本功能模块,分别在格式状态下和数据状态下进行。

任务一　熟悉报表管理系统

7-1　自定义报表

【工作任务】

制作一张自定义报表。

【知识储备】

1. 系统工作状态

报表系统有两种工作状态,分别是格式状态和数据状态。单击报表左下角的【格式/

数据】红色转换按钮,可在格式和数据状态间切换。

在格式状态下,只能看到报表的格式,报表的数据全都被隐藏起来。在格式状态下只能定义报表的格式和单元公式,不能输入或处理数据。

在数据状态下,可以看到报表的全部内容,包括格式和数据;但操作时,不能修改报表的格式,只能管理报表的数据,如增减表页、输入数据、审核、舍位平衡、表页重算、汇总、合并报表等。

2. 报表格式

报表格式是指一张没有数据的空白表格所具有的样子。所有的报表格式包含的要素都是相同的,一般都包括表尺寸、单元属性、组合单元、报表项目、关键字、表格线、行高列宽等。

(1) 表尺寸是指报表的行数和列数。

(2) 单元是组成报表的最小单位,是表行和表列相交组成的方格。单元名由所在行和列的坐标表示,行号用数字 1～9999 表示,列标用字母 A～IU 表示,如 A10 表示报表中第 10 行第 A 列对应的单元。单元属性包括单元格类型、对齐方式、字体及颜色等。

单元格类型一般包括数值型、字符型和表样型三种。其中,数值型单元存放的是报表的数值型数据,用来表示数量,可以进行数值运算。字符型单元存放的是报表的字符型数据,是不具有计算能力的文字数据类型,包括中文字符、英文字符、数字字符及各种符号。以上两种类型都可在数据状态下直接输入或由单元公式运算生成。表样型单元存储报表的格式。一旦单元格被定义为表样,那么在其中输入的内容对所有表页都有效。表样单元须在格式状态下输入和修改,在数据状态下不允许修改。

(3) 组合单元是由相邻的两个或两个以上同种类型的单元组合在一起,作为一个单元处理。

(4) 报表项目是报表的固定文字内容,由表头、正表和表尾三个部分组成。表头包括报表的名称、编制单位名称、所属日期、计量单位等信息;正表是报表的主体,用来列示相关数据信息;表尾包括辅助说明、编制人、负责人、审核人等内容。

(5) 关键字是一种特殊的单元,是每一张表页的唯一标志,用于在大量表页中快速选定某张表页。通常可以将引起报表数据发生变化的项目设置为关键字。

常用的关键字主要有六种,即单位名称、单位编号、年、季、月、日,另外还包括自定义关键字。每张报表可根据需要设置多个关键字。例如,将单位名称、年、月、日设置为关键字。关键字是在格式状态下设置的,关键字的值则是在数据状态下录入的。

3. 表页

每一张表页是由许多单元组成的,一个报表的所有表页具有相同的格式,但其中的数据却是不同的。例如,一张资产负债表,有 2 张表页,每张表页的格式相同,但第 1 页生成的是 9 月份的资产负债表数据,第 2 页生成的是 10 月份的资产负债表数据。

【任务资料】

在财务报表系统中,创建一个名为"原材料明细表.rep"的报表文件,设置关键字为"单位名称""年""月",文字水平居中,标题字号16号,正表字号14号,存放在"考生文件夹"下,原材料明细表如表7-1所示。

表7-1 原材料明细表

××××年××月　　　　　　　　　　　　单位名称:×××

项目	期末数量	期末余额
毛纱		
麻纤维原料		
已梳皮棉		
合计		

【工作步骤】

(1) 以会计主管(201)的身份,登录"信息门户"的"财务报表",单击左侧【财务报表】按钮,如果没有弹出"新建报表"对话框,可以依次单击【文件】→【新建】按钮,同样可以进入"新建报表"对话框,如图7-1所示。

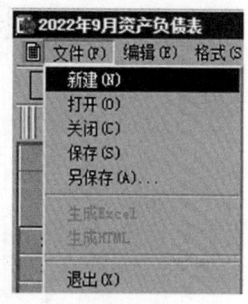

图7-1 打开新建报表途径

(2) 进入"新建报表"对话框,模板分类选"常用",常用模板选"空报表",单击【确定】按钮,如图7-2所示。

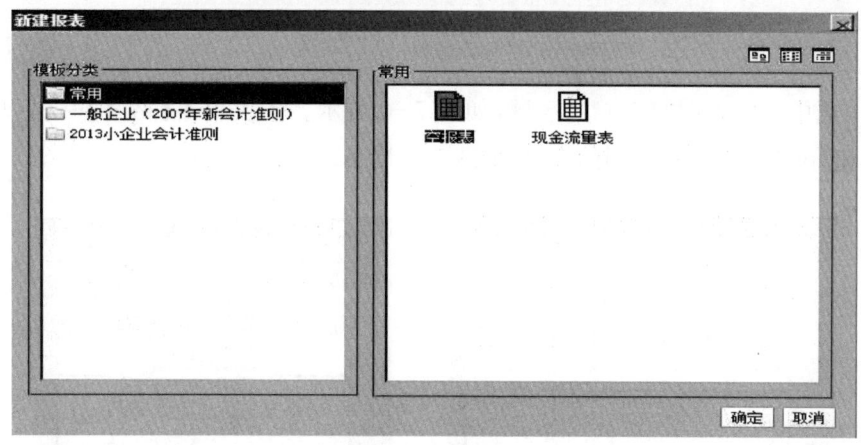

图7-2 新建报表

(3) 依次单击【格式】→【表尺寸】按钮,如图7-3所示,进入"表尺寸"对话框,输入行数为"7"、列数为"3",单击【确定】按钮,如图7-4所示,生成一张7行3列的空白表,如图7-5所示。

注意：

◎ 设定表尺寸"行数"时，除了正表的行数，还应加上表头、表尾的行数。

图 7-3　表尺寸设置途径

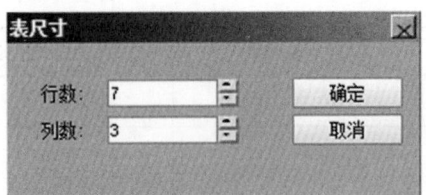

图 7-4　表尺寸对话框

图 7-5　空白表(7 行 3 列)

(4) 选中空白表中"A3:C7"区域，如图 7-6 所示。依次单击【格式】→【区域画线(T)】按钮，画出一个 5 行 3 列的表格，如图 7-7 所示。

图 7-6　选中区域的空白表

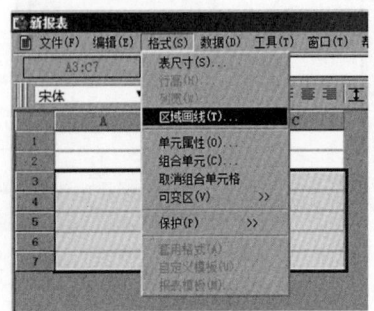

图 7-7　区域画线途径

(5) 选中表中"A1:C1"区域，依次单击【格式】→【组合单元】按钮，即合并成一个单元格"A1"，如图 7-8 所示。双击这个组合单元格"A1"，输入"原材料明细表"，点击"水平居中"图标,如图7-9所示。

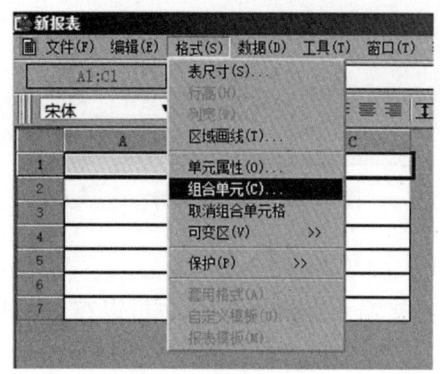

图7-8　组合单元途径　　　　　　　图7-9　输入标题并居中

(6)选中"A2"单元格,依次单击【数据】→【关键字】→【设置】按钮,如图7-10所示;进入"设置关键字"对话框,选择"单位名称",单击【确定】按钮,如图7-11所示;在报表"A2"单元格上出现红色字体的"单位名称:×××",如图7-12所示。同样,在"B2""C2"单元格中分别设置关键字"年""月",完成后,如图7-13所示。

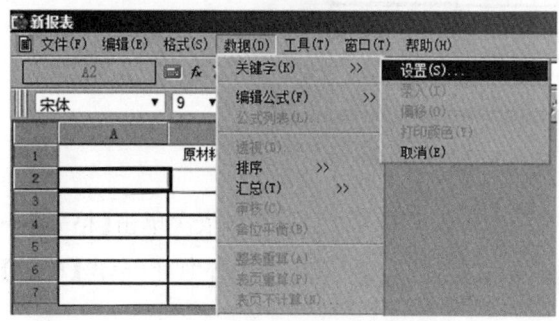
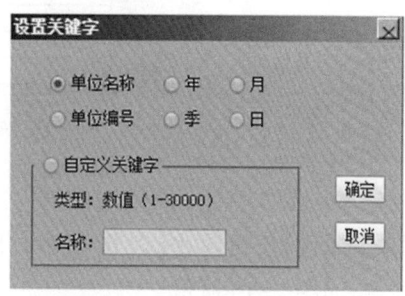

图7-10　关键字设置途径　　　　　　图7-11　"设置关键字"对话框

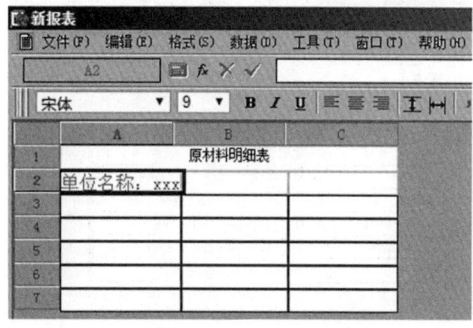

图7-12　设置关键字后的报表(1)　　图7-13　设置完关键字后的报表(2)

如果关键字设置错误,可以依次单击【数据】→【关键字】→【取消】按钮,如图7-14所示;进入"取消关键字"对话框,在要取消的关键字前打"√",单击【确定】按钮,如图7-15所示。依次单击【数据】→【关键字】→【设置】按钮,设置正确的关键字。

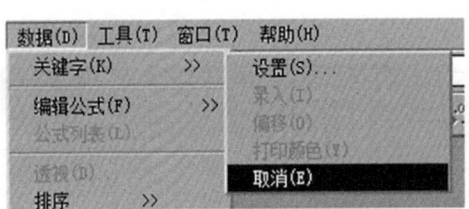
图 7-14 关键字取消途径

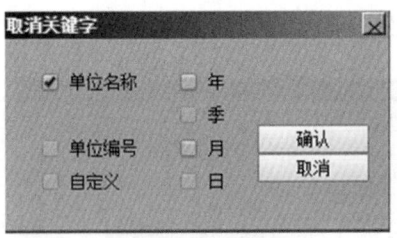
图 7-15 取消关键字

(7) 根据资料,在对应的单元格里输入文字,如图 7-16 所示。

注意:如果输错文字,可以选中要更改的文字,直接输入正确的文字,也可以在 Excel 表的上方编辑栏内修改。

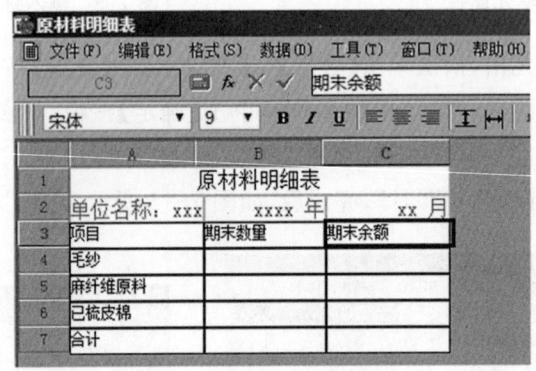
图 7-16 输入文字后的报表

(8) 选中"A1",字号选择"16",如图 7-17 所示。选中"A3:C7",依次单击【格式】→【单元属性】按钮,如图 7-18 所示,打开"单元格属性"对话框,字号选择"14",单击【确定】按钮,如图 7-19 所示。

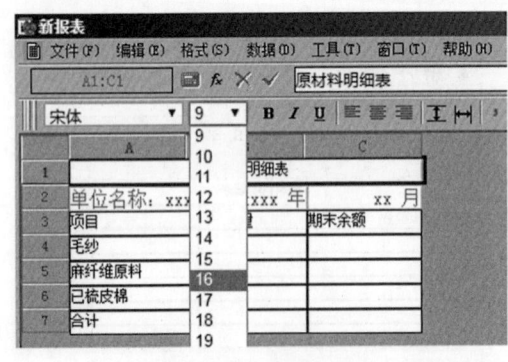
图 7-17 选择字体

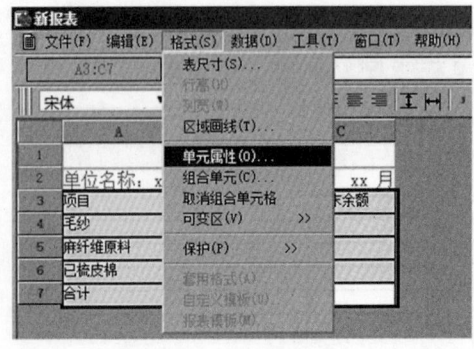
图 7-18 单元属性途径

(9) 参考图 7-10,选中正表中的各个单元格,点击"水平居中"图标,即完成报表格式的设置,如图 7-20 所示。

(10) 依次单击【文件】→【另保存】按钮,如图 7-21 所示,进入"保存报表"对话框。

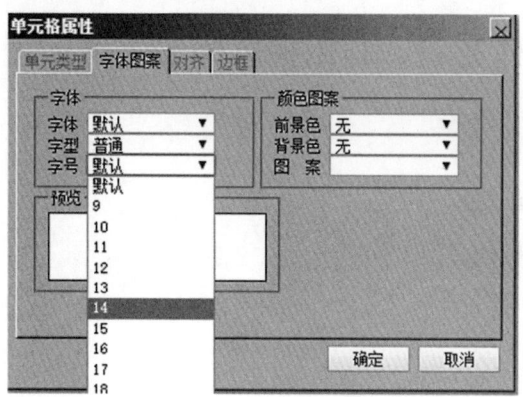

图 7-19 字号选择

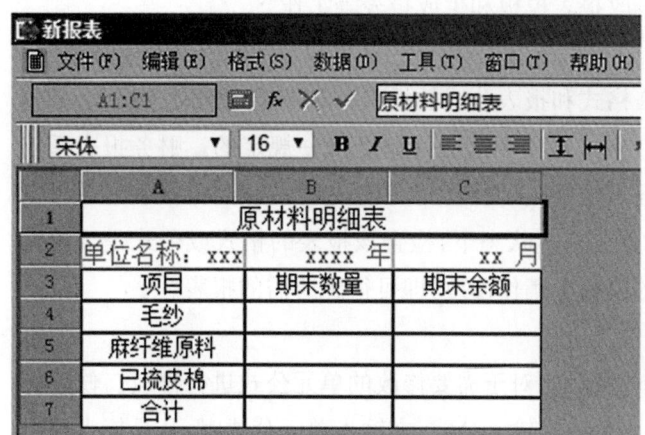

图 7-20 完成的原材料明细账

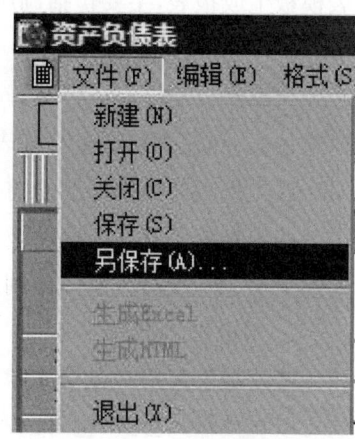

图 7-21 保存报表途径

(11) 选择保存在"考生文件夹",文件名输入"原材料明细表",文件类型选"UFO 报表文件(＊.rep)",依次单击【保存】→【确定】按钮,如图 7-22 所示。

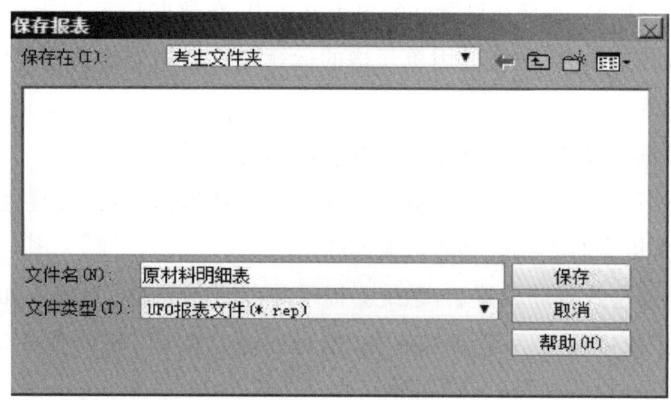

图 7-22 保存报表

任务二　利用报表模板生成报表

【工作任务】

（1）调用预置报表模板。

（2）修改预置报表模板。

（3）生成报表。

【知识储备】

财务报表是由账套主管（或报表会计）在"信息门户"的财务报表系统中进行操作，可以利用已有的报表模板生成报表，也可以自定义设计报表生成报表。本次任务是利用报表模板生成报表，主要包括调用、修改报表模板和生成报表等工作。

1．调用预置报表模板

报表模板是事先已设置好报表格式和报表公式的报表。对外报送的财务报表，如资产负债表、利润表和现金流量表等，格式是由国家会计制度统一规定的。财务报表系统对于这类报表会提供标准的财务报表模板，以便使用者快速建立一张财务报表。

调用系统已有的报表模板后，要在格式状态下，检查该报表的格式或公式是否符合实际需要，如不符合，可以在调用的模板上稍作修改，即可得到所需的报表。

2．修改报表模板

修改报表模板是在格式状态下进行的，对于需要修改的单元公式进行修改。修改方法可以直接输入公式，也可以利用函数向导输入公式；在输入单元公式时，凡是标点符号均须输入英文半角字符。

3．生成报表

生成报表数据是报表数据处理的一项工作。报表数据处理是在数据状态下进行的，包括生成报表数据、审核报表数据等工作。

（1）生成报表数据，就是在设置好的报表格式中，在数据状态下录入关键字，快速地在大量表页中选择某个表页，再运用单元格的运算公式从相应的数据源中采集数据，形成报表数据的过程。

生成报表数据分成两步：一是输入关键字，二是表页重算。

在数据状态下录入关键字以后，就能定位到需要处理的表页，而且也能从相应的总账中取数，所以关键字对于报表是非常关键的。

输入关键字或公式重新设置后，系统会提示并自动进行表页重算。如果数据源发生变化，比如总账系统中发生一笔新的业务，也可以随时调用"表页重算"功能进行报表计算。

（2）审核报表数据，是指执行审核功能后，系统自动对报表数据进行审核。当数据不符合勾稽关系时,系统会提示错误信息,用户应按照提示进行修改,然后重新审核,直到不出现任何错误信息为止。

大多数报表都与日期有密切联系。自定义报表可以无日期限制,但是正式报表必须在月末结账以后才能生成。

同一报表结构可以反复使用,在不同会计期间生成的报表结果是不同的,但在同一会计日期内多次生成的报表得到的结果是相同的。

【任务资料】

(1)调用模板编制 2022 年 9 月 30 日资产负债表,将报表数据以"2022 年 9 月资产负债表.rep"为文件名保存在考生文件夹下。

(2)调用模板编制 2022 年 9 月利润表,将报表数据以"2022 年 9 月利润表.rep"为文件名保存在考生文件夹下。

【工作步骤】

1. 调用模板编制资产负债表并保存

1)调用预置报表模板

(1)以会计主管(201)的身份,登录"信息门户"的财务报表系统,单击左侧【财务报表】按钮,出现"新建报表"对话框,模板分类选"2013 小企业会计准则"。右侧模板框中出现"2013 小企业会计准则"下的报表模板,选择"资产负债表",单击【确定】按钮,如图 7-23 所示。

7-2 检查模板

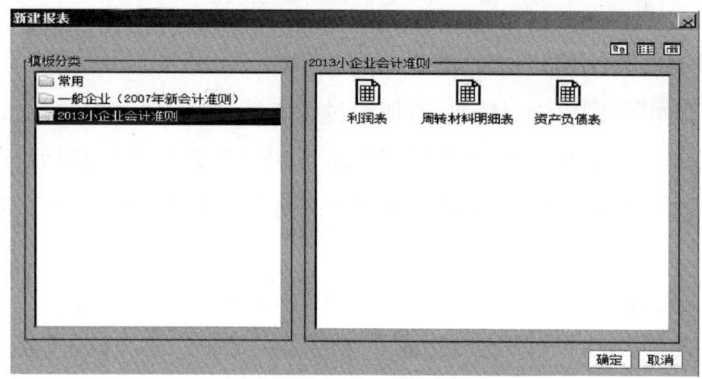

图 7-23 新建报表

(2)进入"资产负债表"窗口,可以看到左下角显示格式状态,表头有"单位名称""年""月""日"这些红色字体,即为关键字,还有正表中已设置好的单元格公式,如图 7-24 所示。

(3)选定某一单元格,依次单击【数据】→【编辑公式】→【单元公式】按钮或直接双击各个"公式单元",如图 7-25 所示,即可依次打开设置好的单元格公式进行检查,如果公式没有问题,就可以生成报表。

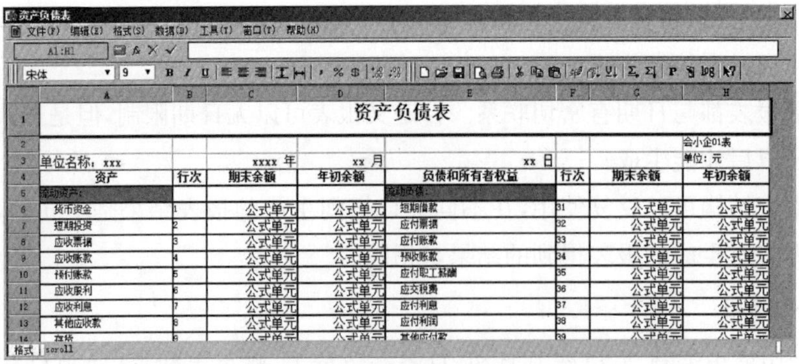

图 7-24 资产负债表

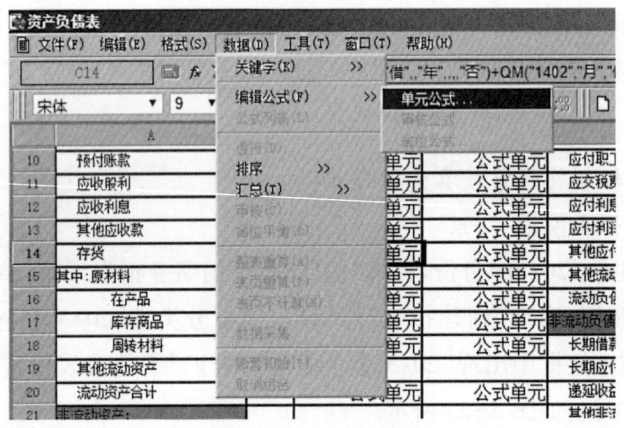

图 7-25 进入公式单元途径

2) 修改报表模板

如果公式有问题,则应进行修改,假如经过检查需要修改"存货"的公式为:"存货 = 1402 在途物资 + 1403 原材料 + 1405 库存商品 + 4001 生产成本",包括对存货期末余额和年初余额函数公式进行修改。修改单元格公式有两种方法:直接输入公式和利用函数向导输入公式。

(1) 采用直接输入公式修改存货"期末余额"函数公式。

选定需要修改公式的单元"C15",即存货的期末余额。依次单击【数据】→【编辑公式】→【单元公式】按钮,进入"定义公式"对话框,如图 7-26 所示。在此对话框直接输入存货期末余额函数公式:QM("1402","月","借",,"年",,,,"否") + QM("1403","月","借",,"年",,,,"否") + QM("1405","月","借",,"年",,,,"否") + QM("4001","月","借",,"年",,,,"否");单击【确认】按钮。

(2) 利用函数向导输入存货"年初余额"函数公式。

① 选中单元格"D15",依次单击【工具】→【套用公式模板】按钮或直接双击单元格"D15",进入"定义公式"对话框,清除原有公式,单击【函数向导】按钮,如图 7-27、图 7-28 所示。

图 7-26 定义公式

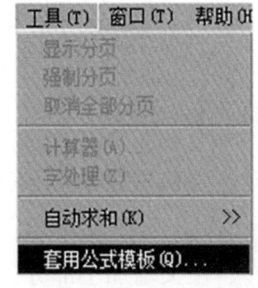

图 7-27 打开定义公式途径　　　　图 7-28 清除公式

②进入"函数向导"对话框,如图 7-29 所示,在"函数名"列表框中选择"期初(QC)",单击【下一步】按钮,进入"财务函数"对话框,如图 7-30 所示,单击【参照】按钮。

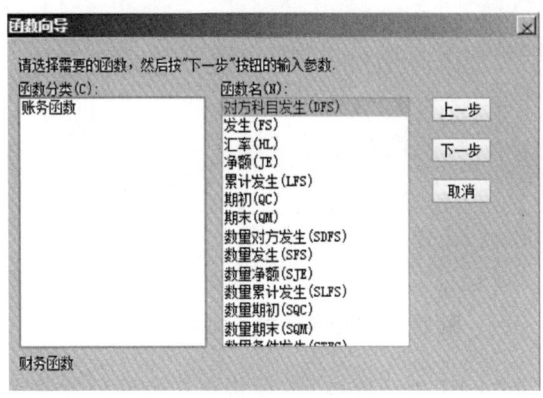

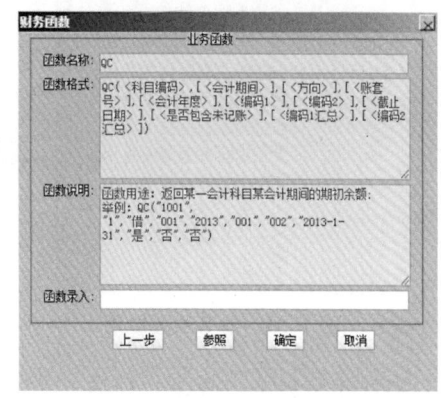

图 7-29 函数向导　　　　　　　　图 7-30 "财务函数"对话框

③进入"财务函数参照"对话框,如图 7-31 所示,利用" "按钮选择科目编码为"1402",点"会计期间"下拉键选择"全年",选择方向为"借",包含未记账凭证选"否",单击【确定】按钮。

④返回到"财务函数"对话框,如图 7-32 所示,"函数录入"栏出现刚刚参照设定的部分公式,在后面输入运算符"＋"加号,单击【参照】按钮。

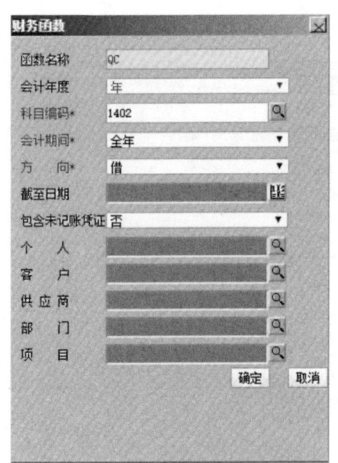
图 7-31　财务函数参照

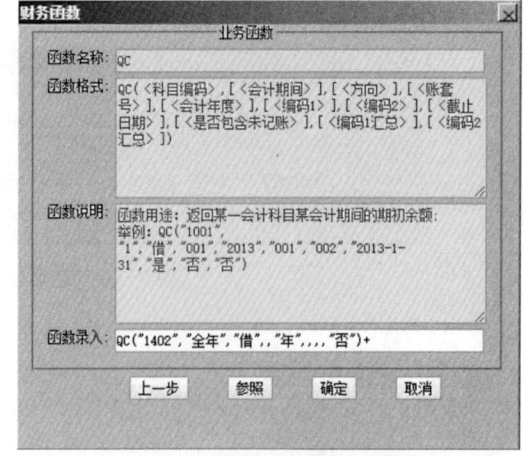
图 7-32　"财务函数"对话框

⑤ 再进入"财务函数参照"对话框,如图 7-33 所示,"科目编码"选"1403 原材料","会计期间"选"全年",方向选择"借",单击【确定】按钮。

⑥ 返回到"财务函数"对话框,如图 7-34 所示,"函数录入"栏又增加了部分公式。

图 7-33　财务函数参照

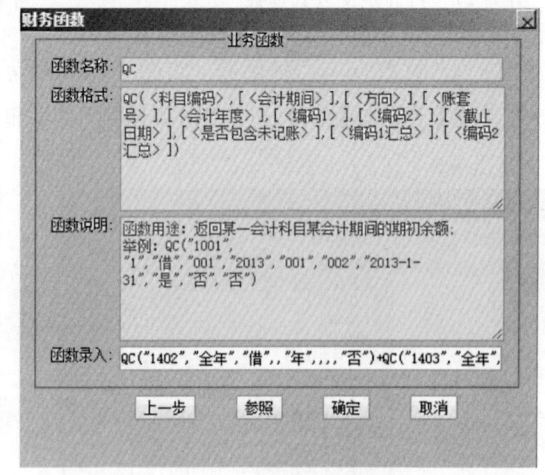
图 7-34　"财务函数"对话框

⑦ 重复以上步骤,将"1405 库存商品"和"4001 生产成本"的存货年初余额公式输入完整,如图 7-35 所示,"函数录入"栏显示完整的函数公式,单击【确定】→【确认】按钮,公式修改完成。

(3) 将新的报表模板以"资产负债表模板.rep"为文件名,保存在考生文件夹下。

① 依次单击【文件】→【另保存】按钮,进入"保存报表"对话框。

② 选择保存在"考生文件夹",文件名输入"资产负债表模板",文件类型选"UFO 报表文件(＊.rep)",单击【保存】→【确定】按钮,如图 7-36 所示。

💡 注意:

◎ 应将重新定义过的报表格式进行保存,以便随时可以导出使用,不必再去修改原模板。

项目七　财务报表管理 | 247

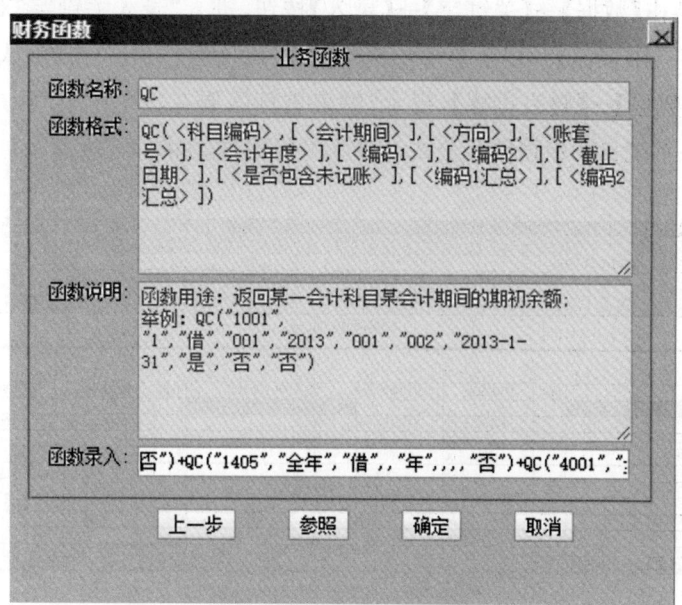

图 7-35　"财务函数"对话框

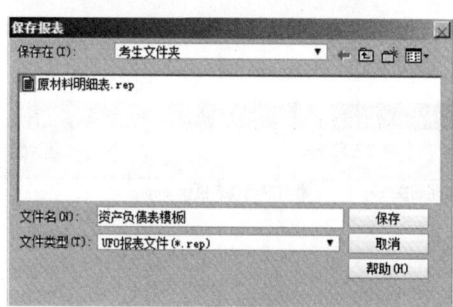

图 7-36　保存报表

3）生成会计报表

生成会计报表必须在数据状态下进行，以会计主管（201）的身份操作完成。

（1）点击左下角的【格式/数据】红色转换按钮，单击【编辑】→【格式/数据状态】，切换到数据状态时，弹出"是否需要重算全表？"提示框，单击【确定】按钮，如图 7-37 所示。

7-3　生成资产
负债报表

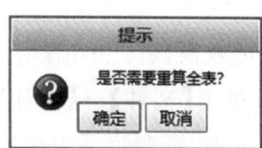

图 7-37　重算全表提示

(2)依次单击【数据】→【关键字】→【录入】按钮,进入"录入关键字"对话框,输入单位为"宁波蓝宇有限责任公司"年为"2022"、月为"9"、日为"30",单击【确认】按钮。

(3)单击【数据】→【整表重算】,提示"整表重算需要花费一定时间,是否继续?",单击【确定】按钮,系统自动根据单元公式计算9月份数据,如图7-38所示。

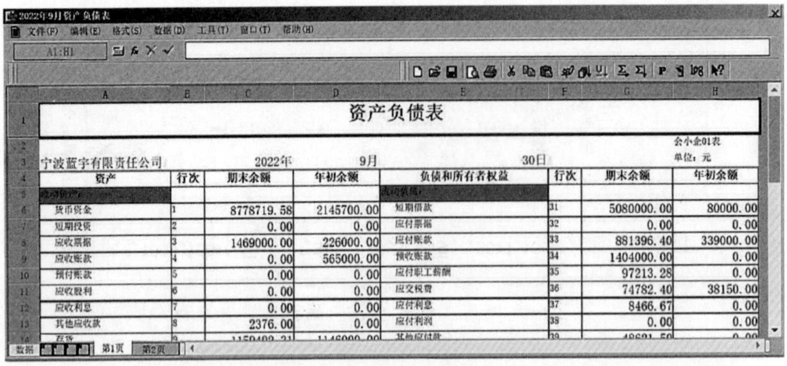

图7-38 生成资产负债表

(4)依次单击【文件】→【另保存】按钮,将报表数据以"2022年9月资产负债表"为文件名保存在考生文件夹中,如图7-39所示。

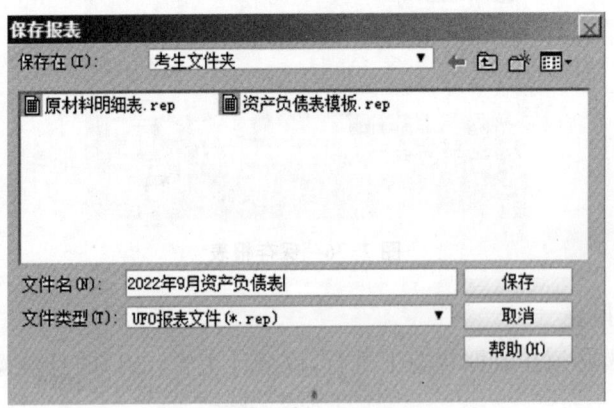

图7-39 保存报表

※ 注意:
◎ 在"格式/数据"状态转换时,系统弹出"是否需要重算全表?"提示或命令执行"表页重算"等,只默认进入系统时选择的账套,所以应录入"关键字"选择指定账套。

(5)调用"已设置过的资产负债表模板"。单击【财务报表】按钮,在"新建报表"对话框点【取消】按钮,在"新报表"窗口单击【文件】→【打开】,如图7-40所示,进入"打开报表"对话框,如图7-41所示,比如选中"资产负债表模板.rep",单击【打开】按钮,即打开了一张已设置过的资产负债表。

图 7-40 打开报表途径

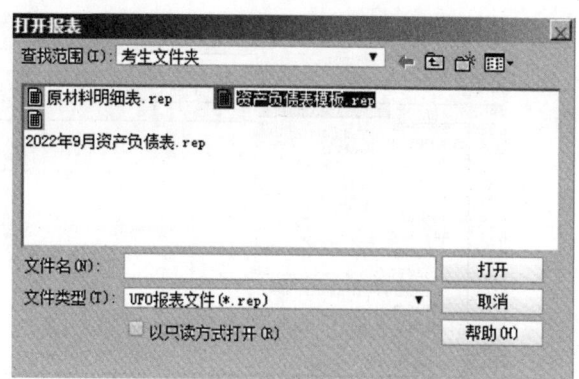

图 7-41 "打开报表"对话框

2. 调用模板编制 2022 年 9 月利润表,将报表数据以"2022 年 9 月利润表.rep"为文件名保存在考生文件夹下

(1) 以会计主管(201)的身份登录"信息门户"的"财务报表"系统,进入财务报表系统时,出现"新建报表"对话框;如果没有跳出"新建报表"对话框或生成其他报表后要继续生成报表时,可以单击【文件】→【新建】按钮,同样可以进入"新建报表"对话框。

7-4 利润表

(2) 在"新建报表"的模板框中选择"2013 小企业会计准则"下的"利润表",单击【确定】按钮。

(3) 打开"利润表"模板,在格式状态下,检查利润表的结构和各单元格公式的设置,发现表格缺少了表格线,如图 7-42 所示。

图 7-42 利润表

(4) 选中利润表"A4:D36"区域,依次单击【格式】→【区域画线】按钮,利润表正表就画上了边框,如图 7-43 所示。

(5) 将新的报表模板以"利润表模板.rep"为文件名,保存在考生文件夹下。

依次单击【文件】→【另保存】按钮,进入"保存报表"对话框,选择保存在"考生文件

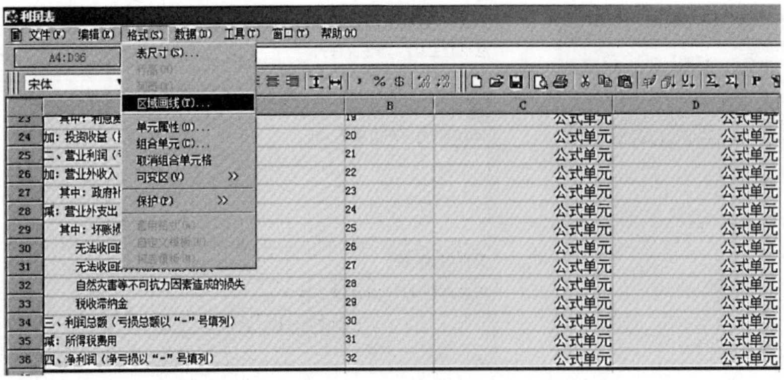

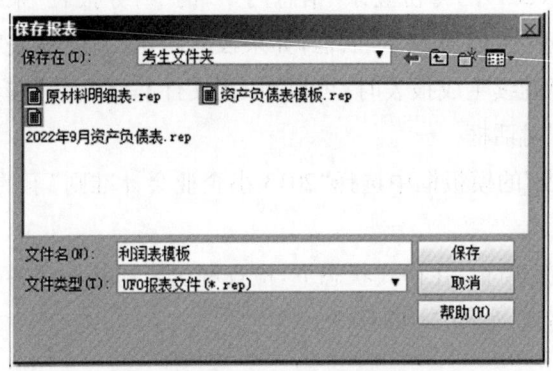

图 7-43 区域画线

夹",文件名输入"利润表模板",文件类型选"UFO 报表文件(*.rep)",单击【保存】→【确定】按钮,如图 7-44 所示。

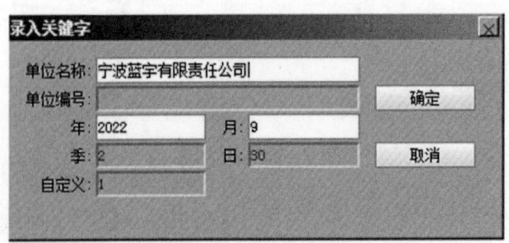

图 7-44 保存利润表模板

(6) 单击左下角的【格式/数据】红色转换按钮,或依次单击【编辑】→【格式/数据状态】按钮,切换到数据状态时,出现"是否需要重算全表?"提示,单击【确定】按钮。

(7) 依次单击【数据】→【关键字】→【录入】按钮,进入"录入关键字"对话框,输入单位为"宁波蓝宇有限责任公司",年为"2022",月为"9",单击【确认】按钮,如图 7-45 所示。

图 7-45 录入关键字

> **注意:**
> ◎ 利润表的关键词不包括"日"。

(8) 依次单击【数据】→【整表重算】按钮,提示"整表重算需要花费一定时间,是否继续?",单击【确定】按钮,系统自动根据单元公式计算9月份数据,单击【文件】→【另保存】按钮,将报表数据以"2022年9月利润表.rep"为文件名保存在考生文件夹中,如图7-46所示。单击【保存】→【确定】按钮。

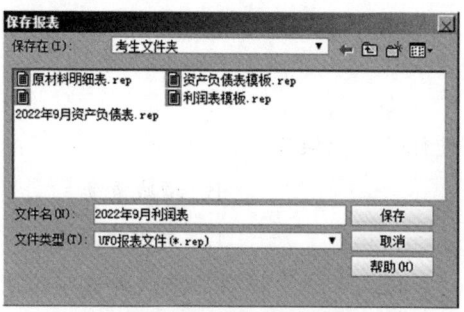

图7-46 保存利润表

 知识地图

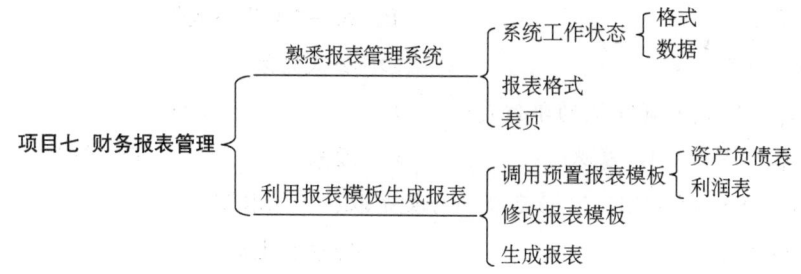

 考证导航

表7-2 CIIT会计信息化操作员职业技术水平证书标准

项目	任务	职业技能要求
项目七 财务报表管理	1. 熟悉报表管理系统 2. 利用报表模板生成报表	1. 能够在财务报表系统中,根据财务部门及业务部门的要求,设计出财务分析表的表样格式 2. 能够在财务报表系统中,根据《小企业会计准则》,依据资产负债表、利润表等格式,生成财务报表,为企业经营决策提供依据

课后提升

编制宁波江东机床有限公司的资产负债表和利润表。

巩固提高

一、单选题

1. 在格式状态下,可以进行( )操作。
   A. 单元公式　　　　　　　　B. 增减表页
   C. 表页重算　　　　　　　　D. 关键字录入

2. 下列各项中,不属于财务报表系统中提供的默认关键字的是( )。
   A. 单位名称　　B. 账套编号　　C. 季　　　　D. 月

3. 在财务报表系统中,编写正确的年初函数公式是( )。
   A. QC("1001",全年,,,年,,)　　　B. QC("1001",月,,,年,,)
   C. QC("1001",365,,,年,,)　　　D. QC("1001",年,,,全年,,)

4. 一个单元中定义了公式,在数据状态下,单元格中显示的是( )。
   A. 单元公式　　　　　　　　B. 汉字"单元公式"
   C. 函数公式　　　　　　　　D. 公式结果

5. 定义报表行高、列宽默认的单位是( )。
   A. 微米　　　　B. 毫米　　　　C. 厘米　　　D. 分米

6. 财务报表系统中,QM( )函数的含义是取( )数据。
   A. 期初余额　　　　　　　　B. 借方发生额
   C. 贷方发生额　　　　　　　D. 期末余额

7. 报表在计算机中以文件形式保存,其默认的扩展名是( )。
   A. DOC　　　　B. XLS　　　　C. REP　　　D. TXT

8. 关键字是表页( )的特定标识。
   A. 表首　　　　B. 格式　　　　C. 定位　　　D. 数据

9. ( )单元在输入内容后对所有表页都有效。
   A. 数值型　　　　　　　　　B. 字符型
   C. 表样型　　　　　　　　　D. 以上都是

10. 如要生成报表数据,需要执行( )操作。
    A. 【数据】→【关键字】→【偏移】　　　B. 【数据】→【关键字】→【录入】
    C. 【数据】→【关键字】→【设置】　　　D. 【数据】→【关键字】→【取消】

二、多选题

1. 财务报表系统主要包括( )。
   A. 资产负债表　　　　　　　　B. 利润表
   C. 现金流量表　　　　　　　　D. 所有者权益变动表
2. 财务报表系统的基本功能模块包括( )。
   A. 公式设置　　　　　　　　　B. 格式设计
   C. 数据处理　　　　　　　　　D. 报表输出
3. 在数据状态下操作的是( )。
   A. 定义关键字　　　　　　　　B. 输入数据
   C. 定义报表公式　　　　　　　D. 录入关键字
4. 表尺寸是指报表的( )。
   A. 行数　　　B. 列数　　　C. 行高　　　D. 列宽
5. 表头是会计报表中描述报表整体性质的部分,一般包括报表的( )。
   A. 编制单位　　　　　　　　　B. 编制日期
   C. 栏目名称　　　　　　　　　D. 计量单位
6. 报表格式设置的内容一般包括( )。
   A. 表尺寸　　　　　　　　　　B. 单元属性
   C. 关键字　　　　　　　　　　D. 表格线
7. 如要生成利润表,在录入关键字时应录入( )。
   A. 日　　　　　　　　　　　　B. 编制单位
   C. 月　　　　　　　　　　　　D. 年
8. 字符型单元存放的是报表的字符型数据,包括( )。
   A. 中文字符　　　　　　　　　B. 英文字符
   C. 数字字符　　　　　　　　　D. 各种符号均可
9. 在财务报表系统中,报表的单元类型包括( )。
   A. 数值型单元　　　　　　　　B. 表样型单元
   C. 日期型单元　　　　　　　　D. 字符型单元
10. ( )时,系统需要重新进行表页重算。
    A. 总账系统发生一笔新业务　　B. 输入关键字
    C. 公式重新设置　　　　　　　D. 增加表页

三、判断题

1. 在格式状态下,可以看到报表的全表内容,包括格式和数据。( )
2. 在输入单元公式时,凡是涉及标点符号的均须输入英文全角字符。( )

3. 单元公式修改方法可以直接输入公式,也可以利用函数向导输入公式。（   ）
4. 单元名是由所在行和列的坐标表示,行号用字母 A～IU 表示,列标用数字 1～9999 表示。（   ）
5. 一般情况下,报表的格式由标题、表头、表体、表尾和数据构成。（   ）
6. 定义报表行高、列宽默认的单位是厘米。（   ）
7. 选择报表模板的流程,是先单击【文件】→【新建】,再选择相应模板。（   ）
8. 在报表的格式状态下可以组合单元操作。（   ）
9. 字符型单元可以用来表示数量,也可以进行数值运算。（   ）
10. 同一报表结构可以反复使用,在不同会计期间生成的报表结果是不同的。（   ）